THE PSALMS IN SCOTS

AUP titles of related interest

CONCISE SCOTS DICTIONARY
editor-in-chief Mairi Robinson

SCOTTISH NATIONAL DICTIONARY
(18th century to the present day)
editors William Grant 1929–46,
David D Murison 1946–76

THE COMPACT SCOTTISH NATIONAL DICTIONARY
(18th century to the present day)
editors William Grant 1929–46,
David D Murison 1946–76

DICTIONARY OF THE OLDER SCOTTISH TONGUE
(12th to 17th centuries)
editors Sir William Craigie 1925–55,
A J Aitken 1955–, James A C Stevenson 1973–

OF PRESBYTERS AND KINGS
Church and State in the Law of Scotland
Francis Lyall

THE PSALMS IN SCOTS

REPRINT OF P HATELY WADDELL'S
THE PSALMS: FRAE HEBREW INTIL SCOTTIS
FIRST PUBLISHED 1871

Introduced by Graham Tulloch

ABERDEEN UNIVERSITY PRESS

First published 1987
Aberdeen University Press
A member of the Pergamon Group
© Introduction and Glossary Graham Tulloch 1987

British Library Cataloguing in Publication Data

[Bible. O.T. Psalms. *Scots. 1871*]. The Psalms
  in Scots : reprint of the Psalms : frae
Hebrew intil Scottis by P. Hately Waddell,
first published 1871.
I. Waddell, P. Hately
223'.205'2   BS1425.S/

ISBN 0 08 035075 5

PRINTED IN GREAT BRITAIN
THE UNIVERSITY PRESS
ABERDEEN

CONTENTS

PREFACE

Apart from the introduction and glossary, this book is a reproduction of the first edition of P Hately Waddell's *The Psalms: Frae Hebrew intil Scottis*, published in 1871. I would like to thank Aberdeen City Libraries for providing a copy for reproduction. I would also like to acknowledge the help and encouragement I have received in my study of the Bible in Scots, from my wife, from Professor David Daiches and Mr Robin Lorimer and from Mr Paul Scott who first suggested the idea of a reprint. I dedicate my share in this book to the memory of my forebears in Australia who remembered their Scottish descent and loved the Psalms.

Graham Tulloch
The Flinders University of South Australia

INTRODUCTION

It would be hard to overestimate the importance of the Bible in the development of Scottish culture, especially since the Reformation. Yet, as has been so often pointed out and lamented, the Reformers and all who followed after them used a Bible translated into English, not into Scots. If there was anything that could be called in any sense a Scottish Bible, it was the Geneva Bible, first published in 1560, to which Knox possibly contributed and which retained its popularity in Scotland longer than in England. But this, too, was a Bible in English and in the end it yielded to the English Authorised Version so that Scotland was left with no separate Bible translation of its own. The importance of this fact in encouraging and assisting the anglicisation of Scottish culture has been too often commented on to need reiteration here. But it is not always realised that quite strenuous, if unsuccessful, efforts were made to challenge the dominance of the English Bible. Amongst these the work of P Hately Waddell ranks high.

As soon as the first reformers argued the necessity of Bibles in the vernacular, parts of the Bible were translated into Scots. The most important of these was Murdoch Nisbet's version of the New Testament. Nisbet, who lived in the earlier part of the sixteenth century, followed Purvey's version of Wyclif so closely that his work cannot be considered an independent translation. While he scotticised the grammar and the spelling, he was less willing to vary Purvey's vocabulary and retained a number of words that were more common in English than in Scots. Yet, for all Nisbet's cautious approach to changing Wyclif, his version is immediately recognisable as a Scots version because of the spelling and grammar. Unfortunately, the time had not yet come when the church in Scotland was willing to tolerate the publication of the Bible in the vernacular and Nisbet's version remained in manuscript, used only by his family. It thus had no chance to establish itself in general use. It finally appeared in print only at the beginning of this century under the auspices of the Scottish Text Society.

Some of the participants in the religious controversies of the sixteenth century translated short passages into Scots when they quoted from the Bible but the English Bibles soon established their authority and, further, in the course of the late sixteenth and seventeenth centuries English was adopted as the normal language of discursive prose in Scotland for all subjects, including religious matters. A long gap consequently ensued before work began again on translating the Bible into Scots. In the mid nineteenth century Prince Louis Lucien Bonaparte, an authority on the Basque language and its dialects who was also interested in dialects throughout Europe, commissioned a large number of translations of books of the Bible into various European dialects. Amongst these were translations into Scots, including one of the Psalms by Henry Scott Riddell, a Scots poet somewhat better known then than now. These Scots translations are described on their title pages as 'from the Authorised English Version' and they show a good deal of non-Scots influence from that source. The prince's aims were purely linguistic but it is probable that his translators had religious purposes in mind as well. If so, they may have been disappointed at the small numbers printed (as few as eighteen in one case and never more than two hundred and fifty) and the fact that most copies remained in the prince's possession with just a few being given to his friends and associates.

When, therefore, in 1871 Waddell issued *The Psalms: Frae Hebrew intill Scottis*, he was, as his title page proudly proclaims, undertaking something quite new, a translation from the original text, not one based on an existing English version. Also, unlike the Bonaparte translations, it was intended for general public use and, in fact, went through a number of editions over the next thirty years. Waddell was a man of wide interests and considerable achievements. Born in 1817 in Balquhatston in Stirlingshire and educated in Glasgow at the High School and University, Peter Hately Waddell trained as a minister. He joined the Free Church at the Disruption and was a minister briefly at Rhynie and then Girvan. He soon found himself at odds with some of his congregation since he was unwilling to accept the Westminster Confession *in toto*, especially on the question of voluntaryism and the duties of civil magistrates. When his licence was withdrawn Waddell founded an independent church in Girvan known as the 'Church of the Future' taking with him a large part of the congregation. In 1862 he moved to Glasgow and began to preach in the City Hall as an independent minister. Here in 1863 he delivered a series of lectures on Renan's *Life of Jesus*. His skill as an orator gained him a large congregation and in 1870 he moved to a specially built church. When he was forced by financial problems to leave this church he succeeded in again forming a congregation by preaching in the Trades Hall. In 1888 he rejoined the established church, retiring in 1890 and dying the following year.

Waddell's continuing success in gathering congregations as an independent minister can no doubt be attributed in part to his oratory but it probably also owes something to the wide range of his interests. Apart from works on religious subjects he wrote a play, *Behold the Man: a Tragedy for the Closet* (1872) and a tract in the form of a short novel called *Life at the Loom; or, the Weaver's Daughter* (1848). His interest in geography shows both in a series of newspaper letters arguing that the discoveries of his contemporaries, the explorers Speke and Grant, had been anticipated in Ptolemy's map of Egypt and also in an attempt, in *Ossian and the Clyde, Fingal in Ireland, Oscar in Iceland, or Ossian historical and authentic* (1875) to defend the claims of James Macpherson to be the translator, not the author, of the Ossianic poems. For this he used as evidence the identification of references to places that could not have been known to Macpherson. Most important of all for his work as a translator into Scots, was a long-standing interest in Burns. In 1867 he published a life and edition of Burns, illustrated (here is the geographer at work again!) with maps of Burns' various tours, and, earlier, in 1859 appeared his *Genius and Morality of Robert Burns: A Lecture—A Eulogy* which incidentally provides us with a good example of his oratory. Reading the lecture makes us aware of how natural a transition it was for Waddell to move from editing Burns to translating the Psalms. Throughout the lecture he compares and, in many respects, equals Burns to David. The main difference he sees between the two is that 'the Hebrew had no humour as the Scotchman had' so that he writes of the Psalms that from 'these sweet and often terrible effusions, every trace of mirth was banished. All that is visible there is a radiant, soul-satisfying joy; an absorbing pathos, a consuming zeal' (p. 23). With this qualification regarding humour, what Waddell says of Burns could be used equally well to express his view of the psalmist:

> he, *par eminence*, is the impassioned athlete of the soul; the spiritual melodist and humourist; the immortal wrestler with grief and joy, with love and pity, with madness and folly—yea, with shame and with remorse (p. 4).

Indeed, he concludes this passage by calling Burns 'the very foremost lyric man since the days of DAVID'. No wonder, then, that Waddell turned from Burns to the Psalms.

The lecture also offers another explanation of why Waddell chose, from all the books of the Bible, the Psalms and, later, Isaiah for translation into Scots. Waddell recognised that English had become dominant in many spheres of Scottish life but Scots had been revealed by Burns as 'the language of poetry' (p. 9n). Scots

> has been rescued from obliteration by him; has been perfected and polished by him into living harmonies, and registered imperishable among the tongues of men. It is safe *now*, as the language of passion and of sympathy; and may be disused if necessary in commerce, in politics, or in philosophy, without reproach (p. 10).

As preeminently a language for poetry, then, Scots was, to Waddell's mind, most suitable for translating two of the most poetic books of the Bible.

Waddell's qualifications for making a translation into Scots, founded on early acquaintance with spoken Scots and enriched by study of Burns' written Scots, were considerable. Nevertheless, he faced a major problem. He had no models for the kind of Scots writing he was undertaking. It seems clear that he did not have access to Riddell's translation of the Psalms. As we have already noted, it was printed in a small edition and was privately distributed. Moreover, he makes no mention of it in listing the versions he had consulted. He had therefore to create for himself a register of Scots appropriate to his undertaking. In his 'Notice to the General Reader' printed at the end of the Psalms, Waddell shows himself well aware of the problem. Burns was an important resource but even he was not enough:

> A very large number of terms employed by Burns are also employed here, as may easily be ascertained by consulting the Glossary for his Poems. But the expressions or phraseology most frequently employed by Burns could not, for very obvious reasons, be admitted in a translation of the Bible.

Waddell's problem was that Burns' Scots is mostly of an informal kind. The same applies to Waddell's most obvious prose model, Scott. The Scots dialogue of the Waverley Novels is generally to be found in informal contexts. Furthermore, even the Scots-speakers in Scott usually switch to English when discussing religious matters and especially when quoting from the Bible. Indeed, in no area had English established itself in the speech of Scottish people more strongly than in religion. Waddell's solution was to turn, as writers of Modern Scots have often done, to an ideal notion of Scots of the previous generation. At the same time he acknowledges the unusualness of employing Scots in a Bible translation:

The bulk of the language, both in terms and phraseology, is such as was in daily use by all well-educated peasants and country gentlemen of the last generation, and such as they had received by tradition from their own forefathers—men who represented the true vernacular of their country, from the days of the Reformation and of the Covenant. With such language the Translator was familiar in his youth, as many of his readers must also have been. To the young of the present generation it may seem strange; but any strangeness to be found in it otherwise, or by others, must result solely from the newness of its grammatical application to so solemn a theme as the Word of God.

What is described here is an idealised view of the 'true vernacular'. What it means in practical terms is that the language of the Psalms is normally such as had been made familiar by Burns and Scott, but lacking the most strongly informal elements. Like their language it is, moreover, not tied to any specific locality inside Scotland.

While Waddell could not use the most informal elements of the language of Burns and Scott, some of their other informal terms were well suited to the Psalms. Waddell used these and the informal tone of some of his diction helps to give his Psalms the strongly personal and intimate tone which is one of their special strengths. At the same time, the Authorised Version, the English version best known to Waddell and therefore the one most likely to influence his ideas of appropriate diction for a Bible translation, had used a number of formal terms like *generation* and *salvation*. For many of these there are no distinctively Scots alternatives. It would have been open to Waddell to argue that historically these terms have as much right to be considered Scots as English and certainly the medieval makars would have taken this view. But by Waddell's time a major change had taken place in the identity of Scots so that it was generally seen as a mainly colloquial, informal tongue. Conspicuously formal words like *adversary, destitute, generation, iniquity, insurrection, majesty, salvation, testimony* and *transgression* were not therefore generally considered as Scots. Of course, it was not always necessary for Waddell to follow the lead of the Authorised Version in using formal words in these contexts. His language is often informal where the Authorised Version is formal. For instance, where the Authorised Version has *insurrection* he has *dinsome thrang* (64: 2) and where it has *destitute* he reads *feckless* (102: 17) but in other cases, as, for instance, with *generation* and *salvation*, the formal term used in the Authorised Version had come to be the accepted, almost the only term for speakers of both English and Scots. Determined to make his version a truly Scots one, at least in his own terms, Waddell found a solution to this problem. Once again, his 'Notice to the General Reader' is helpful:

There are one or two compound terms, made up of well-known simple terms, in the very spirit and according to the recognised idioms of the Scottish language, to express words or ideas in the Hebrew language which no Scotch or English or Latin terms *alone* ever will or can express. A very little practice, it is hoped, will not only accustom the intelligent reader to the use of these words, but enable all readers to receive through them a much truer sense of the Original than could possibly be conveyed by any single terms whatever.

While Waddell's explanation suggests that more accurate translation is his purpose the reader is entitled to suspect that at least part of his aim was the avoidance of latinate formal terms since it is where these occur in the Authorised Version that he is more likely to introduce his compounds. For instance, where the Authorised Version has *generation, inheritance, integrity, salvation,* and *testimony* Waddell has *kithgettin* (10: 6), *hame-ha'din* (33: 12), *leal-gate* (41: 12), *heal-ha'din* (3: 8) and *truth-tryst* (19: 7). All of these are Waddell's creations. However, not all of his new compounds correspond to latinate terms in the Authorised Version: his frequently used creations *blythe-bid* and *richt-recht* convey the notions of *bless* and *judge* and his *reddin-right* corresponds to English *decree* even though he could have used the well-established Scots form *decreet*.

Richt-recht seems to show the influence of German *richten* 'to judge' just as another of Waddell's innovations, *righters* 'judges' (2: 10), seems to be based on the synonomous German word *Richter*. It is a curious and somewhat unsatisfactory aspect of Waddell's Scots that familiar terms of Romance origins, like *judge*, and even distinctively Scots forms of words, like *decreet*, which were in normal use in earlier Scots, are rejected in favour of new compounds made up almost wholly of Germanic elements. Such a procedure seems to deny a large part of the history of Scots. But the lecture on Burns makes it clear that Waddell attached a special significance to the Germanic elements in Scots. After claiming that Scots 'adheres more perfectly in its root to the old Teutonic than the English does' he quotes a stanza from 'Auld Lang Syne' and points to words in it shared with modern German. These words, he claims

> are all genuine Scotch, very old Scotch — much older than the days of Robert Burns, and (not to be too critical) as the reader will see, almost pure German; and thrill through you, and revive and quicken you, as sweet and as congenial as your mother's milk. You feel that the man who speaks thus is your own mother's son — bone of your bone and flesh of your flesh: a son o' the faither-land — a Teuton and a Scotchman, with the associations of an old, far extracted, deep flowing, imperishable, hereditary life in his bosom! (pp. 7–8).

So, for Waddell, the Germanic elements of Scots express our deepest feelings; Latin, on the other hand, while it provides a 'valuable classic element', is 'absolutely foreign' (p. 5). Given these views and the way Waddell saw the Psalms as the powerful expression of basic human feelings, it was inevitable he should wish to make his Scots as Germanic as possible, even to the point of introducing new words or compounds of Germanic origin rather than using existing words of Romance origin.

Waddell in his 'Notice' claims that there are only 'one or two' of his new compounds: this is somewhat of an understatement. Nevertheless he does have some reason to hope that 'a little practice' will accustom his reader to them. Most occur rather infrequently, many are easy to understand from their elements and a few which are more difficult to guess, like *heal-ha'din*, occur so often as to make their meaning obvious before the reader has advanced very far into the Psalms. These unusual compounds are all included in the glossary to this edition. The historian of Scots may well object to them as not being a representation of actual spoken language of the time. For myself, I find them acceptable in this context of a literary language specially created for a particular literary purpose.

Another resource for adding to the vocabulary of current spoken Scots, much used by later writers of Scots, was the revival of obsolete words, but Waddell does not mislead us in asserting that 'there are not, on an average, more than five words in a thousand, exclusively very old Scotch'. This is in spite of his use of the Middle Scots spelling *Scottis* in his title: Waddell apparently used this spelling to give Scots its due as a separate language with a separate history, or, as he says in his lecture on Burns, 'not a mere dialect, but a *tongue* cognate with the English . . . not a dialect of the English, but a dialect of the Teutonic, even as the English itself is' (p. 4). For this independent tongue he would not want to use the accepted term of his day, *Scotch*, since this is an English form which he only uses when writing English. On the other hand, the form *Scots* had low prestige in the nineteenth century and was therefore equally inappropriate. Hence, it seems, his choice of *Scottis*, a name which emphasised both the antiquity and separateness of Scots. There are, then, only a few archaisms like *fuhre* meaning 'go', *gree* 'favour', *redd* 'deliver' and *thring* 'oppress'. Some of these spawn Waddellian compounds, like *gude-gree* meaning 'mercy'. In this respect one of the most prolific is *redd* from which Waddell forms both the unusual *redd-single* which seems to mean 'save singlehandedly' (33: 17) and the more frequently used *redd-but* and *redd-out*, meaning, like their parent *redd*, 'deliver'. These in turn give birth to *out-redder* and *redder-but*. Another productive archaism is *thirl*. Found in Middle

Scots meaning 'a person bound in servitude', it serves Waddell as an alternative to *servan*, which, like the Authorised and Revised Version's *servant*, translates a Hebrew word that could, at times, be rendered alternatively as *slave*. From this meaning Waddell develops his two compounds *thirl-folk* and *thirlman*. Rather more inaccurately, he uses *thirl* to mean 'prisoner' (79: 11) and this inaccurate meaning also leads to new compounds, *thirl-bun* meaning 'prisoners' and *thirldom* 'captivity'.

Waddell handles Scots with confidence and one hesitates to accuse him of mistakes. His use of *skance*, not in its usual sense of 'a glint, a gleam', but apparently to refer to a rather more brightly shining light (27: 4; 89: 44) may be viewed as a mistake or as a useful literary expansion of the word's potential but his use of *fyke* is unequivocally a mistake. He uses the phrase 'fyke and be fain' in Psalm 5 (v. 11). The Authorised Version here reads 'be joyful' and Waddell evidently agrees since his marginal note informs us that the Hebrew means literally 'unco fain'. Yet none of the usual meanings of *fyke*, such as 'fret', 'fidget', 'bustle' or 'vex' suit the context. On the other hand, a meaning 'dance' would be appropriate in a somewhat free translation like Waddell's. I strongly suspect that this arises from a misunderstanding of the phrase 'fyke and fling at Piper's and Fidler's springs' used by Patrick Walker in his 'Vindication' of Richard Cameron's name and repeated by Scott in chapter 10 of *The Heart of Mid-Lothian* in a vivid speech by Davie Deans which is based on the Walker passage. Walker's meaning was derogatory, 'move restlessly, fidget', but the word in this context can be incorrectly understood as a synonym of *dance*. Jamieson in his dictionary cautiously notes that 'As connected with *fling*, it sometimes denotes the motion of the body in dancing' and cites the passage from Walker. Waddell, less cautiously, uses the word as a full equivalent of *dance*.

Another way of expanding the usefulness of words is functional shift, moving a word from one part of speech to another. Waddell does this very effectively with *fey*. In Scots this adjective has, of course, a much stronger meaning than in English where it merely means 'whimsical'. In Scotland someone is described as 'fey' if they behave in an excited and reckless fashion that suggests they are doomed to die. In the opening words of Psalm 2 Waddell uses the word as a verb and nicely conveys the futility of the behaviour described. His 'Whatfor fey the far-aff folk?' achieves, in a quite different way, the vividness of the Authorised Version's 'Why do the heathen rage?'

Making use of the language of Burns and Scott, of new compounds, of archaisms and of new meanings and applications of words, Waddell builds up a vocabulary which is distinctively Scots, unlike earlier translators, such as

Riddell, who seem reluctant to depart from the Authorised Version and consequently retain some English words not generally used in Modern Scots. It is the same with grammar. The English verbal endings, *th* after third person singular subjects and *st* after *thou*, occur only rarely. Instead we find their Scots equivalent *s*: 'Wha sits intil the lift sal laugh' (2: 4), 'Lord, thou hauds them heal' (36: 6). In fact, *thou* and *thee* were no longer used in most of Scotland by this time and Waddell generally prefers to use *ye* or the more colloquial and forceful *yersel* and *yerlane*. To emphasise the distinctiveness of the Scots pronouns he again uses archaisms, in this case the obsolete spellings *yo* and *scho* for *you* and *she*. Generally, however, Waddell's spelling is less distinctively Scots than he might easily have made it. For instance, he uses the English *gh* and *ow* rather than the readily available older Scots *ch* and *ou*. Here alone is Waddell willing to go along with the anglicising tendencies of his age. In his 'Notice' he tells us that he 'acts in conformity with recent highest authorities in the Scottish language' in using the English spelling for certain sounds but 'he must protest against their mispronunciation as if they were English' and he offers a stern warning that 'to pronounce on the English principle any words in which one of these syllables occurs, is to destroy at once both the character and force of the sound'.

It is clear that Waddell's language is a literary artefact. His ideal speakers, for instance, would have been much more willing to use words shared with English than Waddell was: they would certainly have preferred *generation* and *salvation* to *kithgettin* and *heal-ha'din* and they would probably not have used his archaisms. Waddell clearly felt that at least some elements of a literary style were appropriate in a translation of the sacred text. This is evident in his retention of *wha, whase* and *whasae* rather than the normal colloquial *that* or *at* and in the frequent use of an inverted, 'poetic' word order. Yet, if Waddell's language is, necessarily, literary, it has not lost contact with contemporary speech. One of its great strengths is in capturing the vigour of the spoken word. Waddell's David speaks with the voice of ordinary people. Furthermore, for all its occasional archaisms, Waddell's language is generally up-to-date and modern, in a Scots context, for its time. His willingness to use a colloquial and contemporary speech contrasts sharply with the practice of his contemporaries in producing the Revised Version of the Bible. They had been instructed, as the 'Reviser's Preface' tells us, to 'introduce as few alterations as possible into the Text of the Authorized Version consistently with faithfulness' and to 'limit, as far as possible, the expression of such alterations to the language of the Authorized and earlier English Versions'. The result is impressive but, as the revisers followed their instructions and preserved the style of the Authorised

Version, it is not a translation into contemporary language. By contrast, Waddell's version is generally in the language of his own time, albeit Scots not English.

I approach this work as a student of Scots rather than of Hebrew and I leave it to others to comment on the accuracy of Waddell's translation. It is clear that Waddell took pains to make his translation as accurate as possible. In line with the care with which the whole work is presented, he follows the traditional practice of italicising words which are not in the original text but are added to make the sense clear and he has numerous marginal notes recording where he departs from a literal translation of the Hebrew. On ten occasions Waddell draws our attention in the margin or a footnote to his disagreement with the Authorised Version. A rough idea of how far his ideas coincide with the best Biblical scholarship of his day can be perhaps gained by looking at how the Revised Version handles these verses since its specific purpose was to correct mistakes in the Authorised Version. In two cases the Revised Version agrees with Waddell's translation (7: 13; 16: 2). In two more the Revised Version retains the Authorised Version's reading in the main text but offers a reading similar to Waddell's in the margin, either as an alternative manuscript reading (15: 4) or as an alternative interpretation (42: 10). In two cases the Revised Version varies from the Authorised Version but adopts an interpretation different from Waddell's (29: 9; 68: 13) and in the other cases the Revised Version either simply retains the Authorised Version reading without comment (50: 23; 54: 7) or retains the Authorised Version reading in the main text and offers an alternative reading, different from Waddell's, in the margin (48:14; 51: 16).

As the accepted English translation of the day, in Scotland as in England, the Authorised Version will certainly have been the translation best known to Waddell and the one against which he was consciously setting his Scots alternative. Despite his attempts to distance himself from the Authorised Version — the two versions are so different that one senses a deliberate endeavour on Waddell's part not to use the Authorised Version's wording even where it would have produced good Scots — the Authorised Version makes its presence felt. In particular, the occasional use both of *th* inflections, which have never been a feature of Scots except under English influence, and of *thou*, which was generally obsolete in Scots by Waddell's time, are almost certainly due to the influence of the well known language of 1611. Yet we should remember that Scottish people were also familiar with another version of the Psalms in English, the Scottish Metrical Psalter. The influence of this version, so important in Scottish worship, may account for one of the stylistic peculiarities of Waddell's prose version, the occasional resort to rhyme. Waddell, indeed, tells us in his 'Notice' that

> In the translation of the PSALMS, the reader will find that most of them fall naturally into a sort of rhythmical cadence, and many of them into rhyme itself. It may be proper to state, with respect to this peculiarity, that no device whatever has been employed to produce such effect—the fact being, that in many cases the Psalms which present this rhythmical aspect are more literally translated than they could well have been otherwise; and that there is generally a corresponding rhythm, and sometimes even a corresponding rhyme, in the Hebrew original.

Waddell is somewhat disingenuous here. His own practice of italicising added words makes it clear that some device *has* in fact been used in many cases to produce these rhymes. Consider this verse:

> Yirth trimmil't hersel; na, the lifts afore God, they war skailin: yon Sinai *sheuk* afore God, the God o' Israel'*s walin* (68: 8).

Not only has *walin* been added, witness the italics, to give a rhyme but the normal word order of the first part of the verse has been altered to allow it to end with *skailin*. In his Isaiah Waddell uses the device more frequently but in the Psalms he is restrained in its use and I, for one, find it blends in naturally with the predominant prose.

The translation itself would have been an impressive enough work. Yet to this Waddell added, as the reader of this reprint can see, an introduction, an explanation of terms used in the original Hebrew headings, his own headings at the beginning of each psalm and at the top of each column, marginal notes and footnotes, all written in Scots. In short, he provided all the paraphenalia which his readers had come to expect in an English Bible. What impresses me most in the end is the thoroughness of Waddell's work, the determination to make a version of the Psalms which is truly Scots both in the text itself and in everything that surrounds it. In an age where Scots prose was most commonly found in the dialogue of novels or in short narratives with a strongly marked spoken voice or in the quasi-dialogue of letters in newspapers, it is hard to find any sustained writing in Scots, whether prose or verse, of similar length. Waddell intended, as his last page shows, to translate other parts of the Bible into Scots. In the end he went on to translate only Isaiah; even so, his achievement was remarkable. Without access to any predecessors to model himself on, he succeeded in finding a language appropriate to his endeavour and in producing a vigorous and appealing translation. His Psalms were very popular and were reprinted at least four times; their qualities, both literary and linguistic, will, I hope, make the appearance of this further reprint a welcome event.

GLOSSARY OF UNUSUAL WORDS

Waddell uses an extensive Scots vocabulary, most of it also used by other writers of Scots. The main difficulty with his language lies in a relatively small number of unusual words or meaning of words. This glossary covers words or meanings and spellings of words not found in *The Concise Scots Dictionary*. Many of these are peculiar to Waddell or to Waddell and his imitators. Some are to be found in *The Scottish National Dictionary*; in some cases also Jamieson's dictionary provides a hint as to Waddell's most likely intended meaning, which sometimes differs from that in other translations, but Waddell's usage is on a few occasions so unusual as to make any certainty in glossing impossible.

baise   lower, bring down
banster   sheaf-binder
betyde   help
bid   bless (c.f. *blythe-bid*)
bidden   prayer
blythe-bid   bless
blythe-biddens   blessings
blytheheid   happiness
brach   hunting dog
braid   spread, broaden, enlarge
braird   first shoots of grain
breinge n.,   buffet, blow
breinge v.,   be battered
breinger   buffeting wave, breaker
breme   rage (of the sea)

chauner   complaint
chirn   complaint
chrystit   anointed
cruckit   crooked

deray   assembly
dight: dight by, out   wipe away, purge
down-gaen   fall, calamity
dree-sang   song in time of trouble
dwaffle   fade away

erran-rinner   messenger, angel
ettle   express, mean; make, create
even-doen   uprightness

facht   battle
fauld   court
fauldin   court
feidom   enmity
feim   foam, i.e. venom (of an adder)
fey   behave wildly
fiend-folk   enemies
fien-loon   enemy
flinder   smash to pieces

foich: gang foich   stink
forlie   forsake
foreset   assign
forset   beset
furth-tell   declare
fyke   dance

gate-ganger   passer-by
gaen-free   deliverance
glaum n.,   a mouthful
glaum v.,   stare
godlowse   godless
gowpin   bowl
gree   favour, honour, mercy, goodwill
growf   belly
grewin   terror
gryfe   griffin
gudelyheid   honour, glory
gude-gree   mercy
gude's gree   glory, honour

ha'din-height   stronghold
haililie   wholly
hainin-towir   tower of refuge
halidom(e)   sanctuary
haliheid   holiness
halirude, halyrood   sanctuary
hame-bringer   deliverer, redeemer
hame-ha'din   holding, possessions,
   inheritance
hansel   sacrificial offering
haud heal   save
heal-ha'din   salvation
heal-hearted   with one's whole heart
heal-makin   salvation
health   salvation
heart's-gree   delight
heart-threepin   cry from the heart
heigh-ha'din   high stronghold
heigh-sled   chariot
heirskip   inheritance
heis   rise

ill-thole   be angry, lack patience
in-win   breaking in

jauker   trifler

kewl   rope-bit for a horse
kith-end   generation
kithgettin   generation

langspiel   kind of stringed instrument,
   psaltery
lawtie   loyalty, honour
leal-folk   faithful subjects, servants
lealman   faithful subject, servant
leal-gate   integrity, fidelity
lift   offering
liltin-blythe   happy and singing
   cheerfully
lilting-free   joyful
lofliheid   glory, honour
loon   servant
lout   cause to bow down
lucken   cause to grow and thrive

mense-dom   wisdom
misfaur   going astray
misgate   transgression, sin
mislearin   error
mislooin   displeasure, anger
mislo'e   hate

nameliheid   glory
nieborlie-gree   peace
nieborlie-will   love, mercy

out-come   descendants; birth
out-redder   deliverer, redeemer
outshot   breaking out
owergaens   transgressions, sins
ower-gangers   transgressors
owerspang   leap over
owertell   declare, recount

pingle squeeze out with great effort?

Quattin-Day Sabbath

raik n. *on raik* in sequence
raik v. array
rax: rax but, out, outowre deliver, save
rechter judge
rechtin judgement
redd: redd but, out, outowre deliver
redd-but deliver
redden decree, redemption
redden-right decree
reddin up reckoning up
redd-single save singlehandedly
redin counsel
right judge
righters judges, rulers
rightin judgement
right-rackin vengeance
right-recht adj., just, right
right-recht v., judge
right-rechter judge
right-rechtin judgement
right-wrangers transgressors
rink encircle, ring around
roon ruin?
rute uproot

schute-ower put aside
sconce protection; hallan
scoopit carved
seep n., moisture
seep, seip v., soak, drench, wet through
shaird-makar sherd-maker, potter
shairins dregs
shielin tent
siller-trokes pieces of silver
skance n., bright light
skance v., shine brightly
slakkens quiet, unoccupied times: *wi slakkens*, with moderation, in a diminished way

slachtir-cairn altar
slachtir-tryst sacrificial offering
sled chariot
sned-end the very end, the point at which something is cut off
speak hame listen
staggie horse, deer?
stoop v., support; *stoop on,* prop (oneself) on, trust
stoupin support
strick-rowin swiftly following
styth strong, firm
swaif kiss
swak soften, weaken, fade away, melt
swee have control

tang touch? strike?
thets horse's traces
thirl n., servant, prisoner
thirl v., bind; *thirl till,* serve, be in bondage to
thirlbans, thirlban's bonds, fetters
thirl-bun prisoners
thirldom captivity
thirlfolk servants
thirlman servant
thought-takins devices, plans
threep n., crying out
threep v., demand, command
thril captivity
thring oppress
time pour forth?
to-fa' support, refuge
to-flight refuge
torne turn, action done to someone
tret: in tret in treaty, in agreement
truth-tryst testimony, fidelity
tryst sign, token; statute; trust
trystin statute; testimony

wa'-gaen fainting, expiring
waird guard
wa'l-ee spring

wear   guide, defend

wrack n.,   vengeance

wrack v.,   avenge

wustlan'   wasteland, wilderness

wust   waste, desolate

wuth   anger

ydilheid   idleness

yerlane   you alone, you on your own

zat   that

zit   yet

THE PSALMS:

FRAE HEBREW INTIL SCOTTIS.

BY

P. HATELY WADDELL, LL.D.,

MINISTER.

It lowe'd an' was nane the waur.

MDCCCLXXI.

THE BUIK,

CA'D O'

PSALMS, OR LILTS, OR KIRK-SANGS,

MAUN be mair nor feckly David's. Twal, ye fin', o' Asaph's; twa wi' Solomon's name; ane a-piece wi' Heman an' Ethan's name, an' ane wi' Moses': ane or mae by wha's no kent; maist like, frae the sugh o' them, by David. They gaed a' till sangs or sughs, i' the Makars' time, wi' harps an' wi' soundin-brods, or wi' fifes an' thairms: the blythest o' them aiblins like some heigh-lilts o' our ain, an' the dulest like some laigh-gaen croon or pibroch. Some sang-maister thar was, till airt the sangsters an' till time the sang; an' till him afore the lave the kirk-sang itsel was allenarly lippen'd. What sang-lumes, or organs, might than be in vogue, we ken-na for truth; their vera names are but jimply right-read in days like our ain—as ye may see eftirhen';* but o' liltin on the heighest key thar was eneugh till gie name to them a': for ae Psalm, CXLV., or DAVID's *Telè*, or *Lilt*, as it's ca'd, whar it's liltin an' laudin frae en' till en', gied siclike name till the hail Buik as it stans. Our ain word LILT, that's but the Hebrew TELL; or LILTIN, that's but their TELLIM; synder'd an' sortit a wee the Norlan' gate, niebors weel wi' the name as it suld be.

The Buik pairts itsel in five: the three foremaist Pairts quat wi' *Amen an' Amen*, as ye sal fin' an ye leuk, Ps. XLI., LXXII., LXXXIX., i' the hinmaist, or hinmaist verse but ane; the fourt wi' *Amen Halelujah*, or Laud ye the Lord, Ps. CVI.; an' the fyft wi' *Halelujah*, Ps. CL., at the en', whilk is the hinmaist word o' a'. The Psalms, Lilts, or Kirk-Sangs, hae maist o' them a gran', heigh, sary sugh; an' forby that they're biddens till God, hae wonner-feck fusion o' their ain as *Lyric Lilts* o' the makar. Thar's the saft seep o' the cluds an' the dour chirt o' the cranreuch; the lown holms, the green knowes, an' the blythe braes o' Bethle'm; the cauld dyke-side, the snell showir, an' the snaw-white tap o' Lebanon; thar's the wimplin burn, the rowin spate, an' the gran' walth o' watirs; thar's the lanely, drowthy, dreich wustlan'; thar's the lowan heugh, the bleezan cairn, an' the craig that lowps an' dinnles; thar's the glint o' mony starn, the bright light o' the lift, an' the dule o' the dead-mirk dail, thegither; thar's the sang o' the cheerie herd, the sigh o' the weary wight, the maen o' the heartbroken man, an' the eerie sugh o' the seer; the dirl o' the pipe, the chirm o' the bird, the tout o' the swesch, an' the scraigh o' thunner; the mither's lilt for her wean, an' heigh hozannas at the yetts o' hevin: what the ee can see, what the lug can carrie; the chant o' the sant, an' the dule gant o' the godlowes; the blythe-bid o' the LORD himsel, an' the angrie ban o' his servan—forgather'd a' intil this ae Buik—ane gran' melee.

David, for a makar o' siclike, flings meikle mair intil sma' bouk nor the feck o' a' them wha hae lippen'd their thoughts the same gate. He sees an' he hears naething he canna tell; an' he tells a' like-as nane but himsel, afore or sen-syne, cou'd hae better tell'd it. David, for ane o' God's Seers or Foretellers, an' for ane o' God's Sancts, fu' lown aneth His wings an' fu' gleg an' sikker i' the hevinly uptak; chrystit an' gifted baith till say God's say, an' till do God's bidden, i' the warld; made mair tryst on God's ain Word, an' lippen'd mair till God's ain gree, nor ony man or marrow o' them a' sen the time o' Moses. Moses himsel was the feck o' his lear, as ane may see wha likes; bot the bidden o' the LORD's mouthe ben i' his ain bosom, an' the sugh o' God's Ghaist i' the lown o' his ain heart, made him wysser nor the lave o' the folk, an' sterker nor the feck o' kings. Rightousness an' Truth war the twa braid stoops o' his life, an' the Word o' the LORD the ae bright light o' his gangins. That he was ettled till be but some fleshly figure o' the Chryst, in his warslins an' his winnins baith, haudin the lan' an' dingin the hethen his ain gate, he brawly be till ken; an' frae a' he tholed in himsel he schupit weel, wi' the help o' God, what the Chryst maun carrie. An' eke, that

I

he figured the folk wha lived i' the lown wi' God; wha gaed wrang whiles wi' the LORD, an pined for their ain misdoens; wha lippen'd till the LORD, an' wan weel awa frae their ain fauts an' folies; wha leukit ay till the face o' the LORD, an' had braw glints o' light whan the warld atowre was in mirkest midnight—no a lilt o' his ain but can tell. Mony a word o' his i' the wustlan', as it shot frae his mouthe in dule, wan hame till Calvary, an' mony a tang o' his harp had its ain sugh eftirhen' in Gethsemanè. His flytins war feckly wi' the LORD's ill-willers, an' his biddens a' for help on the Halie Hill. Fu' mony a prayer he dirl'd to the lift, for the feckless wight that was nevir born; an' fu' mony a skreigh wan but frae his bosom, that nane but the widow an' the faitherless, i' their ain sad sighan, hae niebor'd sen-syne. Sic gude's-gree an' sic gifts made David the wale o' singers; an' no ae finger-breid o' God's Hail Word's mair trystit, or better kent, or mair hanl'd nor the Psalms. The Chryst himsel loutit till learn them, an' a' God's folk sen his day hae been blythe o' sic weel-timed readin.

Bot David was King, nae less nor Makar an' Foreseer, an' airtit the feck o' a' his sangs the gate o' God's gree wha set him on the thron, an' for rightin, up-biggen, an' haudin weel thegither the Kingryk was lippen'd i' his han'. Chryst, an' His ain heigher realm o' Man's Heal-makin, he foresighted an' a', as the learner may ken wha gangs till Ps. II., XXII., XLV., an' CX., an' wha hearkens till Chryst himsel in His ain vera Tryste. Bot the wyssest amang us sal hae but scrimp insight o' David's min', an we leuk-na till the sair warsle he dree'd wi' Saul an' wi' his folk, an' wi' siclike o' his ain, herriers an' peace-breakers o' the lan', that plagit him ay whiles he lived. He carps, now an' again, o' Godlowse Carls, an' now an' again, o' Bairns o' the Yird; lawless loons an' witless nae-believers, wha wrought ill till his folk, an' misca'd himsel, an' lightlied abune a' the God that tholed them: an' wha but the ill-deedie draigs o' the lan', or scruif o' the yird, war ettled or daur'd wi' sic names as thae? Carl, i' the Hebrew, we weel ken, ettles often eneugh but Man or a Mighty Man, an' Bairn o' the Yird, but Son o' Man: yet owre an' owre in David's mouthe, they're wytit baith i' the name o' God, ban'd an' banish'd, for warkers o' a' mischieff an' thinkers o' a' ill again God's ain heritage. Wha syne could they be, an they war-na the draigs o' the auld Philistin folk o' the lan', an' wha sided wi' them again David, born ill-willers a' till God himsel an' till God's ain Chrystit? An ye read-na sae mair nor ance, the best o' David's Psalms, an' eke o' David's prayers an' biddens, sal gang for nought, an' for waur nor nought; they sal be but ill-heartit vanities—malisons in angir, that cou'd ne'er win by the lift.

David, for a man like the lave, had mony an ill faut o' his ain: yet sair he dree'd an' meikle he rued the wrang he wrought till his niebor, an' the angir he wrought till God. His ain ill-doen dang him, an' his heart's content whiles theekit him wi' schame. Bot tak David for a man as he stude by himlane, wi' the trystit crown on his head an' the hals o' his ill-willers, wi' mony an awesome warsle, aneth his feet; his ain heart whiles lowan like a kiln, an' his han's jimp redd o' bluid; the fauts he own'd to, an' mae, we maun e'en forgie him. Twa fauts abune the lave he had, an' they war baith Hebrew fauts. The warst o' the twa was, he sought owre het for bluid. The stoor he stude an' the ill he tholed wrought nae gude till his heart, an' e'en canker'd his nature. Baith God an' himsel had weel eneugh min' o't: The LORD wad hae nae house-biggen at his han's; an' had the swurd at wark amang his out-come for mony a day, we ken brawly for what: an' till read the Psalms o' David rightly, siclike maun be thol'd in min'. Lang he dree'd, an' meikle he wanted; bot God till him was better nor a'. Ance or twice he forgies; he forgies, an' he bans again: he forgies for ae day, an' he bans for the lave o' a thousan years. David's ain Chrystit Maister taught us weel sen-syne anither gate, an' a heigher; bot David lays the wyte o' a' on God, an' saikless himsel gangs thro' wi' 't. Nae ferlie nor he whiles tint temper; yet he ne'er tint tryst o' God. An we can do mair or better, we may faut him freely syne. Tak David thro' the piece for Man an' for Makar, for Seer an' for King, he was mair till the LORD's ain likan, a man mair eftir

God's ain heart, nor the feck o' his kind. Baith Abraham, an' Moses, an' himsel had fauts they might weel hae been quat o'; bot the LORD waled, an' gifted, an' liket them nane the less: yet nane o' their wrang-doens slippit His ee, or miss'd the dread down-come o' His han'.

Wha leuks, syne, for the leadin o' God's ain Gude Ghaist intil the Buik o' Psalms, maun leuk weel till the kin' o' man that spak for God i' the same, an' nae less till God's ain heigh gate o' guidin him. God speaks till us a' thro' our ain ghaist, an' feckly i' the tongue whar-intil we war born. God spak like-sae thro' David: thro' ane Hebrew till Hebrews, ferst; an' syne thro' Hebrews, by themsels, till the lave o' the warld. His ain halie Word, till us a', 's but ane: yet Psalms an' Foretellin baith cam but frae the lift thro' Hebrews. Tak weel wi' the Hebrew thought, an' ye sal tak weel eftirhen' wi' the thought o' God, wha lippen'd the tellin o't langsyne till folk, like Moses an' David, o' his ain han'-walin. What feck o' sense, what walth o' truth, what wit an' wyssheid; what far-sightiness, an' benmaist bodin; what weanlike tryst o' God, the Faither o' themsels an' a'; an' heighest thoughts o' Him, the Righter an' Heal-ha'der o' a', maun hae been theirs wha had the tellin o' a' till the lave o' his thoughtfu' creaturs!

O' this BUIK o' PSALMS mae Setts nor ane hae been:—

1, The LXX., intil Greek, gie what we count the XIV. for the LIII., an' LIII. for XIV.; forby that they airt a wheen words—the feck o' twa verses or tharby—frae the V., X., CXL., intil verse 3 o' their ain XIV.: an' Sanct Paul, as ye may see by what he reads frae that sett o' theirs (Rom. iii. 10), gangs wi' them.

2, What was ance kent for the Vulgate, or Auld Latin Sett, maks ae twa Psalms, IX. an' X., intil ane; an' ae single Psalm, CXLVII., intil twa. This wrang was rightit by Sanct Hieronymus, as he tells us in his ain Prologue till the New Vulgate: nochtless, it has been keepit ay on sen his day, baith i' the best Vulgates an' in ither weel-kent Catholic readins o' the Word, in mae tongues nor the Latin. Likesae, twa mae Psalms, CXIV. an' CXV., they sowthir intil ane, an' Psalm CXVI. they synder intil twa; whilk Hieronymus, their best stoop, lats stan'. Our weel-kent CXIX., this gate, fa's till be but their CXVIII., an' sae wi' the lave. This, forby some sma' differ i' the meath an' measur o' mony a single verse, that needs-na here till name.

3, I' the Hebrew itsel, what we tak for Headins stans but for the foremaist, or pairt o' the foremaist verse o' ilka Psalm: till whilk order mony wyss readers gie in.

4, I' the LXX. baith an' i' the Vulgate, an' whasae gang wi' them, *Halelujah* i' the five hinmaist Psalms, an' twa-three mae forby, is taen frae the Psalm an' set for a headin; anither wrang rightit in pairt by Sanct Hieronymus, lang or the Hebrew itsel was weel kent amang us.

5, By the same LXX. an' Vulgate, Psalm CXXXVII.'s gien till Jeremiah; an' Psalms CXII., CXXXVIII., CXLVI., CXLVII., CXLVIII., till Haggai an' Zechariah: an' Psalms CXXXIX., CXL., CXLI., CXLII., CXLIII., CXLIV., are set nane till David's makin, bot till David's gree allenarly by ither han's. The CXXXVII., an it be-na some foretellin, could be nane o' David's, an' might weel be Jeremiah's; bot the lave, for ought can be seen, might be David's ain, as likely 's ony i' the Buik. Hieronymus gies but ane o' them till Haggai an' Zechariah; how the lave cam by makars' names, we ken-na.

6, An' hinmaist, the Hebrew Makars, gran' an' a' as they war, had a schule-man's gate o' their ain, till mak sangs wi' their verses an' pairts to fa' even wi' the A B C; an' took unco pains an' pride in 't. Siclike are the XXV., XXXIV., XXXVII., less or mair: bot abune a' the lave, the CXIX., baith in pairts an' verses, ilka pairt in aght verses, an' ilka verse o' ilka pairt wi' its ain pairt-letter foremaist; an' the hail wi' a close-gaen, even sugh, short an' lang time about, frae en' till en'; maun hae been a wonner-wark o' thought, tho' thar's a hantle heigher *lyric*-makin baith afore an' ahint it.

3

*HEADINS O' PSALMS

FOR THE HAIL BUIK.

AIJELETH-SHAHAR; *Hind o' the Mornin :* ettled 1, till be but some fancifu' headin o' David's ain; 2, till be some shill, pitifu', wailin pipe, like the bellin o' deer i' the mornin; 3, but the name o' some sang the Psalm gaed till. Ps. xxii.

ALAMOTH; *Virginals :* some sang-gear ettled for dochters o' the quair till sing to, or till play upon, siclike 's might be at dance or weddin. Ps. xlvi.

AL-TASCHITH; *Waste-na :* nae sang-lume, an it war-na some laigh-gaen croon; bot a bidden o' David's, that God wad nane waste himsel, nor thole his ill-willers till waste him; as ye sal fin' Moses, in siclike case, bidden the Lord: Deut. ix. 26. Ps. lvii., lviii., lix., lxxv.

GITTITH; what this might be 's no kent. *Gittuth,* whilk souns no far frae *Gittith,* ettles a *wine-press ;* an' sae the LXX. themsels tak it. Ps. viii., lxxxi., lxxxiv.

'GREES; *Staps, Stairs, Upgangs,* or *Heighgates :* Hebrew *Moluth,* siclike 's the Latin *Molis.* Fourteen Psalms, on raik frae cxx. till cxxxiv., wi' sic headin; bot nae sayan sikkerlie what's ettled: maist like, but some heigh-gaen key. Ps. cxx. on till cxxxiv.

HIGGAIOUN; *Thoughtfu', Thought-takin ;* as ye sal fin' by Ps. ix. 16: maist-like, but some thoughtfu' sugh on the thairms, till gie the singer breath or he steer'd again. It gangs whiles wi' SELAH, as in Ps. ix. 16.

JEDUTHUN; but some sang-maister's ain name; a niebor o' Heman's an' Asaph's: 1 Chron. xvi. 41; 2 Chron. v. 12. Ps. xxxix., lxii., lxxvii.

JONETH-ELEM-RECHOKIM; *The forfochtin Dow amang far-aff folk :* anither fancifu' headin o' David's ain, an it be-na the name o' some sang or chant for the Psalm, lvi.

MAHALATH; *Pendicle, or Pendle :* some sang-gear was hang on the han', or aiblins frae the shouthir; siclike 's our ain *triangle,* till tang atween the pairts. Ps. liii.

MAHALATH-LEANNOTH; *Mahalath for Duplies,* or *Responses :* 1, sic sang-gear as abune, for tangin-out *answers* till the quair; 2, some read, wi' ither sense, *On the fecklessness,* or *down-draeg o' the puir.* Ps. lxxxviii.

MASCHIL; *Wyss, Wysslike ;* or, *Till mak wyss or wysser :* might weel be said o' mony Psalms, an', like MICHTAM aneth, gangs whiles alang wi' ither headins. Ps. xxxii., cxlii.

MICHTAM; *The Gowden lilt:* a headin weel wordilie an' wyssly gien till mony o' David's, tho' he said it himsel: stans whiles by its-lane, an' whiles, like MASCHIL, alang wi' ither headins. Frae Ps. xvi., here an' there, till lx.

MUTH-LABBEN; On *The Dead o' the Son :* but on Psalm ix. An this be-na the name o' ony tune, sang, or sang-gear, it maun hae been o' some pibroch, wi' a laigh-gaen sugh. Aiblins, was but the headin o' a Psalm on the downfa' or dead o' some stoor riever or *Son o' the Yird,* that herried the folk as ye may see.

NEGINOTH, *Tune-timers :* 1, might be drums, tambours, or soundin-brods wi' thairms, like till the Spanish gittern : 2, ony sang-gear wi' pipes or thairms, that was blawn ontil or tangit, till airt or maister the time. Frae Ps. iv., here an' there, till lxxvi.

NEHILOTH; *Glens, Howes, Fast-rinnin Watirs :* 1, quo' some, but the name o' some sang-gear nae langer kent; 2, quo' ither some, the name o' some sang itsel, that gaed wi' the Psalm. But ance, Ps. v.

SELAH; *Lown Sugh :* was nae mair but some sang-maister's mark till quat awee, a' at ance, syne loud an' heigh thegither. Gaed whiles wi' HIGGAIOUN, or a *Thoughtfu'* sugh, afore 't, diean lown awa intil naething. Ps. ix. 16.

SHEMINITH; *Aghtsome, ane Octave :* might thole till be taen either 1, some soundin-brod wi' aght thairms, or *octaves,* like our ain lang-syne *monie-chords ;* 2, some sang wi' aght pairts, or singers; or 3, some laigh-gaen bass wi' chords i' the *octave.* Ps. vi., xii.

SHIGGAIOUN; *Wand'rin :* some roun-about sugh, some no-even-gaen tune; whiles up, whiles down; here awa, there awa, as feck o' our ain chantit music gangs; bonie eneugh, but nae evenness; no comin hame on itsel. Ps. vii.

SHOSHANNIM; *Sax-some :* might thole till be taen *sax chordit,* or wi' *sax pairts,* or wi' *sax thairms,* siclike as SHEMINITH wi' *aght.* The Hebrew might e'en thole till be taen *on,* or *atowre the Lilies,* wi' their *sax* leaves, themsels syne sae ca'd : an' wha kens but the *sax-chordit* sang-lume was buskit or decored wi' *lilies,* for weddin-lilts, siclike 's the Psalm xlv., an' Solomon's ain Sang, ii. 16, vii. 2 ? Ps. xlv., lxix.

SHOSHANNIM-EDUTH; *The Buskit Shoshannim,* or *Lilies i'* their *Brawest Blume.* Ps. lxxx.

SHUSHAN-EDUTH; *Blythe* an' *braw ;* or *Buskit till yer Heart's Content.* How siclike headin gangs wi' but the ae Psalm—Ps. lx.—wad thole till be made clearer. Some able-eneugh readers tak *Eduth* wi' anither sense, for *Statut-laws,* or *Hail-biddens,* or *Commauns* o' God; but this, till nae betterment o' the headin whar it stans. Sic twa-fauld sense o' mony a Hebrew word 's a wide yett for wrang gates i' the turnin.

Wha cons, wi' time an' thought, this hail Buik o' Psalms, an' some sang-neuks o' the Prophets forby, wi' tent till what gangs here-abune, sal airt himsel intill a hantle mair guid i' the readin o' them. Nae great scowthe o' sang-gear, ane may say, till sort or till wale amang, here : bot how ken we what their fifes an' horns, an' soundin-brods an' fiddles, war made o'; or yet, how they war hanl'd? Horns o' the siller, fu' clear an' shill, dirlin the lug an' wauk'nin the heart; harps an' tambours o' the cedar, wi' siller soles, an' thairms o' the dinkest twine; ivor fifes an' quaukin fiddles, wi' some thousan tongues or mae in a single sugh, an' the LORD himsel heark'nin frae his Halie Howff aneth the cherubim, wad mak gran' eneugh wark on Zioun. The maist we can man, now-a-days, is but jimply till harl the sense, or till hilch an' haingle thro' some feckless tune till His gree, whase name was like the sugh o' mony watirs, an' his praise like a dinnlin spate, i' the lugs o' the Hebrew Makar. Fy! lat us up an' win on, till we wit a wee better what folk like the Psalmist ettled.

DAVID in his ain Braw Houss, at ZIOUN.—Ps. xxx.

Frae first draught, Luther's Bible, Franckfurt-on-Mayn, 1704.

THE
BUIK O' PSALMS.[*]

[PAIRT ANE.]

* Luke 20, 42.
Acts 1, 20.

PSALM I.

Folk are but frute-stoks—the gude weel plantit an' heartsome; the ill ne'er plantit ava, whase frute is but stoure, an' their cleedin stibble: the Lord kens them baith.
[By wha's no said.]

BLYTHE *may* the man *be,* wha airts-na his gate by the guidin o' the godlowse;[a] an' wha stans-na i' the road o' wrang-doers; an' wha louts-na at the down-sittin o' lowse jaukers.[b]

2 Bot wi' the law o' the LORD is his hail heart's-gree; an' owre his rede sigheth he baith day an' night.[c]

3 For he sal be[†] the frute-stok[d] plantit by the watir-rins, that frutes ay weel in his ain frute saison; an' his *vera* blade blights-na, bot a' the *growthe* he maks luckens.

4 Siclike *war* ne'er the godlowse; bot [e]like caff *are* they a', that the win' 's ay strewin.

5 Syne sae, at the rightin, sal the godlowse ne'er stan'; nor wrang-doers *win ben* till the gath'ran o' the rightous.

6 For the LORD kens weel the gate o' the rightous;[f] bot the gate o' the godlowse sal dwinnle.

PSALM II.

David's ain right till be King, an' Chryst's forby; a' ither kings maun thole an' lout.[*]
[By wha's no said here.]

[a]Prov. 4, 14, 15.

[b]Ps. 26, 4.
Jer. 15, 17.

[c]Jos. 1, 8.
Ps. 119, 1, 97.
†Heb. *like,*
needsna here
[d]Jer. 17, 8.
Ezek. 47, 12.

[e]Job 21, 18.
Ps. 35, 5.
Isaiah 17, 13;
29, 5..
Hos. 13, 3.

[f]Nahum 1, 7.

* Afore
CHRYST.
1047.
Sam. 5.

WHATFOR fey the far-aff folk, an' the frem folk trew ane ydil thing?[a]

2 Kings o' the yirth stan' up, an' righters tak thought thegither; again the LORD, an' again his Chrystit[b] ane, *sayan;*

3 Lat's rive their thirlbans syndry, an' fling atowre their tows frae us![c]

4 Wha sits intil the lift sal laugh;[d] the Laird o' the lan'[‡] sal lightlie them a'.

5 Syne sal he bost them in his wuth, an' fley them in his sair mis-looin, *sayan;*

6 I hae setten[†] my king, for a', ontil my halie height o' Zioun.[e]

7 I sal e'en gar yo trew the redden-right: Quo' the LORD until me, [f]My ain son *are* ye, this day hae I begotten thee.

8 [g]Seek ye frae me, an' I sal gie till *thee* the far-aff folk in fee, an' the yondermaist neuks o' the warld *till* yer ain ha'din.

9 Ye sal thring them wi' a gad o' airn; ye sal ding them till roons, like the shaird-makar's gowpin.[h]

10 Be wyss than, O ye kings; tak tent, ye righters o' the warld:

11 [i]Lout ye to the LORD wi' dread; an' gin ye bost, lat it be wi' slakkens.

12 [k]Swaif ye the Son, that he tak-na wuth; an' ye tine yer ain gate, gin his lowe be kennl'd but a kennin.

[l]O blythe *may* they a' *be,* wha lippen till himsel alane!

[a]Ps. 46, 6.
Acts 4, 25.

[b]Ps. 45, 7.

[c]Jer. 5, 5.
Luke 19, 14.
[d]Ps. 37, 13;
59, 8.
Prov. 1, 26
‡Wha's ain
right it is till
mak kings:
anither word
i' the He-
brew here,
nor *Jehovah.*
†Heb. *I hae
chrystit.*
[e]2 Sam. 5, 7.

[f]Acts 13, 33.
Heb. 1, 5; 5, 5.

[g]Ps. 22, 27;
72, 8; 89, 27.
Dan. 7, 13, 14.

[h]Ps. 89, 23.
Rev. 2, 27;
12, 5; 19, 15.

[i]Heb. 12, 28.

[k]Gen. 41, 40.
1 Sam. 10, 1.

[l]Isaiah 30, 18.
Jer. 17, 7.

PSALM III.

A faither's heart-break: the warst o'
a' heart-breaks maun be bruikit:
the Lord's a lown hap for a'.
A *dree*-sang o' David's, whan he
quat the gate afore his ain son
Absh'lom.*

LORD, ᵃhow fiend-folk thrang
about me; mony again me set
themsels roun.

2 Quo' mony o' my saul, ᵇ*Thar's*
nae stay for him wi' God: Selah.

3 Bot yerlane, O LORD, are †out-
owre me a'; my loffliheid, an' the
uphauder o' my croun.

4 I sought till the Lord, I skreigh't;
an' he spak till mysel, frae the height
o' his haliness: Selah.

5 ᶜI sal e'en lay me laigh an' sleep;
I sal wauken *or lang*, for the LORD
uphaudeth me.

6 ᵈNane sal I fear frae thousans
o' the folk, wha owre-set *themsels*
again me, rinket roun.

7 Up, LORD; saif me, O my God:
ᵉfor yerlane ontil the chafts hae dang
my faes; the teeth o' the godlowse
yerlane gar'd dinnle.

8 ᶠHeal-ha'din *'s* wi' the LORD
himlane; yer blythe-bid *'s* on yer
folk *for evir*: Selah!

PSALM IV.

God's ain may lippen till himlane, an'
be lown eneugh.
Till the sang-maister on Neginoth:*
ane heigh-lilt o' David's.

SPEAK hame till me, God o' my
rightousness; *speak hame* i' my
schraighan. Ye hae lows'd me *or
now* frae haud: be gude till me *syne*,
an' tent my bidden.

2 How lang, ye sons o' the carl,
sal my gude's gree be lightlied *amang
yo?* Will ye *ay* be fain o' ydilheid?

Will ye spier eftir lies *for evir?*
Selah.

3 Bot weet ye weel, the LORD
sets-by wha likes himsel: the LORD
will hearken whan I skreigh until
him.

4 Fyke an ye will, bot steer-na
by: ᵃthreep wi' your hearts on yer
beds, an' be whush: Selah.

5 ᵇOffrans mak ye o' rightous-
ness, an' lippen yerlanes wi' the
LORD.

6 Wha will schaw us *aught* gude,
quo' mony an' mae: ᶜthe light o' yer
leuks, O LORD, gar lift upon us
for ay!

7 I' my heart ye hae gien me mair
gree, nor e'er whan their corn an'
their wine war rife.

8 ᵈI sal baith lay me down, an'
lye fu' lown; for yerlane, O LORD,
hauds me livin sikker.ᵉ

PSALM V.

God tholes ill a' liean, bluidy folk; an'
David wytes them i' the name o'
God: wha do weel sal be blythe, an'
win ben afore God.
Till the sang-maister on Nehiloth:*
ane heigh-lilt o' David's.

HEARKEN till my croon, O
LORD; tak tent till my sighan.†

2 Hearken till the sugh o' my
schraighan, my King an' my God;
for till yerlane I sen' hame my
bidden.

3 ᵃAt mornin ere, O LORD, ye sal
hear my cry: at mornin ere I sal
straught me till thee, an' sal bide
yer kennin.†

4 ᵇFor ye *are* nae God wha likes
the wrang; wha godlowse is, wi'
thee sal hae nae bydan.

5 Wha roose themsels, sal ne'er
stan' frontin thee;† a' doers o' wrang,
ye mislo'e them utterlie.

6 Liean loons, ye thring them

down; the bluidy an' the sliddery carl† the Lord ne'er tholes ava.[c]

7 Bot mysel till yer hous will ben, i' the feck o' yer ain gude-gree; an' beck me laigh at yer [d]halie howf, wi' dread o' thee.

8 Weise me, O Lord, i' yer ain right gates; for my ill-willers' will, straught ye yer gate afore me.[e]

9 For, i' their mouthe *thar's* nae sikker sayan; their wame*'s* but the howf o' ill; [f]their craig*'s* but a gapin heugh; [g]wi' their tongue, they *but* ettle a lie.

10 † Wyte, wyte them sair, O God: schute them owre i' their ain thought-takins; ding them by i' their ain heigh gates: for they steer'd till win up again thee.

11 Bot blythe be they a', wha lippen yerlane; lat them lilt evir mair, for ye fen' them weel; lat them †fyke an' be fain in thee, wha lo'e thy name.

12 For yerlane, O Lord, sal mak blythe the rightous; wi' gudeness sal ye theek them, as *wi'* ane schild.

PSALM VI.

David's feckless fa', an' threep o' dule wi' God: he warsles through.
Till the sang-maister on Neginoth on Sheminith:* ane heigh-lilt o' David's.

WYTE me na sae sair,[a] O Lord, i' yer angir; an' ding me na by, i' yer bleezan torne.

2 Be gude till me, Lord, for but feckless am I; heal me, O Lord, for my banes are shukken.

3 My saul is e'en uncolie shukken: bot yersel, O Lord, how lang?

4 †Hereawa, Lord, an' redd-but my saul; O heal ye me, for yer pitie's sake.

5 For nane intil dead sal hae min'

o' thee: wha intil his lang hame sal laud thee mair?[b]

6 Forfoch'en am I wi' my sighan; wi' tears a' night ‖ I hae drookit my bed; my bink I hae soom'd wi' my greetan.

7 Mine ee wears awa wi' tene; it swaks afore a' my ill-willers.[c]

8 [d]Awa frae me, a' ye warkers o' mischieff; for the Lord will hearken the sugh o' my sabbin.

9 The Lord, he will hearken my threep; the Lord will tak hame my bidden.

10 Scham't sal they be an' sair fash't, ilk ane o' my faes: hame sal they gae, *an'* scham't sal they be, in a gliffie !

PSALM VII.

An unco facht wi' ill-speakers; a waur facht wi' ill-doers: bot the Lord's abune a', an' wairs their mischieff on their ain shouthirs.
* Shiggaioun o' David: whilk he sang till the Lord, fornenst the *ill* tongue o' Cush the Benjamite.‡

O LORD my God, till yerlane maun I lippen: saif me frae a' that seek eftir me, an' redd me but.

2 [a]That he glaum-na my life like a lyoun; rivan 't, an' nae winnin-by. ‖

3 O Lord my God, gin I hae dune siclike;[b] gin thar's ought o' mischieff i' my han's:

4 Gin I hae wrought ill till my frienlie fiere; [c]or fleesh'd my ill-willers for greed: ‖

5 Lat the fien-loon syne owrespang my saul; baith fang an' fling my life till the yird, an' my gudeliheid straik i' the stoure: Selah.

6 [d]Up, O Lord, i' yer angir; redd my ill-willers by, i' yer wuth: [e]an' steer for me till the rightin ye ettled, wi' yer ain word *o' mouthe.*

7 Syne sal the folk a' rink thee

---

†Heb. *man o' bluid an' lies.*
[c]Ps. 55, 23
[d]Ps. 28, 2; 132, 7; 138, 2.
[e]Ps. 25, 4; 27, 11.
[f]Luke 11, 44. Rom. 3, 13.
[g]Ps. 62, 4.
†Heb. *mak awa wi' them, haud them for dune.*
†Heb. *unco fain.*
*1 Chron. 15, 21. Ps. 12, headin; an' leuk Headins, &c
[a]Ps. 38, 1. Jer. 10, 24; 46, 28.
†Heb. *hame again.*
[b]Ps. 30, 9; 88, 11; 115, 17; 118, 17. Isaiah 38, 18.
‖ or, *ilk night.*
[c]Job 17, 7. Ps. 31, 9; 38, 10; 88, 9. Lam. 5, 17.
[d]Ps. 119, 115.
*Headins, &c. Hab. 3, 1.
‡2 Sam. 16. Cir. A. C. 1062.
[a]Isai. 38, 13.
‖ or, *nae redder-by.*
[b]2 Sam. 16, 7, 8.
[c]1 Sam. 24, 7; 26, 9.
‖ or, *Na, I hae e'en lows'd them wha ill-will'd me for nought.*
[d]Ps. 94, 2.
[e]Ps. 44, 23.

roun'; an' for their sakes, hame again on hie!

f Ps. 18, 20.

8 The LORD himlane sal right-recht the folk: right me, O LORD, as my rightousness maun be,*f* an' the singleness o' my thoughts abune me.

9 O gin the ill o' ill-doers war dune; bot furder ye the right: an' leuk weel till baith heart an' lisks, *like* a rightous God.*g*

g 1 Sam. 16, 7.
1 Chron. 28,9.
Ps. 139, 1.
Jer. 11, 20;
17, 10; 20, 12.
Rev. 2, 23.
|| or, *my hap, or my schild's wi' God.*

10 ||I shaltir me a' wi' God, wha saifs the upright in heart.

11 God himlane 's the rightous rechter; an' God ill-tholes the hail day.

§It canna be weel kent frae the He-brew, wha suld turn here, the ill-doer frae David, or the Lord frae the ill-doer, or baith.

12 § An *the ill-doer* turn-na, *the* LORD maun *h*straik his swurd; he maun stent his bow, an' mak a' sikker:

h Deut. 32, 41.
|| or, *again the persewers* or *burners* (1)

13 The graith o' dead he maun ready for himsel; his flanes o' lowe || he has wrought a'ready.*i*

i Deut. 32, 23, 42.
Ps. 18, 14;
64, 7.

14 Leuk syne *till the godlowse:* he hoves wi' nocht; he raxes wi' pyne; he 's made lighter o' a lie.*k*

k Job 15, 35.
Isaiah 33, 11;
59, 4.
Jam. 1, 15.

15 He howks a hole, an' braids it weel; *bot* he coups i' the sheugh he made *for anither.l*

l Job 4, 8.
Ps. 9,15; 10, 2;
35, 8; 94, 23;
141, 10.
Prov. 5, 22;
26, 27.
Eccl. 10, 8.

16 Hame on his head comes a' his fash; an' down on his pow his ain ill-doen.*m*

m 1 Kings 2, 32.

17 I maun laud the LORD as his rightousness is; an' lilt till the name o' the LORD, *wha 's* heigh abune a'.

(1) That ye may ken a', hearken how ither folk read: The LXX., an' wi' them the Vulgate, mak the words till rin *his flanes again the burners or bleezers;* Luther, an' wi' him the Dutch, *his flanes for dingin till dead;* the Mayntz Bibel, an' afore them Ulenberg, *his flanes that they may bleeze or burn;* the French, an' wi' them the Italian, *his flanes again the bleezan persewers;* Rhemes, *his arrowes for them that burn;* Geneva, *his arrowes for them that persecute me;* an' eftir them, our ain Inglis, *his arrows against the persecutors:* the feck o' whilk turnins the Hebrew its-lane can thole: But anent a wheen o' them, we hear o' nae *burners* nor *bleezers* nor *fire-kennlers* i' the lan'. On the ither side, we ken weel (Ps. 18, 14) that God's flanes war ay flanes o' lowe, or bleezan bolts, in David's een; an' gin ye read o' for *again,* as the Hebrew stans, ye hae *lowan flanes,* or *flanes o' lowe;* whilk maks a' straught an' truth-like.

PSALM VIII.

The nameliheid o' God's abune lift an' lan'; an' his lo'esome luve till his hinmost creatur 's ayont tellin.
Till the sang-maister on Gittith :* ane heigh-lilt o' David's.

☞ Tak tent as ye read: thar'e no mony grander kirk sangs nor this.

*Headins,&c.

O LORD, ‡Laird o' us a', how lordlie 's thy name atowre a' the yirth; wha setten haist thy nameliheid abune the hevins.*a*

‡ Ps. 2, 4;
Laird o' the lan', &c.

a Ps. 113, 4;
148, 13.

2 *b* Frae bairnies' mouthes an' weanies fine, ye hae ettled might again a' yer faes; that the wrang-doer baith an' wha rights himsel,*c* ye may whush them *ane wi'* anither.

b Matt. 11,25;
21, 16.

c Ps. 44, 16.

3 Gin I leuk till thy lift, that fingir-wark o' thine; *till* the mune an' the starn ye hae set sae sikker:

4 *d* What 's man, *quo' I,* that ye bear him in min'; or ane o' yird's bairns, ye suld mak him niebor?

d Job 7, 17.
Ps. 144, 3.
Heb. 2, 6.

5 Yet ye thol'd him but a thought frae God;† ye hae theekit him roun' wi' gudeliheid an' gree:

†Heb. *Ye made him but a thought laigher nor God.*

6 *e* Ye hae gien till himsel maister-ship an' a' owre yer ain han's warks; *f* ye hae putten a'-thing laigh aneth his feet.

e Gen.1,26,28.
f 1 Cor. 15,27.
Heb. 2, 8.

7 †Beasties sma' an' owsen grit thegither; aye, an' the field-gaen deer forby:

†Heb. *a' fe, siclike as sheep, gaits, an' sma' beiss.*

8 The flier i' the lift an' the soomer i' the sea, *an' a'* that gaes ben thro' the troghs o' the sea.

9 O LORD, Laird o' us a', how heigh owre a' the yirth 's that name o' thine! §

§An it be e'en abune the hevins, it may weel be heigh abune the yirth.

PSALM IX.

The ill-deedie carl has his ain time, bot he stachers an' fa's or the end be: the Lord neither stachers nor fa's; an' the feckless may lippen till himlane sikkerlie: David has lauded him loud an' lang, an' sal yet laud him louder an' langer.

A. C. 1018.

* Aiblins on the downfa', or dead, o' some rievan carl: *Headins*, &c.

Till the sang-maister on Muth-lab-ben:* ane heigh-lilt o' David's.

I MAUN laud, O Lord, wi' my hail heart; I maun tell o' a' thy wonner-warks.

2 Fu' blythe an' fain sal I be in thee; I sal lilt till thy name, Thou Heighest o' a'.

3 Whan my ill-willers turn the gate hame, they sal stacher an' dwinnle afore thee.

4 For my right ye wrought out, an' ye rightit me; ye sat on the thron, right-rechtin weel.

5 Ye wytit the folk; ye wastit the wicket; their name ye dight out for evir an' ay.ᵃ

ᵃ Deut. 9, 14.

6 O ill-will'd man, *surely* swurd-wark's by for evir: hail towns ye hae rutet frae the yird; themsels an' a' min' o' them's dwafflet.

ᵇ Ps. 102, 12.

7 Bot the Lord *himlane* bides on evir mair;ᵇ for right-rechtin ay, has he ettled his thron.

ᶜ Ps. 96, 13; 98, 9.

8 An' the warld he sal right-recht himsel intil rightousness;ᶜ he sal redd amang the hethen wi' a' maner o' right.

ᵈ Ps. 32, 7; 37, 39; 46, 1; 91, 2.
† Heb. *castel-craig.*
† Heb. *times o' strett.*

9 ᵈAn' the Lord sal be stoop till the feckless; a braw heigh † stoop i' the time o' stretts.†

10 An' a' that ken thy name sal betak themsels till thee; for ye ne'er mislippen'd nane, wha spier'd for yersel, O Lord.

11 Lilt ye till the Lord, wha bides ontil Zioun; furth afore the folk wi' his wonner-warks a'.

ᵉ Gen. 9, 5.

12 ᵉFor an' he spier for blude, he'll hae min' o' them; the sighan o' the puir he will ne'er mislippen.

13 Hae pitie on me, Lord; leuk weel till the stoor I dree frae my faes; yersel, wha can rax me frae the yetts o' dead.

14 That I may lilt a' thy praise, i' the yetts o' the dochter o' Zioun:

fu' blythe sal I be i' thy heal-ha'din, *than.*

15 §The folk hae gaen down i' the sheugh they made;ᶠ i' the girn they happit, is their ain fit fankit.

16 The Lord is weel kent by the rightin he's wrought: by his ain han's wark, is the ill-doer grippet: ‖ᵍHiggaioun, Selah!

17 Ill-doers sal gang hame till the howff o' dead; *an'* a' frem folk wha forget God.

18 For the feckless puir sal nane be forgotten for ay; *nor* the lang-some leuk o' the down-dang mis-lippen'd for evir.

19 Up, Lord; let-na carls‡ hae the gree: lat hethen folk be weel sortit afore ye.

20 Fley them, O Lord; gar the hethen ken they're but men: Selah.

PSALM X.

The yird-born carl *has baith a heigh head an' a heavy han'; kens little, an' cares less: bot the Lord rights a', baith puir an' faitherless, wha lippen till himsel.*
[By wha's no said.]

WHATFOR, O Lord, stan' ye atowre; *an'* hap *yo* sae close in times o' strett?

2 The ill-doer in his haughtiness herries the puir: ᵃLat them be fankit *a'* i' the thoughts o' their ain thinkin.

3 For the ill-doer's fain till his heart's content, an' blythe-bids the warl's-worm ‖ the Lord ay hates.ᵇ

4 The ill man in his haughtiness boost-na to care: nae God ava intil ane o' his thoughts.ᶜ

5 Wearisome ay are a' gates o' his: *owre* heigh fornenst him are thy right-rechtins a': wha fash wi' him, he wheefles them by.ᵈ

§ Ill folk, or hethen.
ᶠ Ps. 7, 15, 16; 35, 8; 57, 6; 94, 23.
Prov. 5, 22; 22, 8; 26, 27.

‖ *Wi' thocht-fu' sugh: leuk till Headins,* &c.
ᵍ Ps. 19, 14; 92, 3.

‡ The god-lowse yird-born folk o' the lan'. Ps. 10, 18.

* Philistins, an' a' siclike o' David's day; wha ill-willed him-sel an' the lown-livin folk o' the lan'; as we hae said or now.

ᵃ Ps. 7, 16; 9, 15, 16.
Prov. 5, 22.

‖ or, *the warl's worm blythe-bids himsel, an' mislikes the Lord.*
ᵇ Prov. 28, 4. Rom. 1, 32.
ᶜ Ps. 14, 1, 2; 53, 1.

ᵈ Ps. 12, 5.

I I

e Eccles. 8, 11.
Isaiah 56, 12.
f Rom. 3, 14.

† Heb. *nae end o' claivers.* Ps. 12, 2.

g Hab. 3, 14.

b Ps. 17, 11.

i Ps. 17, 12.

6 Quo' he till himsel, I sal ne'er be steer'd; frae ae kithgettin till anither, siclike 's *mysel* are ne'er the waur.*e*

7 *f* His gab 's fu' o' swearin, an' lies, an' lowseness; ben aneth his tongue *'s* but labor an' kiaugh.†

8 He sits i' the neuks o' the towns; i' the lown *g* neuks he fells the saikless; *h* his een ay glaum on the puir.

9 *i* He taigles in howff like some lyoun in *his* den; he taigles for till fang the feckless; an' the feckless he fangs, whan he sweels him i' his net.

10 An' he louts; he cow'rs fu' laigh; syne dings the feckless wi' his mighty *bakspangs*.

† Heb. *i' his heart:* siclike, ver. 6.

k Job 22, 13. Ps. 73, 11; 94, 7.

11 Quo' he till himsel,† God has nae min': he has happit his face; he sal ne'er leuk mair.*k*

12 *Bot* rise, Lord God: rax up yer han'; forget-na the feckless.

13 Whatfor suld the ill man lightlie God? He says till himsel,† Ye'll ne'er spier mair.

† Heb. *i' his heart.*

14 Ye hae seen *'t* yersel; for yersel can see baith cark an' care, till tak a' i' yer han'. Till yersel the puir man leuks an' lippens;† the frien' o' the faitherless yerlane are*l* Thou.

† Heb. *hauds on uncolie.*

l Ps. 68, 5.

15 Flinder ye the arm o' the illdoen, an' *eke* o' the ill-heartit *man;m an'* ripe out his wrang, till ye fin' nae mair.

m Ps. 37, 17.

16 *n* The Lord is King for evir an' ay: the hethen maun dwinnle frae aff his lan'.

17 Ye hae hearken'd till the chirm† o' the puir, O Lord: their hearts ye maun heal; ye maun lout yer lug:

n Ps. 29, 10; 145, 13; 146, 10. Jer. 10, 10. Lam. 5, 19. Dan. 4, 34; 6, 26. 1 Tim. 1, 17.

† Heb. *langsome thought.*

18 Till right the faitherless an' the feckless; that yird-born loons nae langer gang on till fley ‖ them a'.

‖ or, *ding.*

Sic biddens o' David's maun feckly be taen as ettled again the Philistins, an' a' sic harmers o' the realm; as said has been.

PSALM XI.

*Nae need till flie frae the ill-heartit loon:
the Lord canna mislippen his ain.*
Till the sang-maister: *ane o' David's.*

I LIPPEN till the Lord: whatfor cry ye till my saul, Awa to yer craig *like* a bird!*a*

2 For leuk, the ill-deedie stent the bow;*b* their flane on the string they straught;*c* till ding the aefauld in heart, hidlins?†

3 *d* An the grundin† gang, what mair can the leal man do?

4 *e* The Lord*'s* intil his halie howff; the Lord, his thron*'s* i' the lift: *f* his een can see, his vera winkers try, yird's bairns.

5 The Lord wales weel the rightous; bot the ill-deedie man, an' wha likes mischieff, his saul abides-na.

6 *g* He sal toom on ill-doers a bleezan spate; ‖ lowe, an' brunstane, an' the stoor o' storms: a stoupfu' o' their ain.*h*

7 For the rightous Lord likes weel a' rightousness; his een† tak tent o' the right.

a 1 Sam. 26, 19, 20.

b Ps. 64, 3, 4.

c Ps. 21, 12.

† Heb. *i' the mirk.*

d Ps. 82, 5.

† Heb. *grundins.*

e Hab. 2, 20.

f Ps. 33, 13; 34, 15, 16; 66, 7.

g Gen. 19, 24. Ezek. 38, 22.

‖ or, *spatefu' o' girns.*

h Ps. 75, 8.

† Heb. *faces,* or *leuks.*

PSALM XII.

*David's dule for the dearth o' honest
folk; bot the Lord will saif his ain
frae lies an' jeerin.*
Till the sang-maister on Sheminith:*
ane heigh-lilt o' David's.

* Headin o' Psalm 6: *Headins,* &c.

S AIF *us*, Lord, for the gude man gangs;*a* for leal folk dwinnle 'mang the bairns o' yird.

2 Fauset*s* they crack, ilk man till his niebor;*b wi'* fraisin gabs, an' wi' twasome hearts, they clash *an'* claiver.*c*

3 The Lord sal sned aff a' fraisin lips, *an'* the tongue that cracks sae unco crousely:†*d*

4 Wha say, Wi' our tongue we sal maister a'; our lips are our ain,† wha 's laird owre us?

a Isaiah 57, 1. Micah 7, 2.

b Ps. 10, 7.

c Ps. 28, 3. Jer. 9, 8.

† Heb. *grit things.*

d 1 Sam. 2, 3 Dan. 7, 8.

† Heb. *belang us.*

5 For the tholin o' the feckless, for the sighan o' the puir, now maun I up, quo' the LORD: I sal steek them *baith* lown, *frae him that* wad jeer ‖ at ane o' them.*ͤ*

6 The words o' the LORD *are* weel-dight words: siller dight in a kiln o' clay; seven times dightit.*ᶠ*

7 Yerlane, O LORD, sal waird them weel, for evir an' ay, frae *the folk* o' this kith-gettin.

8 On ilka han' ill-doers gang, whan the draigs o' yird are bune-maist.

PSALM XIII.

The Lord's like till lose sight o' David;
bot David maun ne'er lose sight o'
the Lord.

Till the sang-maister : ane heigh-lilt o' David's.

HOW lang, O LORD? Will ye mind me nae mair? How lang will ye hap yer face frae me?*ᵃ*

2 How lang tak thought i' my saul maun I, *wi'* dule i' my heart daily? How lang sal my ill-willer rax abune me?

3 Tak tent *an'* hearken till me, LORD my God; enlighten my een, that I sleep-na the *sleep o'* dead:*ᵇ*

4 That my ill-willer say-na,*ᶜ* I hae waur'd him now! *or* my faes be fain an I be shukken,

5 Bot I'se lippen me a' till yer ain gude-gree; my heart sal be blythe i' yer ain heal-ha'din.

6 *Na,* I sal *e'en* gang lilt till the LORD; for he's wrought a' nieborlie for me.

PSALM XIV

The loons o' the lan' are an ill-doen,
godlowse core: bot the Lord will
fesh hame again a' that are tint,
till Zioun.

Till the sang-maister: ane o' David's.

QUO' the gowk*ᵃ* till himsel,†
Thar's nae God. *ᵇ* Far-gane are they *a'*; wrang-doers are they haililie; no ane o' *them a'* does weel.

2 *ᶜ*The LORD frae the lift leukit owre on the bairns o' yird, till see gin ony wyss war, spierin for God.

3 *Bot* it was bakgane a' wi' them; heart-holed war they a': *ᵈ*no ane o' *them a'* wrought right; no, an it war-na ane. ‖

[*Quo' the Lord.*]

4 Ken they na *gude*, thae warkers o' ydilheid? wha*ͤ* eat up my folk as they eat bread, an' spier ne'er for the LORD.*ᶠ*

[*Quo' David.*]

5 Thar dree'd they *syne* a dreadfu' dread; for *thar's* God wi' the hail‡ kith o' the rightous.

6 Ye hae lightlied the thought-takin o' the needie; bot the LORD himsel *was* his tryst.

7 *ᵍ*O wha sal rax yont frae Zioun heal-makin till Israel *a'*?§ Whan the LORD sal bring hame again them that's in ban' o' his peopil, blythe *syne* sal Jakob be, *an'* Israel sal be fain!*ʰ*

PSALM XV.

Wha sal bide lown an' lang i' the hous
o' the Lord.

Ane heigh-lilt o' David's.

LORD,*ᵃ* wha sal bide i' that howff o' thine? or wha be lown on yer halie height?

2 *ᵇ*Wha gangs *ay* straught; an' wha does *ay* right; an' wha speaks frae his heart right sikkerlie:†

3 *ᶜ*Wha double-deals nane wi' his tongue; wha warks nae ill till his frien'; nor ‖tholes nae skaithe on his niebor:*ᵈ*

4 In whase een the little worth are lightlied eneugh, bot whasae fear the LORD he likes fu' weel; wha swears till his frien',‡ an' steers-na:

Margin notes (left)

‖ or, *fank.*
ͤ Ps. 10, 5.

ᶠ 2 Sam. 22, 31.
Ps. 18, 30;
119, 140.
Prov. 30, 5.

ᵃ Deut. 31, 17.
Job 13, 24.
Pˢ. 44, 24;
89, 46.

ᵇ Jer. 51, 39.

ᶜ Ps 25, 2.

Margin notes (right)

† Heb. i' *his heart.*
ᵃ Ps. 10, 4;
53, 1.
ᵇ Rom. 3, 10,
&c.
Leuk what's said *till wha reads* this Buik o' Psalms, p. 2.
ᶜ Ps. 102, 19.
ᵈ Rom. 3, 10.
Leuk again *till wha reads.*
‖ or, *no, no ane.*

ͤ Amos 8, 4.
Mic. 3, 3.

ᶠ Isaiah 64, 7.
‡ The gowk trew'd thar was nane: (ver. 1.) Whan God leuks frae the lift an' cracks, the bauldest loon maun trimmle.

ᵍ Rom. 11, 26.
§ David wad fain the lave o' the lan' war a' as lown as Zioun.

ʰ Ps. 126, 1.

ᵃ Ps. 24, 3.
ᵇ Isai. 33, 15.
ᶜ Lev. 19, 16.
Ps. 34, 13.
†Heb. *e'en as he trews.*
‖ or, *wytes.*
ᵈ Exod. 23, 1.
‡ Sae Luther reads, an' mae. Our ain Inglis, *wha swears till the wrang, an' bides by 't,* canna be thol'd. *His ain wrang,* is nane i' the Hebrew.

13

§ Wrangous-lie, or con-trair o' God, his law.
e Exod. 22,25. Lev. 25, 36. Deut. 23, 19. Ezek. 18, 8; 22, 12.

f Exod. 23, 8. Deut. 16, 19.

* Heb. *Gow-den:* siclike as on Ps. 56, 57, 58, 59, 60. Headins, &c.
a Ps 25, 20.

‡ Our Inglis taks this a' clean anither gate: the Hebrew 's jimp clear.

† Heb. *lips.*
b Jos. 23, 7. Hos. 2, 16, 17.
c Deut. 32, 9. Ps. 73, 26; 142, 5. Lam. 3, 24.

d Ps. 17, 3.

e Acts 2, 25.

f Ps. 73, 23; 121, 5.

g Ps. 30, 12; 57, 8.

h Ps. 49, 15. Acts 2, 31; 13, 35.

i Ps. 17, 15; 21, 6. Matt. 5, 8. 1 Cor. 13, 12. 1 John 3, 2.

5 His siller wha sets-na till gather gear; §*e* nor nae fee will he tak on the saikless loon :*f* wha siclike does sal ne'er be steer'd, *frae the height o' the* Lord, for evir.

PSALM XVI.

God's ain are brawlie aff, an' fu' weel contentit.
* Michtam o' David's.

WAIRD me weel, O God, for I lippen till yerlane.*a*
2 Ye hae said until the Lord, My Lord, ye're a' *my ain;* I *hae* nought that 's gude, abune yersel.‡
3 For sants i' the lan', themsels an' the best; my pleasur 's a' amang them.
4 Mair dule sal they hae, wha mel wi' ony ither: I sal neither toom till them their williewaughts o' bluid; no, nor lift their vera names intil my mouthe.†*b*
5 The Lord himsel's the fow o' my ha'din an' my caup;*c* my luck yerlane hae lucken'd.
6 The lines hae fa'n till me in unco blythesome bits; na, the ha'din I hae fa'n 's unco braw.
7 I maun blythe-bid the Lord, wha gies me wyss rede; an' my lisk, night by night, hauds me ay learnin.*d*
8 The Lord evirmair hae I set fornenst mysel:*e* for *he's* at my right han', I sal ne'er be sair steerit.*f*
9 Wharthro' my heart 's fu' fain, an' my gudeliheid*g* fu' blythe is: na, my vera bouk itsel bides in tryst.
10 *h*For my saul ye winna lea' i' the lang hame *o' dead;* ye winna gie yer dearest ane till see the sheugh *o' dule.*
11 Yersel sal gar me ken the vera gate o' life: rowth o' joies afore thy face *is;i* pleasurs *thrang* at thy right han' evir mair.

PSALM XVII.

Warld's weans hae their ain luck: David, wi' a clean heart, wad fainer hae the Lord: the Lord kens, an' will hearken till his bidden.
Ane Heart's-bode o' David's.

HEARKEN, O Lord, till the right; tak tent till my threep; lout yer lug till my bidden, that frae nae fause lips *wins but till thee.*
2 Frae fornenst yersel, lat my rightin come; *an'* yer een, lat them leuk what 's straught.
3 Ye hae tried my heart; *a*ye hae sought a' night: ye hae *b*ripet me thro'; *bot* ye fan' naething. I thought wi' mysel; *bot* my mouthe ne'er fautit.
4 For the warks o' man; by the word o' yer lips, I hae wairded me weel *frae* gates o' the wilfu' waster.
5 *c*Haud up my gates i' yer ain right roads, *that* my fitsteds gang-na a-gley.
6 *d*I hae cry'd till yersel, for ye 'll hear me, O God: lout me yer lug; hearken till my yammir.
7 Furth wi' yer ain gude-gree,*e* yersel wha saifs wi' yer ain right han' *a'* wha lippen till yerlane, frae heigh gain-stan'ers.
8 Waird me like the sight† o' the ee;*f* hap me i' the schadowe o' yer wings : §*g*
9 Frae ill-doers' face, wha wrang me sair; frae ill-willers o' my life, rinket roun an' roun me.
10 They're theekit about wi' their ain taugh;*h* wi' their mouthe they can crack fu' crousely.
11 Our gates, even now, they hae fankit roun; their een they hae loutit fu' laigh on the lan':*i*
12 Like some lyoun *are they,* that 's fain till rive; an' like lyoun's whalp, that bides ‖ i' the bole.
13 Up, Lord; win forrit afore

a Ps. 16, 7.
b Job 23, 10. Ps. 26, 2; 66, 10. Zech. 13, 9. Mal. 3, 2, 3. 1 Pet. 1, 7.

c Ps. 119, 133.

d Ps. 116, 2.

e Ps. 31, 21.

† Heb. *the wee man,* or *babie.*
f Deut. 32, 10. Zech. 2, 8.
§ As ane wad shaltir him frae the glow'r o' the sun.
g Ruth 2, 12. Ps. 36, 7; 57, 1; 63, 7; 91, 1, 4. Matt. 23, 37.
h Deut. 32, 15. Job 15, 27. Ps. 73, 7; 119, 70.
i Ps. 10, 8; 9, 10.

‖ or, *claps laigh.*

§Luther reads, *wi' that swurd,* &c.

k Isaiah 10, 5.
l Luke 16, 25.

†Heb. *rivan-fu' o' weans.*

m Ps. 4, 6, 7; 16, 11; 65, 4.

*2 Sam. 22.

†Heb. *wi' liltin, I skreigh'd,* &c.

a Ps. 116, 3.

†Heb. *dules, thets,* or *bands.*

b Acts 4, 31.

him; ding him down rax but my saul frae the ill-deedie man, §that swurd o' thine:*k*

14 Frae loons o' yer loof, O Lord; frae this warl's wights, whase luck's i' *their* life;*l* an' whase wame ye hae stegh't wi' yer happit gear: they hae weans at will;† an' their owrecome forby, they mak-guid till their bairns.

15 *Bot* in right, mylane, I sal see yer face; fu'filled sal I be, whan I wauk', wi' yer ain likeness.*m*

PSALM XVIII

The Lord kens whan, wi' a bleeze frae the lift, till set his ain folk free frae a' that wad steer them.
Till the sang-maister, till ser' the Lord: ane o' David's; whan he spak till the Lord ilk word o' this sang, i' the day the Lord redd him out frae the han' o' his ill-willers a', an' eke frae the han' o' Saul:* an' quo' he—

O LORD, my strenth, but I lo'e ye weel!

2 The Lord my rock, my hainin-towir, an' my to-fa'. my God, my craig; I maun lippen till himlane: my schild, the horn o' my heal-makin, *an'* my heigh-ha'.

3 I lilted fu' loud† till the Lord; an' frae ill-willers a' I was setten free.

4 *a* The dules o' dead dush'd me; an' spates o' mischieff fley'd me sair:

5 †Dules o' the lang-hame fankit me about; girns o' dead war unco nar.

6 I' my strett o' *stretts* I scraigh't till the Lord; till God, my ain God, I sighet fu' sair. He hearken'd my scraigh, frae his halie howff; my bidden wan ben afore him, *it wan* till his vera lugs.

7 The yirth syne dinnl't, an' sheuk;*b* the laighest neuks o' the

hills trimml't an' steer'd, for He was angrie.

8 Reek raise in his angir,‖ an' lowe licket afore him; coals kennl'd at his on-come:

9 *c* An' he loutit the lift an' wan down; an' mirk *was* aneth his feet:

10 *d* An' he canter'd on a cherub, an' he flew; an' he raiket on the wings o' the win':*e*

11 *An'* mirk he made a' for his howff about him; *f* mirk o' spates, an' cluds o' the carrie.

12 *g* Frae the light *was* afore him, his cluds wan awa; *wi'* hailstanes, an' *wi'* flaughts o' fire.

13 An' the Lord reel'd alang the lift; the Heighest lat his skreigh win but:*h* hailstanes an' flaughts o' fire.

14 An' he lowsit his flanes, an' he sperfl't them; †bleeze on bleeze, an' he dang them.*i*

15 Syne war the wames o' the watirs seen, an' the growf o' the warld unhappit was; at sic wytan o' yer ain, O Lord; at the gluff o' the win' o' thine angir.‖

16 He rax't frae abune, he claucht me;*k* he harl'd me atowre frae a warld o' watirs:†

17 He redd me frae my strang ill-willer, an' frae a' that wiss'd me ill; †wha starker war nor me.

18 Me they o'er-gaed i' the day o' my down-gaen; bot the Lord was an out-gate till me.

19 An' he brought me atowre intil room;*l* he redd me fu' right, for he liket me weel.

20 The Lord quat me even wi' my ain even-doen; an' contentit me weel for the cleanness o' my han's.*m*

21 For I tentit ay sikker the gates o' the Lord; an' was nae ill-ganger frae my God:

22 For his right-rechtins a' *war* afore me; an' his biddens frae me I ne'er pat awa:

‖ or, *naistril*

c Ps. 144, 5.

d Ps. 99, 1.

e Ps. 104, 3.

f Ps 97, 2.

g Ps. 97, 3.

h Ps. 29, 3.

†Heb. *syne bleezes thick.*
i Josh 10, 10.
Ps. 144, 6.
Isaiah 30, 30.

‖ or, *naistrils.*

k Ps. 144, 7.
†Heb. *unco spates.*

†Heb. *for they war starker,* &c.

l Ps. 31, 8; 118, 5.

m 1 Sam 24, 20.

23 I was aefauld ay wi' himsel; an' wairded me weel frae my ain wrang-doen:

24 An' the LORD quat me right for my rightousness; for the cleanness o' my han's in his een.†

†Heb. *afore his een.*

25 Wi' the nieborlie man ye can be nieborlie, LORD; wi' the aefauld man, aefauld:[n]

[n] 1 Kings 8, 32.

26 Wi' the weel-wushen man ye can sine yer han's;† wi' the thrawart carl ye can haud yer ain:[o]

†Heb. *wash yersel.*

[o] Lev. 26, 23, 24, 27, 28. Prov. 3, 34.

27 For down-dang folk yersel can saif; bot een† owre heigh, ye can baise them a'.[p]

†Heb. *leuks.*

[p] Ps. 101, 5. Prov. 6, 17.

28 For that light o' mine yerlane gar'd kennle; the LORD my God gar'd my mirkness lowe:‡

‡What mair could he hae nor light frae the lift? Job 18, 6; 29, 3.

29 For, wi' yerlane, I raiket thro' a byke; an' wi' my God, I o'erlap a wa'.

30 *For* God, his gate *'s* aefauld;[q] the word o' the LORD, it 's pruif;[r] a schild *is* he ay, till a' that lippen till himlane.[s]

[q] Deut. 32, 4. Dan. 4, 37. Rev. 15, 3.

[r] Ps. 12, 6; 119, 140. Prov. 30, 5.

31 For wha *can be* Gude, an it be-na the LORD? or wha a stieve craig, an it be-na our ain God?[t]

[s] Ps. 17, 7.

32 *It 's* God himlane wha graiths me wi' might,[u] an' straughts me fu' sikker the gate till gang:

[t] Deut. 32, 31. 1 Sam. 2, 2. Ps. 91, 2.

[u] Verse 39. Isaiah 45, 5.

33 Evenin my feet like the *cloots* o' the rae,[v] an' stanan me stieve on my heighest roddins:[w]

[v] 2 Sam. 2, 18. Hab. 3, 19.

[w] Deut. 32, 13; 33, 29.

34 Ettlin my han's for facht, till ane airn-bow is flinder'd i' my arms.[x]

[x] Ps. 144, 1.

35 An' the schild o' yer heal-ha'din ye hae gien till me; an' yer right han' has uphauden me; an' yer tholin made me unco great.

36 My gate ye hae braided aneth me, that my fitsteds† suld ne'er gae by.

†Heb. *my kuits suld ne'er be thrawn.* Prov. 4, 12.

37 I sal o'ertak my ill-willers; I sal fang them firm; I sal ne'er seek hame, till it 's by wi' them.

38 I sal thring them thro', an' they sal ne'er man till rise; they sal gae down aneth my feet, *whar I stan'.*

39 For ye graith'd me wi' might for the stour; my gain-stan'ers a' ye hae whaml't aneth me.

40 An' my faes ye 'gien me by the hals; my ill-willers eke, I hae sned them aff.

41 They sought,† bot nae frien' *was thar;* till the LORD they sought, bot he mindet them nane.[y]

†Heb. *schraigh't.*

[y] Job 27, 9; 35, 12. Prov. 1, 28. Isaiah 1, 15. Jer. 11, 11; 14, 12. Ezek. 8, 18. Micah 3, 4. Zech. 7, 13.

42 Syne I dang them like stoure afore the win'; like glaur[z] ontil the heighroad, flang I them by.

[z] Zech. 10, 5.

43 Ye hae redd me frae the chauner o' the folk;[a] ye hae setten me atowre the hethen;[b] folk *that* I kent-na sal be loons o' mine.[c]

[a] 2 Sam. 2, 9, 10; 3, 1.

[b] 2 Sam. 8.

44 Wi' loutit lugs sal they hearken till me; the sons o' the fremit sal kiss my caup.[d]

[c] Isai. 52, 15; 55, 5.

[d] Deut. 33, 29. Ps. 66, 3; 81, 15.

45 The gangrel gang hae thowet awa; an' shukken wi' dread frae their benmaist ha'dins.[e]

[e] Micah 7, 17.

46 The LORD lives! an' blythe *be* my ha'din-height; heigh be the God o' my heal-makin:

47 The God wha wracks a' right for me, an' thirls the folk aneth my bidden:[f]

[f] Ps. 47, 3.

48 Wha redds me atowre frae my ill-willers a': na, [g] ye hae liftit me heigh abune my gain-stan'ers; frae the ill-deedie carl, ye hae claught me awa.

[g] Ps. 59, 1.

49 Wharthro', amang the folk, I maun laud yerlane;[h] an' lilt until thy name, O LORD:

[h] Rom. 15, 9.

50 [i] *Wha* ettles sic health for his King; an' sic nieborlie gree for his Chrystit: for David, an' for his outcome, for evir an' ay.[k]

[i] Ps. 144, 10.

[k] 2 Sam. 7, 13.

PSALM XIX.

God's Lift an' God's Law: what David sees intil them baith, an'

☞Anither gran' Kirk-sang: niebors weel wi' Ps. viii.

a Gen. 1, 6. Isaiah 40, 22. Rom. 1, 19, 20.

kens; what mony might see forby, an' they leuk wi' his een.

Till the sang-maister: ane heigh-lilt o' David's.

THE *a* hevins furth-tellin are the gudeliheid o' God; the hail lift furth-schawin is his ain han's-doen.

2 Ae day tells till anither day word; an' night till *her niebor* night gars ken.

3 *Thar's* neither tongue nor tellin, *whar* their sugh is nocht heard:

4 Their *b* airt† has gaen furth owre the hail yirth; an' their words till the sned-end o' the warld. He ettled amang them a shielin for the sun:

5 An' he, like a bridegrom, gangs but frae his chaumir; *c* blythe, as ane giant is, till rin his rink dune.

6 His gate *is* frae the ae lift's end, an' his rink till the ither; an' nought is can happit be, frae that lowan light o' his.

7 *d* The redden o' the LORD right thro'-gaen *is*, wauk'nin the saul: the truth-tryst o' the LORD right sikker *is*, makin wyss the wean-like.

8 The visitins o' the LORD right-recht *are*, makin the heart fu' fain: *e* the bidden o' the LORD right soun' *is*, enlight'nin the een.

9 The dread-thought o' the LORD right healsome *is*, abydan for evir: the rightins o' the LORD *are* trew,† an' rightous ane wi' anither.

10 Mair till be langit for nor gowd; aye, nor meikle fine gowd: *f* sweetir eke nor hynie, an' the sweet dreipin kaims. *g*

11 Thy servan, als, by them weel-wairned is; *an'* wi' tentin o' them sikkerlie, *comes* unco gear.

12 *h Bot* wha weel can weet *folk's*

b Rom. 10, 18, 20.

†Heb. *airt, straught draught*, or *line*.

c Eccles. 1, 5.

d Ps. 111, 7.

e Ps. 12, 6.

†Heb. *truth*, or *troth*.

f Ps. 119, 72, 127. Prov. 8, 10, 11, 19.

g Ps. 119, 103.

h Ps. 40, 12.

ain mislearins? Quhyt ye me frae benmaist *blains*. *i*

13 Haud bak thy servan eke, frae a' heigh gangers: *k* lat them ne'er hae their will owre me.

14 ‡Syne sal I be aefauld; an' syne sal I be saikless, frae nae end o' misguidin.

15 *l* Lat the words o' my mouthe, an' the thought o' my heart, be for pleasur i' yer sight, O LORD, my strenth an' my hame-bringer.

i Ps. 90, 8.

k Ps. 119, 133. Rom. 6, 12, 14.

‡Stan's i' the Heb. for a single verse.

l Ps. 51, 15.

PSALM XX.

What God maun do for his Chrystit: how blythe sal his folk be syne.

Till the sang-maister: ane heigh-lilt o' David's.

THE LORD hear ye, i' the day o' dule; the name o' the God o' Jakob fen' ye:

2 Sen' yer might frae *his ain* halie *stedd;* an' furder ye fair frae Zioun:

3 Keep yer God's-gifts a' i' his min'; an' †seip yer brunt-offrans: Selah.

4 Gie ye e'en's yer ain heart wad hae; an' yer thoughts, bring them a' till bearin. *a*

5 Blythe sal we lilt i' yer heal-ha'din *syne;* an' i' our God's name haud heigh *our* banners. *b* The LORD fu'fill yer heart's-biddens a'.

6 Now ken I fu' weel, the LORD has min'† o' his Chrystit; he sal hearken him hame frae his halie hevin: wi' a' the might o' his ain right han', he sal haud him sikker.

7 *c* Some *lippen* till sleds, an' some till staigs: bot we maun hae min' o' the name o' the LORD our God, *for evir.*

8 They sal be cruckit, an' fa'; bot we sal be straught, an' stan'.

9 The LORD haud a' fu' heal; an' the King hear us ay, whan we ca'.

☞ The Quair lilts till David; David lilts till Chryst. Niebors weel wi' Ps. ii.

†Heb. *mak saft*, or *sappie*, wi' creesh i' the lowe.

a Ps. 21, 2.

b Exod. 17, 15. Ps. 60, 4.

†Heb. *will saif, has gude min' o'*.

c Ps. 33, 16. Prov. 21, 31 Isaiah 31, 1.

PSALM XXI.

Blythe may the King be, whase up-
'hauder is the Lord: his ill-willers
a' sal be scowther'd afore him.
Till the sang-maister: ane heigh-
lilt o' David's.

L ORD, i' yer might may the
King be blythe; i' yer ain
heal-ha'din how blythe may he be.
2 *ᵃ*A' his heart could seek, ye hae
wair'd on himsel; till the bidden o'
his lips ye ne'er said na: Selah.
3 For his thoughts ye o'er-gang
wi' gifts o' gude; ye hae rax't on
his head a crown o' gowd.
4 *ᵇ*Till live, was a' he sought frae
thee; *ᶜ*lee-lang days ye hae wair'd
on him, for evir an' ay.
5 Sae gran'*s* his gudeliheid i' thy
gude-gree; laud an' lawtie *baith* ye
hae even'd on his *head.*
6 Blythe-biddens for ay ye hae
ettled on him; *ᵈ*fu' blythe hae ye
made him wi' the blink o' yer ee.
7 For the King lippens a' till the
LORD; an' by the nieborlie gree o'
the Heighest, he sal ne'er be steer'd
awa.
8 Yer han' sal light on a' yer ill-
willers; yer right han' sal light on
yer ill-willers a'.
9 *ᵉ*Wi' a glint ye sal mak them
as het as ane oon:† the LORD in
his wuth sal lat them owre; an'
the lowe itsel sal mak snacks o'
them.*ᶠ*
10 Their outcome frae yirth ye
sal wear awa;*ᵍ* an' their seed frae
'mang bairns o' the yird.
11 For they rax't *themsels* out
again thee; they ettled mischieff,
they could ne'er mak-guid.
12 For ye claught them ahin wi'
yer thets;‖ *an'* afore, ye war ready
till *ding.*
13 Heigh, heigh, O LORD, i' yer
ain might; lat 's lilt an' sing sangs
till yer mightiness.

*ᵃ*Ps. 20, 4, 5.

*ᵇ*Ps. 61, 5, 6.
*ᶜ*2 Sam. 7, 19.
Ps. 91, 16.

*ᵈ*Ps. 45, 7.

*ᵉ*Mal. 4, 1.
†Heb. *ye sal*
mak them like
ane oon o'
lowe, i' the
time o' yer
leuk.
*ᶠ*Ps. 18, 8.

*ᵍ*Job 18, 16,
19.
Ps. 37, 28;
109, 13.
Isaiah 14, 20.

‖ or, *ye dang*
them roun on
the shouthirs.

PSALM XXII.

David foremaist, an' Chryst ahin him,
baith maen fu' sair the mislipp'nin
o' God i' their ain day o' dule: mony
wonner-wyss words i' the sang-
makar's mouthe anent this, an' till
be weel tentit. For the lave, God
himlane hauds a' livin: nae man
can haud himsel livin; they come a'
an' they gang; bot they're countit
ay till the Lord for ane, for the
Lord himsel maks a'.
Till the sang-maister on *Aijeleth-
Shahar: ane heigh-lilt o' David's.

M Y God, my God, whatfor hae
ye mislippen'd me?*ᵃ* Sae far
are ye frae helpin me, *an'* the words
o' my waefu' wailin.*ᵇ*
2 My God, I hae skreight the lee-
lang day, bot ye mind me nane; an'
the night *forby,* an' nae peace for me.
3 Bot ye are yerlane,‖ an' weel fa'
the leal lilts o' Israel.
4 Our faithers lippen'd till thee;
they lippen'd, an' ye redd them
hame.*ᶜ*
5 They sigh't till yersel, an' wan
weel awa; they lippen'd till thee,
an' war nane affrontit.
6 Bot 'am but a worm, an' nae
man;*ᵈ* a carl's sang, an' a geck o'
the peopil.
7 A' that see me laugh me by;*ᵉ*
they schute wi' the lip, they cave
the head;*ᶠ*—*an'* quo' they,
8 He lippen'd the LORD; lat *the*
LORD gar him gang:*ᵍ* lat *the* LORD
redd him but, sen ‡he liket him
weel.*ʰ*
9 Bot yerlane redd me out frae
the wame;*ⁱ* ye mislippen'd me nane
on my mither's bosom.
10 On yersel was I cuisten frae
the womb; frae my mither's bouk,
ye *'been* my God.*ᵏ*
11 Be-na far frae me, LORD, for
stretts are nar; for nane *but* yerlane
can mak sikker.

*Headins,&c.

*ᵃ*Matt. 27, 46.
Mark 15, 34.

*ᵇ*Hebr. 5, 7.

‖ or, *halie;*
setten by, no
till be hanl'd.

*ᶜ*Ps. 25, 2, 3;
31, 1; 71, 1.
Isai. 49, 23.
Rom. 9, 33.

*ᵈ*Isai. 53, 3.

*ᵉ*Matt. 27, 39.
Mark 15, 29.

*ᶠ*Job 16, 4.
Ps. 109, 25.

*ᵍ*Matt. 27,43.
‡Either the
Lord or
David.

*ʰ*Ps. 91, 14

*ⁱ*Ps. 71, 6.

*ᵏ*Isai. 46, 3.

12 *l* Droves o' nowte hae rinket me roun; stoor stirks o' Bashan hae fankit me about.

13 *m* They glaum'd abune me wi' their mouthes, *like* a rievan an' a roaran lyoun.

14 'Am skail'd like watir; *n* ilk bane o' me 's lowse; my heart 's nae better nor wax,*o* it 's thow'd down laigh i' my bosom.†

15 *p* My bouk clang like a shaird, an' my tongue stak till my hals ;*q* an' ye brought me till the stoure o' dead.

16 For brachs hae forset me roun ; the gath'ran o' ill-doers fankit me about ; they drave thro' my han's an' my feet.*r*

17 I may count ilk bane *i' my bouk, for* they glaum *an'* glow'r at mysel :†*s*

18 They synder my cleedin amang them ; an' fling for my vera man-teele.†*t*

19 Bot yersel, O Lord, be-na far frae me : haste ye till help me, my strenth *an' a'.*

20 Redd my saul atowre frae the swurd ; *u an'* the lave o' my *life* frae the grip† o' the grew.

21 *x* Redd me, Lord, frae the lyoun's glaum ; *y* ye hae heard me *or now,* frae the horns o' the reme.†

22 *z* I maun tell o' yer name till my brether *ilk ane ;a* in mids o' the folk I maun lilt till thee.

23 Wha fear the Lord, ye suld laud him *a'*; a' Jakob's out-come, laud him heigh ; an' the growthe o' Israel a', quauk ye afore him.

24 For he lightlied-na, nor grue'd at the dule o' the down-dang ; nor happit his face frae him ; *b* bot hearken'd, whan he skreigh'd till himsel.

25 Frae yersel *comes* the sugh o' my sang ;*c* i' the gath'ran sae gran' I sal bide my trystes, afore them that fear him.*d*

26 *e* Lown-livin folk sal feed an' fen'; they sal lilt till the Lord, wha leuk for himsel : yer heart sal live as lang 's *the lave.*

27 *f* A' neuks o' the yirth sal hae min', an' sal turn their gate till the Lord ; *g* ilk kin o' the folk sal lout afore thee.

28 *h* For the kingryk 's the Lord's ; an' maister *is* he 'mang the natiouns.

29 The best on yirth sal feed an' fa';*i* wha gang till stoure, ilk ane maun lout afore him ; for nae livin *wight* can ay thole livin.

30 *Bot their* out-come sal thole,† *an'* be countit till the Lord for kith-gettin.*k*

31 *m* They sal come *i' their day,* an' gar his rightousness be ken'd to the niest-come kin, that himsel did *it.* §

PSALM XXIII.

The sheep-keepin o' the Lord's kind an' canny, wi' a braw howff at lang last: David keeps his sheep ; the Lord keeps David.
Ane heigh-lilt o' David's.

THE Lord *is* my herd,*a* nae want sal fa' me :*b*

2 He louts me till lie amang green †howes ;*c* he airts me atowre by the lown watirs :

3 He waukens my wa'-gaen saul ; he weises me roun, for his ain name's sake, intil right roddins.*d*

4 Na! tho' I gang thro' the dead-mirk-dail ;*e* *e'en thar,* sal I dread nae skaithin : for yersel *are* nar-by me ; yer stok an' yer stay haud me baith fu' cheerie.

5 *f* My buird ye hae hansell'd in face o' my faes ; ye hae drookit my head wi' oyle ; my bicker is *fu' an'* skailin.

6 E'en sae, sal gude-guidin an' gude-gree gang wi' me, ilk day o' my livin ; an' evir mair syne, i' the

l Deut. 32, 14.
Ps. 68, 30.
Ezek. 39, 18.
Amos 4, 1.

m Job 16, 10.
Lam. 2, 16 ;
3, 46.

n Dan. 5, 6.

o Job 23, 16.
† Heb. *mids o' my inside.*
p Prov. 17, 22.
q Job 29, 10.
Lam. 4, 4.
John 19, 28.

r Matt. 27, 35.
Mark 15, 24.
Luke 23, 33.
John 19, 23,
37 ; 20, 25.
‡ His banes wore thro' his fell, an' rave his vera cleedin ; whiles taen anither gate, anent Chryst.
s Luke 23, 35.
t Luke 23, 34.
John 19, 23, 24.
u Ps. 35, 17.
† Heb. *han'.*
x 2 Tim. 4, 17.
y Isai. 34, 7.
† Heb. some *heigh-gaen beiss,* o' what kin' 's no ken'd : whiles ca'd *Unicorns.*
z Hebr. 2, 12.
Ps. 40, 9.
a John 20, 17.
Rom. 8, 29.

b Hebr. 5, 7.

c Ps. 35, 18.

d Ps. 116, 14.

e Ps. 69, 32.
Isai. 65, 13.

f Ps. 2, 8 ; 72, 11 ; 86, 9 ; 98, 3.
Isai. 49, 6.
g Ps. 96, 7.

h Obad. 21.
Zech. 14, 9.

i Phil. 2, 10.

† Heb. *sal do service, sal be thirls.*
k Ps. 87, 6.
m Ps. 78, 6 ; 86, 9 ; 102, 18.

§ Ilka kith-gettin has its ain wark to do, an' its ain fee frae the Lord for service.

a Isai. 40, 11.
Jer. 23, 4.
Ezek. 34, 23.
John 10, 11.
1 Peter 2, 25.
Rev. 7, 17.
b Phil. 4, 19.
† Heb. *saft growthy gerss.*
c Ezek. 34, 14.
d Ps. 5, 8 ; 31, 3.

e Job 3, 5 ; 10, 21, 22 ; 24, 17.
Ps. 44, 19.

f Ps. 104, 15.

‡ Ayont the
dead-mirk
dail, the Lord
hauds a howff
o' his ain for
a' livin.

LORD's ain howff, *at lang last*, sal I mak bydan.‡

PSALM XXIV.

*The Lord himlane is Laird o' us a';
whan He comes hame, the heighest
an' the widest yetts maun open.*
Ane heigh-lilt o' David's.

THE [a]yirth *is* the LORD's, an' her out-come a'; the warld, an' whasae bide tharon:

2 [b]For himlane grundit it amang the fludes; fu' sikker he set it amang the watirs.

3 [c]Wha sal win up till the height o' the LORD? an' wha intil his halie stedd sal hae fast abydan?

4 [d]Whase han's unwyttan are, whase heart unfleckit is; wha ne'er hecht his saul until ydilheid, nor sworn hath bakspanganlie.

5 Blythe-bidden *ay* sal he hae, frae the loof† o' the LORD; an' right-rechtin frae the God o' his heal-ha'din.

6 Siclike *are* they a', wha leuk for himsel; [e]wha spier for thy face, O Jakob: Selah.

7 [f]Heigh wi' yer heads, O ye yetts; ye warld-wide thro'-letts, heize! that the King o' Gudeliheid may win ben.[g]

8 *Bot* wha o' Gudeliheid *is* King? The LORD *himlane*, stark an' mighty; the LORD intil tuilzie strang!

9 Heigh wi' yer heads, O ye yetts; ye warld-wide thro'-letts, heize! that the King o' Gudeliheid may win ben.

10 *Bot* wha o' Gudeliheid *is* this same King? The LORD o' mony-might *is he*; himlane *is* that King right namelie! Selah.

PSALM XXV.

Ane heart's-bode o' David's till the

Lord, *in unco sair stretts: how nieborlie the Lord gangs ay wi' a' biddable, lown-livin folk.*
Ane o' David's.

TILL yersel, O LORD, rax I my saul:[a]

2 O God, my ain, I lippen yerlane;[b] lat me ne'er hing my head, nor my ill-willers geck owre me.[c]

3 Nor nane wha lang for yersel leuk down; lat them leuk down, wha gang on wi' a lie.

4 Yer gates, O LORD, gar me trew them weel;[d] yer ain gates weise me *till wa'*:

5 Lat me fuhre i' yer truth, an' weise ye me; for yerlane, O LORD, *are* my heal-ha'din a': ilk lee-lang day, I leuk up† till thee.

6 Hae min' o' yer rewth, O LORD, *hae min'* o' yer ain pitie;[e] how they *hae been* ay sen-syne.

7 The misgates an' owregaens o' my youth, lat be;[f] *bot* hae min' o' mysel for yer pitie's sake; for yer gudeness' sake, O LORD, *min'* me.

8 Gude an' aefauld *'s* the LORD *himsel;* sae wrang-gangers a' he can thole till set straught.

9 He weises the biddable ay wi' right; an' lown-livin folk he gars ken his gate.

10 A' gates o' the LORD *are* gudeness an' truth, till wha keep his tryste an' his biddens *bide.*

11 [g]For yer name's sake, LORD, o'erleuk my sin, for it *'s* heigh an' wonner-wide.†

12 Whatna wight *is* he that fears the LORD; he sal guide him the gate he likes till *fen'*:

13 His saul sal taigle the night in guid, an' his [h]out-come *syne* sal haud the lan'.‡

14 [i]The LORD's ain thought *'s* wi' wha fear him; an' that tryste o' his he sal gar them ken.

A. C. 1017.

[a] Exod. 9, 29;
19, 5.
Deut. 10, 14.
Job 41, 11.
Ps. 50, 12.
1 Cor. 10, 26,
28.
[b] Job 38, 6.
Ps. 104, 5;
136, 6.
2 Peter 3, 5.

[c] Ps. 15, 1.

[d] Isai. 33, 15,
16.

† Heb. *frae
aff.*

[e] Ps. 27, 8.

[f] Isai. 26, 2.

[g] Ps. 97, 6.
hag. 2, 7.
1 Cor. 2, 8.

[a] Ps. 86, 4;
143, 8.
Lam. 3, 41.
[b] Ps. 22, 5;
31, 1.
Isai. 28, 16;
49, 23.
Rom. 10, 11.
[c] Ps. 13, 4.

[d] Exod. 33, 13.
Ps. 5, 8; 27,
11; 86, 11;
119; 143, 8,
10.

† Heb. *bide
for.*

[e] Ps. 103, 17;
106, 1; 107, 1.
Jer. 33, 11.

[f] Job 13, 26;
20, 11.
Jer. 3, 25.

[g] Ps. 31, 3.

† Heb. *mony-
fauld, grit.*
Rom. 5, 20.

[h] Ps. 37, 11,
22, 29.
‡ David has
min' o' Jakob
weel: leuk
Gen. 28, 10,
15.
[i] Prov. 3, 32.
John 7, 17;
15, 15.

15 My een, *they're* ay on the LORD; for himlane redds my feet frae the net.

16 Leuk atowre till me, LORD, an' rew on me; for lanely an' feckless *am* I:

17 The stretts o' my heart are doubl'd an' mair; redd me out whar I canna win by.†

18 Leuk weel till my dule an' my dree; an' a' my wrang-gangins leuk owre:

19 Leuk weel till my faes, for fu' mony they be; an' they like me as ill as they daur.

20 O waird ye my saul, an' wear me by; lat me ne'er hing my head, for I lippen till thee.

21 Lat the right an' the straught haud me heal an' fere; for I leuk till yersel late an' ere.†

22 Redd Israel hame again, God, frae a' his cumber sair.

PSALM XXVI.

Honest folk can thole till be weel spier'd, an' clean han's are braw at God's ain yetts: David ettles baith; like a wean at the fit, he hauds weel by the Lord, an' will niebor nane wi' the godlowse.
Ane o' David's.

RIGHT-RECHT me,*ᵃ* LORD, for I gang mylane;† bot I lippen the LORD, an' suld stacher nane.

2 *ᵇ*Soun' me, O LORD, an' try me weel; my lisk an' my heart, leuk thro':

3 For yer gudeness *is* right i' my een; an' I gang ay the gate ye trew.†

4 *ᶜ*Wi' liean loons I taigle nane; nor the gate o' the gley'd can gang:

5 The kirk† o' ill-doers I like fu' ill; *ᵈ*for I lout-na wi' warkers o' wrang.

6 *ᵉ*My loofs I maun sine in saiklessness, LORD; syne roun by yer altar ca':

7 Till tell wi' the sugh o' a psalm, an' lat wit o' yer wonner-warks a'.

8 *ᶠ*The biel' o' yer biggin, O LORD, as I lo'e! an' the neuk whar yer gudeliheid taigles!

9 *ᵍ*Yoke-na my saul wi' doers o' wrang; nor my life wi' loons o' bluid:

10 Wha gowp mischieff wi' their han's, an' their right han' is pang'd wi' nae guid.†

11 Bot in saiklessness *ay* lat me fuhre mylane;*ʰ* redd me hame, an' be gude till me, *God.*

12 *ⁱ*My fit stans stieve on the straught: i' the kirks, I'se blythe-bid the LORD.

PSALM XXVII.

The Lord himlane's baith houss an' ha' till David; airts him weel an' hauds him livin: an' siclike is he ay, till a' wha lippen till himsel.
Ane o' David's.

THE LORD *is* my *ᵃ*light an' my lown; o' wham sal I be fley'd? The LORD *is* *ᵇ*the stoop o' my life, o' wham sal I hae dread?

2 Till eat my flesh whan ill-doers wan heigh; faes o' my ain, an' ill-willers eke; they stacher'd themsels, an' cam laigh.

3 *ᶜ*Tho' ane host war raiket fornenst me, my heart suld be steerit nane; tho' war suld wauken again me, till this I wad lippen mylane.

4 *ᵈ*Ae thing frae the LORD hae I sought; an' the like I maun warsle to win: till bide i' the houss o' the LORD, a' days o' my life *to rin;* till glow'r on the skance*ᵉ*† o' the LORD, an' till spier in his ain halie hame.

5 For mysel in his howff he sal hap, i' the day o' dule an' dree:*ᶠ* he sal biel' me ben i' his biggin *then;* on a craig he sal set me fu' hie.

6 *ᵍ*Syne sae sal my head, abune

† Heb. *slach-
tirins,* or
slachtirs.

my faes, be lifted fu' heigh roun a' ;
an' † gifts o' glee in his houss I maun
gie ; till the LORD I maun lilt an'
blaw.

7 Hearken, LORD, till my skreigh,
an' be gude till me ; an' speak hame
till me, *ay* whan I cry.

8 Quo' my heart till yersel, *[h]*Seek
ye my face : yer face, LORD, seek
maun I.‡

9 *[i]*Hide-na yer face frae me ; ding-
na yer loon in wuth awa : my stoop
are ye ; forget-na me ; nor mislippen
me, God o' my heal-ha'din *a'.*

10 *[k]*Tho' my faither an' mither
loot me mylane, the LORD himsel
has me uptaen.

11 *[l]*Yer ain gate guide me, LORD ;
an' the road that 's soun', for my
ill-willers' sake, weise me wi' kind
accord.

12 *[m]*O lippen me nane till my ill-
willers' braith : for threepers o' lies
again me heis ; an' the giber† that
ettles skaith !

13 O the gude o' the LORD, i' the
lan' o' the live,*[n]* gin I had-na lip-
pen'd till see !

14 *[o]*Bide ay on the LORD *himlane ;*
be bauld, an' yer heart sal thrive :
e'en sae, on the LORD bide ye !

[b] Ps. 24, 6 ;
105, 4.

‡ Right sae
stans the He-
brew o' this
hail verse :
David wad
fain the Lord
sought *him,*
bot he maun
e'en seek the
Lord himsel
ferst
[i] Ps. 69, 17.
[k] Isai. 49, 15.
[l] Ps. 25, 4 ; 86,
11 ; 119, 33.

[m] Ps. 35, 25.

† Heb. *wha
blaws out.*

[n] Ps. 56, 13 ;
116, 9 ; 142, 5.

[o] Ps. 31, 24 ;
130, 5.
Isai. 25, 9.

PSALM XXVIII.

*The Lord maun haud David on live ;
the Lord sal ding owre ill-doers ;
bot ay gar his Chrystit thrive.
Ane o' David's.*

TILL yerlane, O LORD, I maun
cry ; my rock, *[a]*be-na whush
till me : *[b]*for till me *gin* ye whush,
like the lave I maun be, wha gang
down the gate o' the sheugh.

2 Hearken ye till my maen, whan
I sigh till yerlane ; *[c]*whan I rax up
my han's till yer ain halie hame.

3 *[d]*Harl me nane wi' the ill, nor
wi' warkers o' wrang *till gae ; [e]*wha

[a] Ps. 83, 1.

[b] Ps. 143, 7.

[c] Ps. 5, 7 ;
138, 2.

[d] Ps. 26, 9.

[e] Ps. 12, 2 ; 55,
21 ; 62, 4.
Jer 9, 8.

crack till their niebors fu' lown, bot
mischieff i' their hearts *hae they.*

4 *[f]*Gie till them as their warks
hae been, an' for a' they hae wrought
o' ill :† fornenst the wark o' their
han's, gie them hame ; gie them
hame †their fill !

5 On the warks o' the LORD, an'
the deed o' his han's, sen they nae
thought can wair ;*[g]* themsels he sal
ding till nought, an' them he sal big
nevir mair.

6 *Bot* blythe *be* the LORD, for he
heard the sugh o' my sighan sair.

7 The LORD *is* my strenth an' my
schild ; my heart lippens a' till him-
lane : syne brawly I fen, an' my
heart 's unco fain ; an', wi' my sang
I sal laud himlane.

8 The LORD *is* their strenth an'
their stoop ; he 's the health‡ o' his
Chrystit *forby.*

9 Saif yer folk, an' blythe-bid yer
ain ; an' feed† an' up-head them,
for ay.

[f] 2 Tim. 4, 14.
Rev. 18, 6.

† Heb. *ill o'
their doens.*

† Heb. *gie
them double.*

[g] Job 34, 27.

‡ Heb. *a' kin'
o' heal-
makin.* Some
tak *stoop* wi'
health, an'
mak it *stoop
o' healths,* &c.

† Heb. *feed
them.*

PSALM XXIX.

*Weel-wordy 's the Lord o' the heighest
laud : whan He sighs, the yirth
steers ; woods, watirs, wustlands,
an' a', dinnle.
Ane heigh-lilt o' David's.*

GIE ye till the LORD, ye sons
o' the mighty ; gie ye till the
LORD gudeliheid an' strenth :

2 Gie ye till the LORD the gudeli-
heid o' his name ; lout ye till the
LORD i' the lo'esomness o' haliheid !*[b]*

3 The sigh o' the LORD 's atowre
the spates ; *[c]*the God o' gudeliheid
gars thunner : the LORD *is* atowre
mony feck o' fludes.

4 The sigh o' the LORD 's wi' pith ;
the sigh o' the LORD 's wi' gloiry.

5 The sigh o' the LORD rives
cedars in twa ; na, the LORD rives
cedars o' Lebanon till flinders.

[a] 1 Chron. 16,
28, 29.
Ps 96, 7, 8, 9.

[b] 2 Chron 20,
21.

[c] Job 37, 4, 5.

d Ps. 114, 4.

e Deut. 3, 9.

† Heb. *son.*

‡ Atween bleezes o' light comes a reel o' thunner.

§ Wi' fright, or at *pairtin-time:* leuk Job 39, 1, 2, 3.

‡ Sae stan's the Hebrew, an' wi' unco pith it stan's. Our Inglis reads anither gate, wi' but little pith an' less grammar.

f Ps. 10, 16.

b Ps. 28, 8.

6 *d* An' e'en gars them sten like a stirk; *e* Lebanon an' Sirion, like some † cowte o' the unicorns.

7 The sigh o' the LORD synders the flaughts o' fyre. ‡

8 The sigh o' the LORD gars the wustlan' quauk; the LORD gars the wustlan' o' Kadesh dinnle!

9 The sigh o' the LORD gars the staggies cling; § an' it dreels aff the leaf o' the forests. Bot *it's* intil his ain halie howf, the ‡ hail o' Himsel speaks gloiry.

10 The Lord sits heigh on the spates; aye, *f* the LORD sits King for evir.

11 *h* The LORD will gie feck till his folk; wi' peace sal he blythe-bid his peopil!

PSALM XXX.

David's ain welcome-hame till the houss he biggit on Zioun.

Ane heigh-lilt, or sang at the * *han-sellin o' the Houss o' David.*

*Deut. 20, 5.
2 Sam. 6, 20.
A. C. 1042.

I MAUN lift ye, LORD, abune a' *the lave,* for ye hae uphaddin me: an' ill-willers o' mine ye ne'er hae thol'd till geck at mysel wi' glee.

2 O LORD, my God, I skreigh't till yerlane; an' ye hae healit me.

a Ps. 86, 13.

3 O LORD, ye brought up my saul frae the sheugh; *a* ye steer'd me till life, on my gate to the heugh.

b 1 Chron. 16, 4.
Ps. 97, 12.

4 *b* Lilt loud to the LORD, ye sants o' his; an' gie laud, at the thought o' his haliness.

c Ps. 103, 9.
Isai. 26, 20;
54, 7, 8.
2 Cor. 4, 17.

d Ps. 63, 3.

e Ps. 126, 5.

5 *c* For intil his wuth 's but a gliff; *d* lee-lang life 's in his likans: sabbin may thole for a night; *e* but a sang wi' the mornin *waukens!*

f Job 29, 18.
† Heb. *my lown.*

6 *f* An' quo' I till mylane i' † the lown, I sal ne'er be steer'd ony mair.

7 O LORD, by yer nieborlie gree, ye set a' fu' stieve on my craig: ye happit yer face *but a wee;* forfoch'n was I fu' sair.

8 I hae skreigh't till yerlane, O LORD; till the LORD I made dulesome maen :—

9 What gude can come o' my bluid, an I gang down till the sheugh? *g* will the stoure gie laud till thee, or yet tell yer truth eneugh?

g Ps. 6, 5; 88, 11; 115, 17.

10 Hearken, LORD; an' be gude till me, LORD: ye maun e'en be a stoop till me.

11 *h* My dule ye hae swappit for lightness o' fit; my lingle o' harn ye hae lowsit *it,* an' wi' glaidness hae graithit me :

h 2 Sam. 6, 14.
Isai. 61, 3.

‡ David countit mair on his *tongue* nor his *crown.*
Ps. 16, 9; 57, 8.

12 That *my* gloiry ‡ suld laud ye, an' ne'er gang wae; O LORD, my God, I maun laud ye for ay!

PSALM XXXI.

David's in dulesome dree, baith houss an' ha'; bot the Lord, wi' a glint o' his ee, redds him but frae sic cumber a'.

Till the sang-maister: ane heigh-lilt o' David's.

a Ps. 22, 5;
25, 2; 71, 1.
Isai. 49, 23.
b Ps. 143, 1.

I *a* HAE lippen'd yerlane, O LORD; I sal nane be affrontit for ay: *b* i' yer rightousness, redd me hame.

c Ps. 71, 2.

2 *c* Lout me yer lug fu' gleg; *fu' glegly* rax me outowre: be for rock o' refuge till me; for till saif me, a hainin-towir.†

† Heb. *for a hainin-towir.*
d Ps. 18, 1.
e Ps. 23, 3; 25, 11.

3 *d* For my craig an' my castel are ye; syne sae, *e* for yer ain name's sake, O weise an' wear ye me.

4 Redd me frae the girns they hae happit for me; for yerlane are my stoop sae styth :

f Luke 23, 46.
Acts 7, 59.

5 *f* I lippen my life i' yer han'; redd me hame, LORD God o' truth!

g Jonah 2, 8.
† Heb. *waird weel lies o' lightness.*

6 *g* I thole them nane, wha † mak lies their ain; bot I lippen a' on the LORD, mylane.

7 I maun fyke an' be fain i' yer ain gude-gree; wha thought on my dule, an' in stretts hae tentet me :

8 An' steekit me nane i' the han'

o' the fae; [h]bot my feet set stieve in scowth.

9 Be gude till me, LORD, for 'am cumber'd *yet:* [i]my ee wears awa in wuth; na, my †breath an' my bouk, *they flicher.*

10 For my life wears awa in dule, an' my days† in sighan; my pith gangs i' my pine, an' my [k]banes are swaken.

11 [l]Till my ill-willers a' 'am a geck, an' e'en till my [m]niebors sairly: till my friens 'am a fearsome sight; [n]wha see me therout, flee frae me.

12 [o]'Am clean out o' min' as gane; I thole like a dune bicker.

13 [p]For I heard the clash o' a wheen; [q]on ilka han' *was* dread: whan they gather'd again me like ane, my life they ettled till sned.

14 Bot I lippen'd mylane till thee; quo' I, O LORD, my ain God are ye.

15 My tides *are* a' i' yer han'; redd me frae the han' o' my faes, an' frae them wha gird at me.

16 [r]Wair a glint o' yer ee on yer loon; saif me for yer gudeness' sake:

17 O LORD, [s]lat me ne'er hing down, for loud till yerlane I scraigh: lat a' the ill hing down, [t]*an'* steek their gab i' the graif.

18 [u]Lat liean lips gang whush, [x]that carp at the rightous wi' scorn an' glee.

19 [y]What walth o' yer gude ye hain, for them wha hae dread o' thee; ye hae ettled for them wha lippen yerlane, tho' sons o' the yird suld see.†

20 [z]Ye sal hap them hame i' the lown o' yer leuk, frae the †glow'r o' the haughty carl; ye sal hap them frae sight in a canny neuk, frae the canglin clash o' the *warl'*.

21 Prais'd *be* the LORD for his† wonner o' gude, till me, in a brugh weel-biggen.[a]

22 For mysel, [b]quo' I i' my haste,

'Am sned-aff frae afore yer een: [c]nochtless, ye hearken'd my scraigh o' dule, whan I sighet fu' sair till yerlane.

23 [d]Lo'e ye the LORD, a' sants o' his ain: leal-folk the LORD fen's; bot the warker o' pride he pays hame.

24 [e]Be stieve, an' yer heart sal thrive; a' ye, wha lippen the LORD himlane.

PSALM XXXII.

Better own fauts an' be forgien, an' do weel; nor gang yer ain thrawn gate, till be schuten atowre frae God wi' stang or bridle, like sense- less, menseless brute beiss.

* Maschil o' David's.

WEEL for them, *whase* [a]ill 's forgien; *whase* wrang-doen 's happit.

2 Weel for the wight the LORD wytes wi' nae ill; an' in †breath o' his ain *is* nae double-dealin.[b]

3 Held I my peace, my banes thow'd awa; *or e'en* gin I rowtit the lee-lang day.

4 For day an' night, yer han' was owre me a lade; my seep wrought by till the drouth o' simmer: Selah.

5 My wrang-doen *syne* I lat wit till thee; an' the ill *that* I kent, I did-na hap it. [c]Quo' I, I'se mak shrift o' my sins till the LORD; an' ye freely pat-by the ill o' my doen: Selah.

6 Wharthro', [d]till yersel sal ilk likely ane pray, whan he lights on a faut† *till men'.* Whan spates o'ergang o' watirs thrang, till him they sal ne'er win ben.

7 [e]Yersel *hae been* howf till me; in stretts ye hae stoopit me; ye hae graithet me roun wi' sangs o' gaen- free: Selah.

8 I sal weise ye, *quo'* God; I sal

[b]Ps. 4, 1; 18, 19.

[i]Ps. 6, 7.

†Heb. *my ghaist* or *spreit.*

†Heb. *yeirs.*

[k]Ps. 32, 3; 102, 3.
[l]Ps. 41, 8. Isai. 53, 4.
[m]Job 19, 13. Ps. 38, 11; 88, 8, 18.
[n]Ps. 64, 8.

[o]Ps. 88, 4, 5.

[p]Jer. 20, 10.

[q]Jer. 6, 25; 20, 3. Lam. 2, 22.

[r]Num. 6, 25, 26.
Ps. 4, 6; 67, 1.
[s]Ps. 25, 2.

[t]1 Sam. 2, 9.

[u]Ps. 12, 3.
[x]1 Sam. 2, 3. Ps. 94, 4. Jude 15.
[y]Isai. 64, 4. 1 Cor. 2, 9.

†Heb. *for- nenst the sons o' yird.*
[z]Ps. 27, 5; 32, 7.
†Heb.*haughty glow'r o' the carl.*

†Heb. *made his gudeness wonnerfu'.*
Ps. 17, 7.
[a]1 Sam. 23, 7.
[b]1 Sam. 23,26. Ps. 116, 11.

[c]Isai.38,11,12. Lam. 3, 54. Jonah 2, 4.

[d]Ps. 34, 9.

[e]Ps. 27, 14.

Headins,&c.

[a]Ps. 85, 2. Rom.4,6,7,8.

† Heb. *ghaist* or *spreit.*
[b]John 1, 47.

[c]Prov. 28, 13. Isai. 65, 24. 1 John 1, 9.

[d]Isai. 55, 6. John 7, 34.
†Heb. *light- ness,* or *faut,* o' his ain, that 'll thole mendin. Our Inglis taks a' this clean anither gate.
[e]Ps. 9, 9; 27, 5; 31, 20; 119, 114.

wear ye the gate ye maun gae; I sal tent ye fu' gleg wi' my ee.

9 *f* Be-na ye like naig *or* like mule, *that gang wi'* nae thought *o' their ain;* whase chowks maun be chackit wi' branks an' kewl,§ in case be they yoke on yerlane.

10 *g* Fu' mony a stoun 's till the ill-doen loon; bot wha lippens the LORD, gude gree sal graith him roun.

11 *h* Be blythe i' the LORD, an' fu' fain, a' ye †that do the right *pairt;* an' lilt fu' loud for joye, a' ye *that are* straught o' heart.

PSALM XXXIII.

The rightous maun daur till sing: The Lord that made a', an' that's owre a', is their ain heal-ha'din.
[By wha's no said.]

SING sangs till the LORD,*a* ye rightous; *b sic* liltin sets-weel the aefauld.

2 Gie laud till the LORD on the harp; *c* on the lut *wi'* the tensome thairms, lilt loud till him:

3 *d* Sing ye till himsel a new sang; play weel, wi' ane awsome sugh:

4 For right *is* the LORD's ain word; an' ilk wark o' his ain *'s* intil truth.

5 *e* The right he lo'es, an' right-rechtin a'; *f* the gude o' the LORD the yirth fu'fills.

6 *g* By the word o' the LORD the lifts war made; *h* an' their plenishin a', by the *i* breath o' his mouthe.

7 *k* He sweel'd like a bing the bouk o' the spates; he hairstit in barns the laighest fludes.

8 Fear the LORD, the hail yirth; quauk afore him, a' ye that won i' the warld.

9 *i* For himsel spak, an' it was; he bad, an' it stude fu' sikker.

10 *m* The will o' the folk the LORD lats gang; the thoughts o' the peopil he dings till naething.

11 The *n* will o' the LORD for ay sal stan'; the thoughts o' his heart, frae ae †kith-gettin till anither.

12 *o* Weel for the folk, whase God is the LORD; the folk *that* he waled for his ain hame-ha'din.

13 *p* The LORD frae the lift couth raik wi' his een; the bairns o' yird, he sees ilk ane o'.

14 Frae the bit whar he sits, he tents ilk dwaller on yirth.

15 He schupes their hearts like ane; *q* he minds upon a' their doens.

16 *r* Nae king 's made right by the feck o' ane host; nae† mighty man redd by his mighty pingle:

17 *s* A horse for heal-ha'din 's no till tryst; wi' his strenth an' a', he canna redd-single.

18 *t* Bot, the ee o' the LORD 's on *u* wha fear himsel, on wha lippen a' till his likan:

19 Till redd out their saul frae diean-dune; ‖ *x* an' in dearth, till haud them thrivan.

20 *y* Our life 's but a tryst on the LORD; *z* our stoop an' our schild *is* he.

21 For our heart in himsel sal be fain; †on his name sae halie traist we.

22 Lat yer luive be atowre us, LORD, sae lang 's we lippen till thee.

PSALM XXXIV.

A sang for the feckless an' forfairn; till lippen to the Lord, an' mak the maist o' their ain fecklessness.
David's, whan he alter'd his gate afore * Abimelech; an' he drave him but, an' he gaed his wa'.

ILK tide o' *my life* I'se *a* blythe-bid the LORD; his praise i' my mouthe sal be plene:

f Prov. 26, 3. James 3, 3.

§ Haltir that gangs owre the head an' atween the chowks— guid eneugh for ony mule, be't beast or body.

g Prov. 13, 21.

h Ps. 64, 20; 68, 3.

† Heb. *right-ous,* or *right-doen folk.*

a Ps. 97, 12.

b Ps. 147, 1.

c Ps. 92, 3.

d Ps. 96, 1; 98, 1; 144, 9. Isai. 42, 10. Rev. 5, 9.

e Ps. 45, 7.

f Ps. 119, 64.

g Gen. 1, 6, 7. Hebr. 11, 3. 2 Peter 3, 5.

h Gen. 2, 1.

i Job 26, 13.

k Gen. 1, 9. Job 26, 10; 38, 8.

i Gen. 1, 3. Ps. 148, 5.

m Isai. 19, 3.

n Job 23, 13. Prov. 19, 21. Isai. 46, 10.

† Heb. *till kith-gettin an' kith-gettin.*

o Ps. 65, 4; 144, 15.

p 2 Chron. 16, 9. Job 28, 24. Ps. 11, 4; 14, 2.

q Job 34, 21. Jer. 32, 19.

r Ps. 44, 6.

† Heb. *mighty man is nane redd.*

s Ps. 147, 10. Prov. 21, 31.

t Job 36, 7. Ps. 34, 15. I Peter 3, 12.

u Ps. 147, 11.

‖ or, *frae dead.*

x Job 5, 20. Ps. 37, 19.

y Ps. 62, 1, 5; 130, 6.

z Ps. 115, 9, 10, 11.

† Heb. *for,* twice owre.

A.C. 1062.

*Ca'd *Achish.* I Sam. 21, 13.

a 1 Thes. 5, 18. 2 Thes. 1, 3.

2 I' the LORD sal my saul be liltin-blythe; [b]the feckless sal hear, an' be fain.

[b] Ps. 119, 74; 142, 7.

3 Mak might o' the LORD wi' me; an' his name we'se uphaud thegither:

4 I sought the LORD, an' he hearken'd me hame; syne redd me frae a' my fluther.

5 Folk leuk ay till Him, an' ‖are brighten'd *a';* nae gluff o' schame hae their faces: ‖

‖ or, *airtit on like rinnin watir.*

‖ or, *howk,* an' *hing down* their heads, like moudie-warks, *sal they no.*

6 This puir-body skreigh't, an' the LORD couth hear; syne heal'd him frae a' his fashes.

7 Na, [c]the LORD's erran-rinner *himsel* [d]bides about; till rax them atowre that are fley'd o' him:

[c] Dan. 6, 22.
[d] Gen. 32, 1, 2. 2 Kings 6, 17. Zech. 9, 8.

8 [e]Pree ye, an' ken gin the LORD be-na gude; [f]blythe *be* the wight can bide on him.

[e] 1 Peter 2, 3.
[f] Ps. 2, 12.

9 [g]Fear ye the LORD, ye sants o' his; for nae want *'s* till them that fear him:

[g] Ps. 31, 23.

10 [h]The lyoun's whalps may hungir an' thole; bot, wha seek the LORD, †want o' nae gude sal steer them.

[h] Job 4, 10, 11.

† Heb. *they sal nocht want a' gude.*

11 Here awa, §bairns, an' hearken till me; the fear o' the LORD I sal hint ye:

§ Maun ettle the puir feckless folk, siclike 's he tholed him-sel till be.

12 [i]What wight *is he that 's* fain o' life; lo'es lang-days, till see gude-*rife?*

[i] 1 Peter 3, 10.

13 Waird yer tongue frae *makin* mischieff; an' yer lips frae liean, *tent ye.*

14 [k]Awa frae ill, an' weel do ye; [l]seek ay for the lown, an' win at it:

[k] Ps. 37, 27. Isai. 1, 16, 17.
[l] Hebr. 12, 14.

15 [m]*For* the een o' the LORD *are* on rightous folk; an' his lugs till their bidden *are loutit:*

[m] Job 36, 7. Ps. 33, 18. 1 Peter 3, 12.

16 [n]*Bot* the leuk o' the LORD *'s* again doers o' wrang; min' o' them frae the yirth, till rute *it.*

[n] Lev. 17, 10. Jer. 44, 11. Amos 9, 4.

17 The *feckless* sigh, an' the LORD can hear; an' frae a' their fash redds them haillie:

18 [o]The LORD *'s* fu' nar till heart-broken folk; an' the wa'-gaen in spreit he sets gailie.

[o] Ps. 51, 17. Isai. 57, 15; 61, 1.

19 [p]The wrangs o' the rightous fu' mony *be;* bot the LORD frae them a' has him synder'd:

[p] Prov. 24, 16.

20 Ilka bane o' his *bouk* tak tent o' sal he; [q]no ane o' them a' sal be flinder'd.

[q] John 19, 36.

21 [r]The ill-deedie man mischieff sal fell; wha ill-will the rightous, awa sal pine:

[r] Ps. 94, 23.

22 The breath‡ o' his servans the LORD sal hae bak; an' wha lippen till him, †no ane o' them a' sal dwine.

‡ Tak it, wha daur.

† Heb. *they sal a' no dwine.*

PSALM XXXV.

A sair plea wi' the Lord again liean stouthrief rievers: the Lord maun hearken an' uphaud David; an' the Lord 's ay as guid as his word.

Ane o' David's.

FLYTE,[a] LORD, wi' them that flyte wi' me; an' fecht ye wi' them, that fecht again me.

[a] Ps. 43, 1; 119, 154. Lam. 3, 58.

2 Schild an' boukler, tak them baith; †up, an' be stoop till hain me.

† Heb. *an' up till stoop,* or *hain me.*

3 Syne out wi' the spear, an' kep the gate on them that wad fain win till me: say ye to my saul, *O God*—Heal-ha'din mylane *I'se be* till ye.

4 [b]Scham't an' throwither lat them be, that hanker sae sair for my breath; bak lat them gae, an' wae lat them be, that ettle till wark my skaith.

[b] Verse 26. Ps. 40, 14, 15; 70, 2, 3.

5 [c]Like caff afore the win' lat them be; an' the LORD's ain rinner ahin' *them:*

[c] Job 21, 18. Ps. 1, 4. Isai. 29, 5. Hos. 13, 3.

6 [d]Mirk an' slidd'ry the gate they gae; an' the LORD's erran-rinner ding them.

[d] Ps. 73, 18. Jer. 23, 12.

7 For saikless for me they sheughit their girn; saikless, they howkit my life awa:

8 Mischieff, or he wit, sal owre-gang him; [e]the girn that he happit

[e] Ps. 7, 15, 16; 57, 6; 141, 9. Prov. 5, 22.

sal fang him . tharin, wi' a stoun', sal he fa'.

9 Bot my saul sal be blythe i' the LORD; an' lowp for joye in his ain heal-ha'din.

f Ps. 51, 8.

10 *f* Ilk bane i' my *bouk* may say, Wha *'s* like yersel, O LORD; the puir frae †the pithy, reddin? aye, the puir an' forfairn, frae him that wad rive him in twa!

† Heb. *pithier nor himsel, or owre pithy for him.*

11 Thar raise *amang them* threepers o' ill; they threepit again me, I ken-na what :

12 *g* Ill for guid they niffer'd wi' me, †till herry my saul *or they quat.*

g Ps. 38, 20; 109, 3, 5.
† Heb. *the herriment o'.*
h Job 30, 25. Ps. 69, 10, 11.
i Matt. 10, 13. Luke 10, 6.

13 Bot me! *h* whan they pined, my cleedin *was* harn; my breath I wastit wi' wantin; *i* till my bosom, my bidden cam hame.

14 Like *'s he war* a frien', like *'s he war* a brither till me; *e'en sae,* gaed I about : like as ane that was wae *for his* mither, *e'en sae,* I loutit an' grat.

k Ps. 38, 17.

15 Bot at my *k* down-fa' they war fain; an' syne they wan a' thegither : †or I wat, *l* the fusionless loons, again me, like ane did gather : they rave *me syndry in bits; they rave,* an' they did-na whush :

† Heb. *an' I kent-na.*
l Job 30, 1, 8, 12.

16 Wi' †trokers o' lies at bousin-bouts, again me their teeth they grush't.*m*

† Heb *snicherin liears.*
m Ps. 37, 12. Lam. 2, 16.
n Hab. 1, 13.
o Ps. 22, 20.
† Heb. *a' that 's o' me.*
† Heb. *whalps.*

17 O LORD, *n* how lang can ye see siclikes? rax my saul frae their wasterfu' thrang; *o* an' †mysel frae the lyoun's tykes.†

18 *p* I maun laud yersel i' the gran' deray; wi' the bouk o' the folk, I maun lilt till thee.

p Ps. 22, 25; 31; 40, 9, 10; 111, 1.
q Ps. 69, 4; 109, 3; 119, 161. Lam. 3, 52. John 15, 25.
‡ Our Inglis taks this anither gate, *Lat them nane wink wi' the ee;* as ye may fin', Job 15, 12. Prov. 6, 13; 10, 10.

19 Lat my ill-willers nane be sae crouse wi' lies; *q* wha hate me for nought, ‡ lat them steek the ee.

20 For o' nieborlie-gree they ne'er speak a word; bot lies they can flaucht thegither, again the lown folk o' the yird.

21 Their mouthe they hae raxit

again me straught; an' quo' they, *r* Hech! Hech! our ain ee saw 't.

r Ps. 40, 15; 54; 7; 70, 3.
s Ps. 83, 1.

22 Ye hae seen 't, O LORD; *s* be-na whush, my Lord : tarry-na far frae me.

23 *t* Wauken an' wait, for the right that 's mine : my God an' my Lord, for my plea!

t Ps. 44, 23.

24 I' yer rightousness right me, O LORD, my God; lat them nane hae the gree owre me.

25 *u* Lat nane o' them say i' their hearts, Aha, †it 's e'en 's we wad hae! nor yet, We hae glaum'd him up! lat ane o' them *daur till* say.

u Ps. 70, 3.
† Heb. *our ain min'.*

26 *x* Scham't an' gyte thegither gang they, my ill that like till see : *y* graithit in scham an' scorn be they, wha set themsels heigh owre me.

x Verse 4. Ps. 40, 14.
y Ps. 109, 29; 132, 18.

27 Lat them lilt an' be glaid, wha are fain o' my right; *z* an' ay lat them say, The LORD be wight, *a* that lo'es lown life for his lealman.

z Ps. 70, 4.
a Ps. 149, 4.

28 An' that right o' thine my tongue sal tell; *an'* ilka day lang, sal gie laud till yersel.

PSALM XXXVI.

The ill man can neither think, nor say, nor do aught gude: God thinks an' does a' gude: David may be weel content, an' let the ill-doer dree.
Till the sang-maister; *ane* o' David's, thirlman to the LORD.

THE †claivers o' the godlowse gang ben i' my heart : thar 's *a* nae fear o' God afore his een.

† Heb. *gaen-wrang wi' the tongue, lowse talk.*
a Rom. 3, 18.

2 *b* For he lies till himsel in his ain sight, or his mischief be kent ayont tholin.

b Deut. 29, 19. Ps. 10, 3; 49, 18.

3 The words o' his mouthe are but nought an' a lie; till be wyss *an'* do weel, he has quat al-utterlie.

4 *c* On his bed he can think but o' nought; he gangs ay the gate o' nae gude; mischief he can ne'er win by.

c Prov. 4, 16. Micah 2, 1.

5 *d* Bot thy gudeness, LORD, *is* i'

d Ps. 57, 10; 108, 4.

† Heb. *hills o' God.*
e Job 11, 8.
Rom. 11, 33.
f Job 7, 20.
g Ruth 2, 12.
Ps. 17, 8;
    91, 4.
‖ or, *sons o' man:* bot ettles a' livin things on yirth.
b Ps. 65, 4.
†Heb.*druken,* or *drookit fou,* wi' pleasur.
§ Siclike 's the *dew.*
‡ Siclike 's the *rain.*
Job 20, 17.
Ps. 16, 11.
Rev. 22, 1.
i Jer. 2, 13.

† Heb. *o' pride.*

k Ps. 1, 5.

the lift; thy truth-tryst even wi' the cluds .

6 Thy rightousness like the hills fu' heigh;† *e*thy right-rechtins *are* ane unco flude : Baith beast an' body, Lord, thou hauds them heal.*f*

7 What gear *is* i' yer gudeness, God! *g*Aneth the schadowe o' yer wings, ‖ yird's bairns can betak them lown.

8 *h*They're †drookit-daft wi' the §seep o' thy dwallin; ye sloken them *a'*, frae the ‡ burn o' yer bliss.

9 *i*For wi' thee *is* the wa'l-ee o' life; intil light o' thine, we see light itsel.

10 O rax out yer gudeness till them wha ken ye! an' yer rightous-ness ay till the single in heart.

11 May the cloot o' the carl† ne'er gang my gate; nor the han' o' the ill-doer ding me by.

12 Thar gaed the warkers o' mis-chieff till the grun : they stacher'd,*k* an' they cou'd-na stan !

PSALM XXXVII.

Nae need till flee the lan', nor nae fore o' wrang-doen: the rightous sal ay fa' their ain, an' wrang-doers sal be sned aff for evir; bot a' that lippen till the Lord sal thrive.

Ane o' David's.

a Ps. 73, 3.
Prov. 23, 17;
    24, 1, 19.

b Ps. 55, 22.
Prov. 16, 3.
Matt. 6, 25.
Luke 12, 22.
1 Peter 5, 7.

F ASH *a*yersel nane for ill-doers, nor sigh for the warkers o' wrang :

2 For like gerss they'll be glegly snedden; an' like fother-blume they sal gang.

3 Lippen the Lord an' do weel; bide ay on the lan', an' thrive at will.

4 Be blythe i' the Lord, an' yer heart's content he sal wair on thee :

5 *b*Deval on the Lord yer gate; lippen him, an' do *a'* sal he :

6 *c*For yer right he sal clear like the light; an' like height o' the day, yer plea.

7 *d*Be lown wi' the Lord, *e*an' thole for him : fash nane for ill-doers' thrivan-gate; for the loon that can wark mischieffs.

8 Awa wi' angir, an' quat frae lowe; *f*fash yersel nane wi' the wrang.

9 *g*For warkers o' wrang sal be clean sned-awa; bot wha wait on the Lord, themlane the lan' sal fa'.

10 For syne, but a gliff, an' the ill-doer *'s* dune : *h*tho' ye leuk for his place, thar's nae mair o' *him.*

11 *i*Bot lown-livin folk sal ay haud the lan'; an' be blythe wi' nae en' o' gude-nieboran !

12 The ill-man, he thinks on the rightous for ill; an' grushes again him his teeth : *k*

13 *Bot* the ‡Laird o' the lan' sal *l*laugh at him, for he kens his ain day sal be niest.

14 The warkers o' wrang, they lows'd the swurd, an' eke they stentit their bow; the feckless an' needy, till ding them *baith,* an' till fell the aefauld sae free.†

15 *m*Their swurd sal gang ben i' their ain heart *then,* an' their bows till flinders sal flie.

16 *n*Ay better *'s* a nirl wi' the right, nor the rowth o' mae warkers o' wrang :

17 *o*For the arms o' wrang-doers sal breinge in bits; bot the rightous the Lord sal mak strang.

18 The Lord kens weel the days o' the leal; an' their heirskip sal stan' for evir :

19 They sal ne'er be down-cuisten in time o' ill; *p*an' in days o' hungir sal stegh their fill :

20 Bot the warkers o' wrang till naething sal gang; an' faes o' the

c Job 11, 17.

d Ps. 62, 1.
e Lam. 3, 26.

f Ps. 73, 3.
Eph. 4, 26.

g Job 27,13,14.

b Job 7, 10;
    20, 9.
Verse 35.
i Matt. 5, 5.

k Ps. 35, 16.
‡ Anither word nor Jehovah. Ps. 2, 4.
l Ps. 2, 4.

† Heb. *even on, straught ganger.*
m Micah 5, 6.

n 1 Tim. 6, 6.

o Job 38, 15.
Ps. 10, 15.
Ezek. 30, 21,
    &c.

p Job 5, 20.
Ps. 33, 19.

q Ps. 102, 3.

† Heb. *they sal thowe i' the reek, they sal thowe;* or, *they sal thowe i' the reek, the hail o' them.*

r Ps. 112, 5, 9.

s Prov. 3, 33.

t Prov. 16, 9.

† Heb. *gates,* or *out-gates,* on the heigh road; or *firm roddins.*

u Ps. 34, 19, 20; 91, 12. Prov. 24, 16. 2 Cor. 4, 9.

x Job 15, 23. Ps. 59, 15; 109, 10.

y Ps. 112, 5, 9.

z Ps. 34, 14.

a Ps. 21. 10. Isai. 14, 20.

b Prov. 2, 21.

c Deut. 6, 6. Ps. 40, 8; 119, 98. Isai. 51, 7. † Heb. *his gangins.*

d Ps. 91, 8.

LORD, like the creesh o' lams, sal thowe i' the *q* reek thegither!†

21 The ill-doer taks, an' he ne'er brings hame; *r* bot the rightous will len' an' lat lye:

22 *s* Syne, whasae he bids sal ay bide the lan'; them he bans, *they* sal e'en be shot-by.

23 *t* Frae the LORD, the †wide yett o' the mighty man 's set; an' he fuhres on his gate fu' blythe:

24 *u* Tho' he stacher *a wee,* he sal nane down gae; for the LORD hauds his han' fu' stythe.

25 A wean I hae been, an' an auld man am e'en; bot the rightous for-lied, *x* or his bairns seekin bread, I ne'er saw:

26 *y* Ilk day he cou'd gie or cou'd len'; an' his outcome *was* blythe an' a'.

27 *Syne,* *z* awa frae mischieff, an' do weel; an' bide evir mair *whar ye min'*:

28 For the LORD, he lo'es right-rechtin weel, an' will ne'er lea' his ain till pine: for evir an' ay sal they be stay; bot the stok o' ill-doers sal dwine.*a*

29 The rightous sal fa' the yird; an' sal bide on 't, the lenth o' lang-syne.*b*

30 The mouthe o' the rightous, it sets-furth sense; an' his tongue o' right-rechtin can tell:

31 *c* His God's ain law *is* weel ben i' his heart; an' his gate,† it sal ne'er swak itsel.

32 The ill-man, he glaums at the rightous; an' fain wad be his dead:

33 The LORD winna lea' him intil his han'; nor at rightin, gie him nae remede.

34 Bide ye on the LORD, an' haud weel by his gate; till fa' the lan' he sal heize ye yet: wi' wrang-doers sned-aff, ye sal see 't.*d*

35 *e* I hae seen the wrang-doer thrive; an' braid like the braw green-tree: §

36 He gae'd, an' he was-na; I sought him belyve, bot funden he cou'd-na be.

37 Tak tent till the aefauld, an' leuk till the straught; for the en' o' siclike *is* the lown:

38 Bot owre-gangers sal whamle thegither themlane; an' the en' o' wrang-doers gae dune.

39 Bot right folks' heal-ha'din, it *comes* frae the LORD; their strenth i' the time o' strett:

40 An' the LORD sal stoop them, an' redd them out; frae wrang-doers' *han's,* he sal redd them but: an' them, for they lippen till him, fu' sikker an' soun' he sal set.

PSALM XXXVIII.

David, in pitifu' plight, baith saul an' body, cries uncolie till the Lord till be gude till him an' help him.
*Ane heigh-lilt o' David's, till keep the Lord in min'.**

WYTE me na, LORD, i' yer lowan wuth;*a* ding me na by i' yer bleezan torne:

2 *b* For deep intil me yer flanes hae taen grip; an' sair ontil me is yer han' down-borne.

3 Nae feck i' my flesche, fornent yer angir; *c* nae †rest i' my banes, fornent my sin.

4 *d* For my ain misdeeds hae gane owre my head; like some weary weight, they 're ill till carrie.†

5 My dulesome dints gang foich i' my folly:

6 Twafauld am I, an' cruppen till naething; *e* a' day lang, I gang dark an' drearie.*f*

7 For my lisk it 's pang'd wi' some tusionless ill; an' nae soun'ness ava *is left* i' my body.

8 Feckless am I, an' forfochten

e Job 5, 3.

§ Wi plenty o' skowth, but nae haudin, *growe* whar he likes.

* Headin o' Ps. 70.

a Ps. 6, 1.

b Job 6, 4.

c Ps. 6, 2. † Heb. *lown.*

d Ezra 9, 6. Ps. 40, 12.

† Heb. *owre heavy for mysel.*

e Ps. 35, 14. *f* Job 30, 28. Ps. 42, 9; 43, 2.

sairly; ^gI sigh wi' a ‖sab frae the heart i' my *bosom.*

9 O Lord, afore thee *is* a' my yirn; an' my sighan, frae thee it has ne'er been happit.

10 My heart dwaums, my pith bides-na wi' me; na, ^hthe light o' my een, †it 's gane clean frae me.

11 ⁱMy joes an' my frien's ^kstan' atowre frae my breinge; an' my †blude themsels haud far frae me.

12 Wha seek for my life hae girns till lay; wha ettle me ill speak a' mischieff, an' pingle on lies the hail day.

13 Bot I, ^llike the deaf man, hearken'd nane; ^man' e'en like the dum, wha ne'er raxes his mouthe:

14 I was e'en as the man wha hears-na a sugh; an' ben i' whase gab *are* nae gainsayans.

15 For *a'* till yerlane I hae lippen'd, O Lord; ye maun speak till me lown, Lord God o' my ain.

16 For quo' I, Gin they 're fain till see me fa'; gin they haud themsels heigh an my fit slidder! §

17 For likan till gang am I ay; an' my dule, it 's afore me evir.

18 For my sin I hae weel setten furth; on the wrang I hae dune, I tak thought wi' a swither.

19 Bot ‖ill-willers on live, are *a'* fu' stark; an' mony are they, wha mislike me saikless:

20 ⁿWha pay me wi' ill, for gude till *themsels;* ^owha seek me wi' wrang, for my ain weel-doen.

21 Dinna lea' me, O Lord, thou God o' my ain; nor bide frae me far, *as the lave are bydan.*

22 Fy, haste ye till help me, O Lord, my heal-ha'din!

PSALM XXXIX.

David maun be whush afore the Lord: man 's but a fain an' a feckless creatur, frae the day that he cam, till the day he maun gang: David, like the lave, maun win hame.

Till the sang-maister, till Jeduthun:* ane heigh-lilt o' David's.

QUO' I, I maun waird my gate, in case be I slip wi' my tongue: I maun steek my mouthe fu' stieve,† sae lang 's the ill-doer 's afore me.

2 ^aI keepit sair sugh i' the lown; I wheeshtit me, *even* frae gude: bot my dule, it wauken'd the waur, *ay.*

3 My heart was het i' my breast;† wi' my thought, the lowe kennl'd: *syne* spak I right out wi' my tongue,

4 ^bLat me wit, O Lord, o' my en'; an' the meath o' my days, what it 's *a':* how bruckle 'am syne, I sal ken.

5 Alake! but some han'-breid ye made my days; an' ^cmy time 's like naething afore ye. ^dThe stievest man *on yird* can stan', †ilk ane o' them 's weak *as Abel:* Selah.

6 Man daikers, atweel, in a gloam; na, they fash themsels *a'* for nought: ^ehe harls gear thegither; bot kensna, the same wha sal aught.

7 Bot now, what leuk I for, Lord; my thoughts they *are* a' on yerlane:

8 Frae my wrang-gangins a' redd me out; the geck o' the gowk mak me nane.

9 ^fI was whush; I ne'er open'd my mouthe; for I *wat* yerlane did *it.*

10 ^gHaud aff me *a wee,* wi' yer weight: 'am dune, wi' the dirl o' yer han'.

11 Whan ye ding the brawest wi' blauds for sin; ^hye wear his pith awa like a moth: ⁱSure ilk man 's weak *as Abel:* Selah.

12 Hearken my bidden, O Lord; an' eke till my schraigh gie heed; be-na ye whush at my taivers:† for 'am but a gangrel wight wi' thee,^k hameless, like a' my faithers.^l

13 ^mHaud aff me, Lord, or I gather pith; afore I gang by, an' nae mair o' me.

Margin notes (left column)

^g Job 3, 24. Isai. 59, 11.

‖ or, *for till ease my heart.*

^b Ps. 6, 7; 88, 9.
† Heb. *it 's nae mair wi' me.*
ⁱ Ps. 31, 11.
^k Luke 10, 31, 32.
† Heb. *kinsfolk,* or *niebors.*

^l 2 Sam. 16, 10. David tholed weel.
^m Ps. 39, 2, 9.

§ David's ain natural turn was heigh eneugh; he tholed scorn ay, waur nor a clour wi' the swurd.

‖ or, *my illwillers are livin, an' livin like.*

ⁿ Ps. 35, 12.

^o 1 John 3, 12. Peter taks anither thought o't. 1 Peter 3, 13.

Margin notes (right column)

*1 Chron. 16, 41; 25, 1. Ps. 62 an' 77, Headins.

† Heb. *wi' branks.*

^a Ps. 38, 13.

† Heb. *i' my inside*

^b Ps. 90, 12. 119, 84.

^c Ps. 90, 4.
^d Verse 11. Ps. 62, 9; 144, 4.
† Heb. *weak as weakness ilka man:* whilk word is *Abel;* Gen. 4, 2.
^e Job 27, 17. Eccles. 2, 18, 21, 26; 5, 14.

^f Job 40, 4, 5. Ps. 38, 13.

^g Job 9, 34; 13, 21.

^h Job 4, 19; 13, 28. Isai. 50, 9. Hos. 5, 12.
ⁱ Verse 5.

† Heb. *my tear.*
^k Lev. 25, 23. 1 Chron. 29, 15. Ps. 119, 19. 2 Cor. 5, 6. Hebr. 11, 13. 1 Peter 1, 17; 2, 11.
^l Gen. 47, 9.
^m Job 10, 20, 21; 14, 5, 6

PSALM XL.

David, intil dreigh haud, leuks lang for the Lord, an' the Lord redds him out; he preaches syne a' that's gude till the lave. Bot a heigher far nor David's ettled here, an' a rightousness mair nor his ain.
Till the sang-maister : ane heigh-lilt o' David's.

a Ps. 27, 14.

LANG leukit I for the LORD;[a] an' he loutit till me, an' he heard my skreigh.

2 An' he raxit me up frae ane aw-some heugh,[b] frae the till sae teugh; an' he stude my feet on a craig; my roddins fu' sikker made he.

b Ps. 69, 2.

c Ps. 33, 3.

3 [c]An' a new sang pat he i' my mouthe, *nae less nor* laud till our God : [d]mony sal see, an' fley'd sal they be; an' sal lippen a' syne till the LORD.

d Ps. 52, 6.

4 Blythe be the wight, wha ettles the LORD for his tryste; wha wairs-na a leuk on the proud, nor on them wha gang eftir a lie.

e Job 5 ; 9, 10. Ps. 71, 15; 92, 5; 139, 6, 17. f Isai. 55, 8.

5 [e]Fu' mony, O LORD my God, hae ye made yer warks o' wonner! [f]an' yer thoughts o' gude till oursels, thar' nae reddin up till thee. Gin I suld owretell an' wair words on *them,* they're mae nor a buik *wad be.*

g 1 Sam. 15, 22. Ps. 50, 8; 51, 16. Isai. 1, 11. Hos. 6, 6. Matt. 12, 7. Hebr 10, 5.

6 [g]O' slachtir an' hansel, ye ne'er thought weel. My lugs ye hae dreel'd : brunt-offran hail, an' hansel for sin, ye wad nane o'.

7 Syne, Leuk, quo' I; mysel maun be! I' the braid o' the Buik, *it 's* written o' me :

h Ps. 119, 16, 24, 47, 92. Rom. 7, 22. i Ps. 37, 31. Jer. 31, 33. 2 Cor. 3, 3. † Heb. ben i' my inside. k Ps. 22, 22; 35, 18.

8 [h]Till wark yer will, O my God, but 'am fain; [i]an' that bidden o' thine*'s* i' my bosom.†

9 [k]Right-rechtin I cried till the feck o' the folk; my lips I ne'er steekit, O LORD, ye wot :

10 Yer rightousness happit I ne'er i' my heart; yer troth an' yer heal-ha'din tell'd I baith; yer rewth an' yer trewth I ne'er hade, frae the thrang forgather.

11 Steek ye na, LORD, yer pitie frae me : [l]yer rewth an' yer trewth, lat them waird me weel.

l Ps. 43, 3; 61, 7.

12 For ills ayont tellin hae graith'd me about; [m]my ain ill-deeds hae fang't me sae fast, I canna leuk up : thranger are they, nor the hairs o' my head; [n]an' my heart, it mis-lippens me sairly.

m Ps. 38, 4.

n Ps. 73, 26.

13 [o]Will ye, O LORD, but till rax me out; fy, haste ye, O LORD, till help me!

o Ps. 70, 1, &c.

14 [p]Lat them a' be affrontit an' lowe i' the face, wha seek for my life till waste it. Bak lat them gae, an' be smoor'd wi' schame, wha like weel the ill that 'am trystit.

p Ps. 35, 4, 26; 70, 3; 71, 13.

15 [q]Fu' lane lat them be, for the cost o' their scorn, Heh! Heh! wha can say till me.

q Ps. 70, 3.

16 [r]Lat them be blythe an' frolick in thee, a' wha seek eftir yersel : Lat them ay say, The LORD be hie! wha like yer heal-ha'din weel.

r Ps. 70, 4.

17 [s]'Am† but forfairn an' forlied; *yet* the LORD, he can rew on me : my strenth an' out-redder *are* ye yerlane; taigle na langer, my God, *frae me!*

s Ps. 70, 5. † Heb. Bot 'am.

PSALM XLI.

Wha's kind till the puir, the Lord sal be kind till him : David's auld plea wi' ill frien's : the Lord hauds him weel; lat them do their warst.
Till the sang-maister : ane heigh-lilt o' David's.

BLYTHE *be the* man, wha has min' o' the puir :[a] in *his ain* day o' dule, the LORD sal free him.

a Prov. 14. 21.

2 The LORD sal weel waird him, an' haud him on live; fu' blythe sal he *fen* i' the lan'; an', till his ill-willers' will ye sal ne'er up-gie him.[b]

b Ps. 27, 12.

‖ or, *his bed,* or *his down-lyin.*

3 The Lord sal prap him on his dowie bed; ye sal turn ‖whar he lyes, whan he's a' forfoch'en.

4 Quo' I, O Lord, be gude till me; heal ye my saul, for 'am wrang wi' thee.

5 My ill-willers *a',* they crack ill at mysel: The dead sal he die, an' his name dwinnle.

† Heb. *his heart gathers ill thegither till himsel, or till itsel.*

6 An he come for till see, he claivers a lie; †nought but ill can his heart gather: but gangs he, *an'* he tells *his niebor.*

7 Thegither again me they clype fu' laigh; *no ane o'* them *a' but* wills me ill; again me mischieff they tak thought an' ettle:

† Heb. *fash frae Belial.*

8 Some †ill-man's dree's come owre him *now;* an' syne that he lyes, he sal stan' nae langer.

9 *c*My ain lown frien', that I lippen'd till ay; *d*wha pree'd o' my bread, the heel he can gie me.†

10 Bot yersel, O Lord, be gude till me; an' heize me up, or I quat them even.

11 Sae weel sal I ken ye lo'e me dear, gin my ill-willer owre me bears-na the gree.

12 Bot mysel ye sal haud i' my ain leal-gate; an' set me fu' sikker afore ye for ay.

13 Prais'd *be* the Lord, o' Israel God; aye, frae ae langsyne till anither: Amen, an' Amen; [Sae be 't, an' sae be!]

c Job 19, 19.
Ps. 55, 12, 13, 20.
Jer. 20, 10.
d Obad. 7.
John 13, 18.
† Heb. *lift up heigh again me.*

☞ Here quats the Ferst Buik o' Psalms, as the haill sett stude. Leuk what's said *till wha reads,* p 1.

[PAIRT TWA.]

PSALM XLII.

David, i' the wustlan', far frae God, 's like till die o' drouth for his presence, an' tholes ill the gibin o' his fause frien's: he leuks till win hame again.

Till the sang-maister: *Maschil for the sons o' Korah.

A.C. 1023.

* A Right-rede: *Headins,* &c. 1 Chron.6,33, 37; 25, 5.

AS the hart for the wimplin watirs sighs; sae sighs for yerlane, my saul, O God.

2 *a*Sae tholes wi' drouth for God, *b*for the livin God, my saul: How lang or I gang, an' win ben afore God?

3 *c*Day an' night, my tear's been my bread; *d*ilka day lang till me as it's said, O whar *is* that God o' thine?

4 I hae min' o' siclike, *e*an' I toom out my life on mysel: for I gaed wi' the lave; *f*I gaed till God's howff wi' the sugh o' a sang, *an'* o' praise, wi' the heigh-liltin thrang.

5 *g*Whatfor sae dowie, O my saul! sae sairly forfoch'en 'ithin me? Lippen till God, for I'll praise him yet; *for* ‖the health o' his leuks *abune me!*

6 My life, O my God, 's but a lade on mylane: I suld min' ye syne frae the Jordan lan', an' the Hermon folk; frae the height o' Mizar. ‖

7 *h*Ae dreid howe till anither sughs, at the rowte o' yer watir-spates: *i*yer breingers a', an' yer rowin fludes, hae gaen owre me bremin.

8 *k*His gudeness *yet* the Lord ettles by day, *l*an' a sang wi' mysel i' the night; *an'* my prayer till the God o' my life.

9 *An'* I'll say until God my rock,

a Ps. 63, 1; 84, 2.
b 1 Thess. 1, 9.

c Ps. 80, 5; 102, 9.
d Verse 10.
Ps. 79, 10; 115, 2.

e Job 30, 16.

f Isai. 30, 29.

g Ps. 43, 5.

‖ or, *thar's health in his leuks,* &c.

‖ or, *the wee hill;* some bit sma' hill whar he campit in thae days o' fash, lang syne.
Ps. 133, 3.
h Ezek. 7, 26.
i Ps. 88, 7.
Jonah 2, 3.
k Deut. 28, 8.
Ps. 133, 3.
l Job 35, 10.
Ps. 63, 6;
149, 5.

m Ps. 38, 6; 43, 2.
§ Our Inglis reads here *wi' a swurd*, whar thar 's nae *swurd.*

n Verse 3. Joel 2, 17. Micah 7, 10.

Whatfor think ye nane on me? *m*whatfor down-dang maun I ay gang, aneth the ill-willer's gree?

10 Wi' a §clour i' my banes, they gibe me, thae ill-willers o' mine; *n*ilk day as they yammir until me, O whar *is* that God o' thine?

11 Whatfor are ye dowie, my saul? an' whatfor sae forfoch'en in me? Lippen till God, for I 'll laud him or lang: the health o' my leuks, an' my God, *is he!*

PSALM XLIII.

A. C. 1023.

Leuks unco like some to-fa' till what gangs afore.
[By wha 's no said.]

R IGHT me, O God, an' redd my plea, frae a pitiless natioun: frae the wily an' the wicket carl,† O wark ye my salvatioun!

† Heb. *carl o' guile an' wicketness.*

a Ps. 42, 9.

2 For yerlane *are* the God o' my strenth; whatfor hae ye schot me awa?*a* Whatfor sae blate, maun I bide the gate, aneth the ill-willer's law?

b Ps. 40, 11; 57, 3.

3 *b*O but wi' yer light an' yer truth! They sal weise me on, they sal wear me ben, till yer halie height an' yer ain lown dwallins.

† Heb. *joye o' my rejoicin.*

4 Syne sal I win till God's offranstane; till God, my ain †joye an' rejoicin: syne wi' the harp, O God my God, I sal lilt till yersel wi' loisin.†

† Heb. *lilt wi' praise,* or *laudin;* auld Scots, *lois,* or *loissin.*

c Ps. 42, 5, 11.

5 *c*Whatfor are ye dowie, my saul? an' whatfor sae forfoch'en in me? Lippen till God, for I'll laud him or lang: the health o' my leuks, an' my God, *is he!*

PSALM XLIV.

Israel's by-gane days hae been gran', whan the Lord was wi' them: The Lord, sen syne, hauds atowre: the sang-makar fleeches wi' him sair, till come hame till his folk, an' help.

Till the sang-maister: *Maschil, ‖for the sons o' Korah.

*Headins,&c.
‖ or, *of the sons.*

O GOD, wi' our lugs we hae learn'd; our forebears hae tell'd oursels, *what* wark ye wrought i' their days; i' the days lang afore *our ain.*

2 *a How* ye dang out the folk wi' yer han'; an' ye plantit themsels *an' a'*: ye wrought sair wark on the folk; an' eke, ye drave them awa.

a Exod. 15, 17. Ps. 78, 55; 80, 8.

3 *b*For nane by their swurd coft they the lan'; nor their arm wrought them salvatioun: bot yer ain right han', an' that arm o' thine; an' the light o' yer leuks, for ye lo'ed them.*c*

b Deut. 8, 17. Josh. 24, 12.

4 *d*Yersel, O God, are that king o' my ain: heal-ha'din sen' ye till Jakob!

c Deut. 4, 37.

d Ps. 74, 12.

5 Wi' yerlane, we sal †dush our faes:*e* i' yer name, we sal ding till the yird a' that can stan' again us.

†Heb. *sal ding wi' the head like a tup.*
e Dan. 8, 4.

6 *f*For nane on my bow sal I bide; an' my swurd, it sal ne'er mak me sikker:

f Ps. 33, 16.

7 Bot yersel frae our faes can redd us atowre; an' our ill-willers *a'*, ye can fluther.

8 A' day lang, we hae liltit till God; an' yer name, ever mair sal laud it: Selah.

9 *g*Bot now ye hae dang us atowre; an' affrontit oursels fu' sairly: nae mair wi' our hosts, gang ye furth *till the stour.*

g Ps. 60, 1, 10; 74, 1; 89, 38; 108, 11.

10 Oursels ye gar turn frae the face o' the fae; an' our ill-willers rive at their pleasur:

11 *h*Ye hae gien us like fe, till feed *the lave*; an' hae sperfl't us *a'* 'mang the hethen:

h Ver. 22. Rom. 8, 36.

12 *i*Ye hae troket yer folk for nought; an' are nane the mair o' their win:

i Isai. 52, 3, 4. Jer. 15, 13.

13 *k*Ye hae made us a geck till our niebors; a snirt an' a sneer, till wha round us fen':

k Deut. 28, 37. Ps. 79, 4; 80, 6.

l Jer. 24, 9.

m 2 Kings 19, 21. Ps. 22, 7.

n Job 16, 4. Ps. 8. 2.

† Heb. *our gate fa'n awa frae yer roddin.*

o Isai. 34, 13; 35, 7.

p Job 11, 13. Ps. 68, 31.

q Job 31, 14.

r Ver. 11. Rom. 8, 36.

s Ps. 7, 6; 35, 23; 59, 4, 5; 78, 65.

t Ps. 13, 1.

u Ps. 119, 25.

☞ This weel-kent love lilt, sensefou an' a' as it is, is cramp eneugh i' its ain Hebrew. Our Inglis taks a hantle o't anither gate; an' mae turnins nor ane may be weel tholed o' mony words.
Headins, &c.

14 *l*Ye hae made us a swatch till the folk; *m*a cave o' the head amang a' their kin.

15 A' day lang *is* my schame afore me; an' the lowe o' my face, it haps me owre:

16 For the jeer o' the scorner an' speaker o' ill; for the ill-willer's glow'r; *n*an' for him, wha taks right till himsel.

17 Siclike comes a' our ain gate; yet we ne'er hae forgotten yersel, nor yet broken tryst wi' thee.

18 Our heart, it has ne'er gane bak; nor our stap fa'n awa frae yer lead:†

19 Tho' ye dang us in bits amang ethir-holes;*o* an' happit us owre wi' the gloam o' dead!

20 Gin we e'er forgot the name o' our God; or braidit our loov's till some unco god:*p*

21 *q*Wad-na God himsel hae sought out the like? for himlane kens the neuks o' the heart.

22 *r*For yer sake, an' a', ilk day are we dang till dead; we're countit but sheep for the slachtir.

23 *s*Wauken, O LORD; whatfor can ye sleep? Thole awee *yet*; ding-na clean by for evir.

24 *t*Whatfor hap ye yer. face? Hae ye nae mair min', o' our poortith an' cumber?

25 For our *u*saul 's dang down till the stoure; our wame till the grun is cruppen.

26 Up, *till* do weel for us, *Lord:* an' redd us *a'* hame; for that gudeness o' thine, *we ay lippen!*

PSALM XLV.

An the Chryst himsel he here, as nae doubt he maun be; Solomon, wha figured him, comes foremaist.
Till the sang-maister on Shoshannim:* for the sons o' Korah; Maschil:* A Lilt o' Loves.

MY heart, it 's dinnlin owre wi' a sang *that 's* unco braw: I maun tell o' what I've made, forenenst the king *an' a'*: my tongue *sal be* the pen, o' ane that gleg can draw.

2 Brawer are ye *yerlane*, nor *a'* the bairns o' yird! *a*Intil thae lips o' thine, what-na lofliheid 's been wair'd! Sae weel as God has liket ye, langsyne.

3 *b*Dicht yer swurd ontil *yer* thie; ‖mighty mak yer lofliheid an' gree:*c*

4 *d*An' *i'* yer gree,‖ ride furth wi' gloir; for truth's sake, an' for rightousness, till dree: an' warks o' wonner sair, sal thy right han' schaw till thee!

5 Sae snell 's yer shafts hae been! The *vera* folk aneth thee fa', i' *their* heart that ill-will the king.

6 *e*That thron o' thine, O God, *is* for evir an' for ay; an' o' rightousness a gad, *is* the king's-gad o' yer sway.

7 *f*The *man*‖ that 's guid ye like; an' the ill ye winna fa': e'en sae hath God himsel,*g* God o' thine, wi' the oyle o' joye owre-chrystit thee, abune yer niebors *a'*.*h*

8 Myrrh an' aloes on yer claes, ‖war strinkl'd *syne*; whan frae the ivor pailis ye cam but, they made ye fine.*i*

9 Kings' dochtirs, i' yer brawest gear, ‖ war snod: the queen at thy right han', i' the gowd o' Ophir stude.*k*

10 Dochtir, hearken ye an' leuk, an' lout yer lug; *l*an' forget ye *a'* yer ain folk, an' eke yer faither's blude:†

11 Syne *yer* leuks sal like the king; an' for he *is* your Lord, ye maun lout fu' laigh till him.*m*

12 *n*An' the dochtir *out* o' Tyre *sal be* till *ye* wi' a gift; the best o' *a'* †the lan', till pleasur thee, sal shift.

a Luke 4, 22.

b Isai. 49, 2. Hebr. 4, 12. Rev. 1, 16; 19, 15.
‖ or, *O thou mighty.*
c Isai. 9, 6.
d Rev. 6, 2.
‖ or *stent* yer *bow*: that niebors weel wi' ver. 5.

e Ps. 93, 2. Hebr. 1, 8.

f Ps. 33, 5.
‖ or, *the thing.*
g Isai. 61, 1.

h 1 Kings 1, 39, 40. Ps. 21, 6.

‖ or, *cassia*, sae ca'd for it was ay *strinkl'd.*
i Sang 1, 3.

‖ or, *amang yer brawest* women.
k Leuk 1 Kings 2, 19.

l Deut. 21, 13.

† Heb. *houss.*

m Ps. 95, 6. Isai. 54, 5.
n Ps. 72, 10. Isai. 49, 23.
† Heb. *folk.*

13 *o*Gin the dochtir o' the king *be*-na braw, baith out an' in! Frae wabster's wark o' gowd, her cleedin *wrought has been.*

14 *p*In pearlins eke sal scho be brought until the king: her lasses, like hersel, sal syne be airtit ben.†

15 Wi' blytheheid an' wi' glee, sal they be fushen in; *an'* they sal *a'* gang hame, till the pailis o' the king.

16 Fornenst yer faithers syne, yer bairnies thar sal be; an' intil a' the lan', ye may mak them princes hie.*q*

17 Yer name I'se mak weel ken'd, till a' kiths that come an' gang;† syne sae sal folk gie laud till thee, †for evir, wi' a sang!

PSALM XLVI.

God's stiever ay nor castel-craigs, an' heigher nor the hills: whar He bides, sal ne'er be steerit.
Till the sang-maister: ‖for the sons o' Korah; a lilt on Alamoth.*

GOD for oursels *is* tryste an' stoopin; help in stretts, right nar is *he :a*

2 Nane syne sal we fear, tho' the yirth suld steer; or hills be flang owre 'i the heart o' the sea.

3 Its watirs warsl'd, *its watirs* flang, the hills they war steer'd, as it b'rem'd alang :*b* Selah.

4 *Bot* a watir rins, whase wimplin wins till glad the brugh o' God; the halie bit o' dwallins, *it;* the Heighest, *his* abode.

5 God bides in her bosom, nane sal scho fey; God sal betyde her or blink o' day. §

6 *c*The folk, they warsl'd; the kingdoms, they fash'd: He gied but a sigh, the yirth swakket.*d*

7 The LORD o' mony-might *'s* a' on our side; our ain heigh-ha'din *'s* the God o' Jakob: Selah. *e*

8 *f*Here-awa *syne*, see the warks o' the LORD; wha maks a' fu' lown i' *the heart o'* the yird.

9 *g*Wha quaiets the steer, till the neuks o' the lan': *h*he flinders the bow, an' sneds the spear; he scowthers in lowe the sleds o' weir.*i*

10 Be whush, an' ken that *'am* God mylane: heigh owre the hethen, heigh owre the yirth, sal I win *hame.*

11 *k*The LORD o' mony-might *'s* a' on our side; our ain heigh-ha'din *'s* Jakob's God: Selah.

PSALM XLVII.

The God that's King intil Zioun, he's King o' the hail yirth.
Till the sang-maister: ane heigh-lilt ‖for the sons o' Korah.

DING *wi'* the loof,*a* O a' ye folk! Lilt ye till God wi' the sugh o' a sang!

2 For the LORD owre a' *is himlane* till be fear'd; *b*atowre the hail yirth, a king fu' gran'.

3 He sal thring down the folk aneth us; an' the natiouns aneth our feet :*c*

4 He sal wale out our hame-ha'din for us; †the riggin o' Jakob sae meet: Selah.

5 *d*God has gane up wi' a sugh; the LORD wi' the tout o' a swesch.

6 Sing ye till God, sing a sang: sing a sang till our King, sing ye.

7 *e*For God *himlane*, o' the hail yirth is King; ‖fu' wyssly till him sing ye!*f*

8 God owre the hethen is king; God sits on his thron, sae weel shiftit.†

9 Fu' blythely the folk thegither did win; *g*o' Abraham's God, the folk that war kin: *h*for the schilds o' the yirth, till God sal be *gien*; § an' himlane sal be uncolie liftit.

Marginal notes (left column):

o Rev. 19, 7, 8.

p Sang 1, 4.

† Heb. *till thee; whar ye are,* that is.

q 1 Pet. 2, 9. Rev. 1, 6; 5, 10; 20, 6.

† Heb. *frae ae kithgettin till anither kithgettin.*

† Heb. *evir an' ay.*

‖ or, *of.*

* *Headins, &c.* 1 Chron. 15, 20. Ps. 48; 66.

a Deut. 4, 7. Ps. 145, 18.

b Ps. 93, 3, 4. Jer. 5, 22. Mat. 7, 25.

§ Leuk Exod. 14, 24. 27. 2 Chron. 20, 20. Ps. 30, 5; 143, 8.

c Ps. 2, 1.

d Josh. 2, 9, 24.

e Ver. 11.

f Ps. 66, 5.

Marginal notes (right column):

g Isai. 2, 4.

h Ps. 76, 3.

i Ezek. 39, 9.

k Ver. 7.

‖ or, *of.*

a Isai. 55, 12.

b Mal. 1, 14.

c Ps. 18, 47.

† Heb. *the height o' Jakob that he liket weel.*

d Ps. 68, 24. 25.

e Zech. 14, 9.

‖ or, *the wyss anes.*

f 1 Cor. 14, 15, 16.

† Heb. *o' his ain setten-by; frae a' ither neuks o' the lan' till Mount Zioun.*

g Rom. 4, 11.

h Ps. 89, 13 to 19.

§ They sal a' be laid down at Zioun, in fewte till God as King.

PSALM XLVIII.

Nae town like Zioun, whar God himsel can bide: an the Kirk war ay like Zioun, God's folk wad hae braw lown-tide.

A kirk-sang: ane heigh-lilt ||for the sons o' Korah.

FU' mighty 's the Lord, an' fu' loud till be laudit ay;[a] in the brugh o' our ain *gude* God, the hill o' his ain setten-by.‡

2 §[b]Sae braw, as it stan's, [c]pride o' a' the yirth; [d]frae the airts o' the north, *is* Mount Zioun; [e]the town o' the King sae gran'.

3 God in her biggens sae braw, is weel-kent for his heigh heal-ha'din.

4 For, saw ye? The kings cam thegither; thegither, they hirpled awa:

5 They leukit, *an'* syne they war daiver'd; feckless an' gyte, they gaed a'.

6 A dwaum, it cam owre them thar; [f]a stoun' like the bearin-pang:

7 [g]Wi' a blirt frae the blaudin east, *whan* the §cobles o' Tarshish ye dang!

8 E'en sae as we heard, we hae seen, i' the brugh o' the Lord o' hosts; [h]in our ain God's town: God sal haud her fu' soun'; *an' that*, †sae lang 's time sal last: Selah.

9 We hae thought on yer gude-ness, God; i' the midds o' yer halie howff.

10 Siclike 's yer name, O God, siclike yer praise *maun* be: owre a' the ends o' the yirth, your right-han' o' right hauds the gree.†

11 Lat Zioun height be blythe, lat the dochtirs o' Judah be fain; for thae right-rechtins *a'*, o' thine.

12 Gang ye roun Zioun, turn ilk neuk; count ye her castels *a'*.

13 Min' ye her strenths, †haud heigh her towirs; the niest-come kin till schaw:

14 For this same God *is* our ain God, for evir an' for ay: Himlane sal weise us nieborlie, †owre Death himsel *till stay.*

PSALM XLIX.

Walth an' worry, poortith an' pine, gang a' till the graiff thegither: what comes o' them syne?

Till the sang-maister: ane heigh-lilt ||for the sons o' Korah.

HEARKEN till this, O a' ye folk: tak tent, a' that won i' the warl':

2 [a]Baith sons o' the cotter,† an' sons o' the carl; the bein and the bare thegither:

3 My mouthe, it sal gie yo wyss rede; an' the thought o' my heart *sal be* worth *yer* swither.†

4 [b]I sal lout my ain lug, for a canny word; *syne* but on the harp my snell sayan tang. §

5 Whatfor suld I dread, i' the day o' misdeed; *whan* the ill o' my heels is about me thrang?

6 [c]*Whan* folk that weigh their ain weight,† an' that rowe in walth, are fraisan *thegither*:

7 No a carl *amang them* can down wi' a plack, or swap wi' God, till saif his brither.

8 [d]A bode for their breath 's owre heigh *for them*; an' *gang whar it will*, it gangs for evir:

9 Yet *fain* wad he ay live on, [e]*an'* ne'er see the sheugh *neither*.

10 [f]For ane sees *how* the wyss maun die, wi' the gowk an' the doit thegither: they dwinnle awa, an' the feck o' their fa', they pairt wi' 't a' till anither.[g]

11 Their benmaist thought 's their

Left margin notes

|| or, *of.*

[a] Ps. 87, 3.

‡ Ps. 47, ver. 8, ettles the same.

§ Some read, *a braw young quean, flow'r o' a the lan'.*

[b] Ps. 50, 2. Jer. 3, 19. Lam. 2, 15. Dan. 8, 9; 11, 16.

[c] Ezek. 20, 6.

[d] Isai. 14, 13.

[e] Mat. 5, 35.

[f] Hos. 13, 13.

[g] Ezek. 27, 26.

§ Some lang shawl boats they drave wi' oars, an' that cou'd na bide the win'. The kings war dang like a wheen cobles lang syne i' the sea.

[h] Ver. 1, 2.

† Heb. *on, ay on; evir ay.*

† Heb. *gow-pen; weel filled; the fou o'.*

Right margin notes

† Heb. *mak stieve,* wi' stane as weel as in story, till stan' for ay. See Mat. syne, 24, 12.

† Heb. *owre* or *ayont.* Our Inglis reads ill here. David leuks far ayont death, for himsel an' his folk, in God's keep-in. The hinmaist ill-willer God sal ding is Death him-sel; an wha sees-na that David kent it? 1 Cor. 15, 26, &c.

|| or, *of.*

[a] Ps. 62, 9.

† Heb. *sons o' the yird:* Leuk what's said till wha reads, p. 2.

† Heb. *canny thoughts.*

[b] Ps. 78, 2. Mat. 13, 35.

§ He heark-ens weel himsel or he speaks.

[c] Job 31, 24. Ps. 52, 7; 62, 10. Mark 10, 24. 1 Tim. 6, 17.

† Heb. *lippen till their might.*

[d] Job 36, 18, 19.

[e] Ps. 89, 48.

[f] Eccles. 2, 16.

[g] Prov. 11, 4.

ain houses for ay: their howffs suld stan', whiles folk come an' gang; † an' till lan's o' *their ain*, their ain names gie they.

12 Bot man in *sic* gree, jimp tholes a night: like the brutes is he, that gang out o' sight.† *h*

13 Sic gate o' their ain *'s* but *a swatch o'* their haivers; yet wha come eftir them, roose their claivers: Selah.

14 Like sheep they lye a' i' the sheugh; Death himsel ‖ sal be herd till them *syne*: *i* an' the rightous, at mornin, sal thring them eneugh: † a' help for them gangs by i' the heugh, *whan they · flit* frae their dwallin fine. *k*

15 Bot my life God sal saif, frae the grip o' the graiff; for himsel sal rax haud o' me *then*: Selah.

16 Hae ye nae dread, tho' some carl suld speed; tho' the gear o' his houss suld be boukit:

17 For ne'er, *l* whan he dies, sal he harl a haet; nor ahint him, his gloiry be sheughit.

18 Tho' his saul, it was blythe, ‖ *m* whan he fuhred on live: an' folk gie ye laud, whan ye min' yer *ain*:

19 † It sal gang till the lave o' his forebears belyve; no ane o' them *a'* sal see light again.

20 *n* Man in *sic* gree, an' wha kensna right; *o* like the brutes is he, that gang out o' sight.†

PSALM L.

The Lord hauds a plea wi' his folk: nae offran, but o' rightousness an' truth, will ser' him.
Ane heigh-lilt o' Asaph's. ‖

G OD o' Gods, the Lord hath spoken, an' the yirth has cry'd upon: frae the sun's up-gaen *at brightnin*, till his hame-gaen i' the *gloam*.

2 Frae Zioun-*Hill*, the *a* height o' gloiry; God has skancit cleare, *b* himsel.

3 Our God sal come, an' nane sal wheesht him; *c* fire afore him, *a'* sal reist *them;* round him, it sal blaw fu' snell!

4 *d* Till the lift he 'll skreigh, athort it; syne till yirth, his folk to redden, *he sal ca'*:

5 *e A'* my sants till me be sortit; *f* wha wi' me my tryst hae snedden, as by law.†

6 *g* Syne the hevins his ain rightrechtin, furth sal tell; *h* for wha sal right *the warld* at rechtin, 's God himsel: Selah.

7 *i* Hear, my folk, for I maun tell *yo:* Israel, an' I 'se threep wi' thee; *k* God am I, yer God *till be.*

8 *l* No for yer slachtir'd *beiss* I'se wyte yo; *m* nor yer offrans ay afore me, perfyte *a'*:

9 *n* Stirk I 'se ne'er tak frae yer biggen, *nor* nae buck frae faulds o' thine:

10 For woodlan'-dier *a'* *'s* my belangin; knowte on a thousan hills *are mine:*

11 I ken ilk bird that flies abune *yo;* an' the field-gaen brute *'s* my ain: †

12 Gin I suld thole a dwaum o' hungir, no till thee wad I mak maen; † for till me the warld *'s a* ha'din, an' a' the gear its bouk can hain. *o*

13 Think ye I 'se live on flesh o' beeve, or sloke my drouth on' bluid o' hin'? † †

14 *p* Gie ye till God a lift o' laud; *q* till Wha 's owre a', yer ain trysts pay ye:

15 *r* Syne cry till me, i' the day o' dule; I sal rax yo but, an' gie me the gree.

16 Bot quo' God till the doer o'

† Heb. *till kithgettin an' kithgettin.*

† Heb. *gang whush*, or *awa.*
b Verse 20. Ps. 82, 7.

‖ or, *sal feed on them.*
i Dan. 7, 22. Mal. 4, 3. Luke 22, 30. 1 Cor. 6, 2. Rev. 2, 26; 20, 4.
† Heb. *an' their strenth,* or *their beauty.*
k Job 4, 21. Ps. 39, 11.

l Job 27, 19.

‖ or, *he made blythe.*
m Deut. 29, 19. Luke 12, 19.
† Heb. *she, i.e.* the saul *sal gang.*
n Verse 12.
o Eccles. 3, 19.
† Heb. *gang whush,* or *awa,* wi' nae crack o' their ain gloiry.

‖ or, *for Asaph.*
1 Chron. 15, 17; 25, 2. 2 Chron. 29, 30.

a Ps. 48, 2.
b Deut. 33, 2. Ps. 80, 1.

c Ps. 97, 3. Dan. 7, 10.

d Deut. 4, 26; 31, 28; 32, 1. Isai. 1, 2. Mic. 6, 1, 2.
e Deut. 33, 3.
f Exod. 24, 7.
† Heb. *hae snedden,* or *cuttit wi' me my tryst by slachtir,* as the law was:— Rom. 10, 8.
g Ps. 97, 6.
h Ps. 75, 7.

i Ps. 81, 8.

k Exod. 20, 2.

l Isai. 1, 11.

m Hos. 6, 6.

n Mic. 6, 6. Acts 17, 25.

+ Heb. *alang wi' mysel.*

+ Heb. *speak,* or *yammir* o't.
o Exod. 19, 5. Deut. 10, 14. Job 41, 11. Ps. 24, 1. 1 Cor. 10, 26, 28.
+ Heb. *gaits, bucks, sma' horn'd beiss.*
p Hos. 14, 2. Hebr. 13, 15.
q Deut. 23, 21. Job 22, 27. Ps. 76, 11. Eccles. 5, 4, 5.
r Ps. 91, 15; 107, 6, 13, 19, 28.

† Heb. *till count*, or *tell*, or *gang thro'*.

ᵗ Rom. 2, 21, 22.

†Heb.*advout'rers.*

† Heb. *sent furth.*

ᵗ Ps. 52, 2.

ᵘ Eccles. 8, 11, 12. Isai. 26, 10; 57, 11.

ˣ Rom. 2, 4.

‖ or, *ye thought I was a' like yersel.*

ʸ Ps. 90, 8.

ᶻ Ps. 27, 6. Rom. 12, 1.

†Heb.*slachtir o' praise;* unco stoor: siclike ver. 14.

‡ Our Inglis an' mae tak this anither gate, an' a wrang gate, wantin ae word *wi'*, that stan's plene i' the Hebrew; an' airtin anither in, that 's no thar.

A.C. 1034.

* 2 Sam. 11, 2, 4; 12, 1, &c.

ᵃ Verse 9, Isai. 43, 25; 44, 22. Col. 2, 14.
ᵇ Hebr. 9, 14. 1 John 1, 7. Rev. 1, 5.

wrang, What hae ye wi' my bidden till do,† or my tryst in yer mouthe till fang;

17 ᵗSen ye wad ne'er thole a rebute; an' my bidden ahint yo ye flang?

18 An ye saw the thief-loon at his wark, syne ye hanker'd *till gang* wi' him; an' wha †wrangit their niebor's bed, ye ay be till troke wi' them:

19 Yer mouthe ye hae †fee 'd till mischieff; ᵗan' yer tongue it has flauchtit a lie:

20 Ye sat, *an'* ye skaithe'd yer brither; on yer mither's son ye pat schamous gree:

21 Siclike ye hae dune, ᵘan' I was whush: ˣye thought the ill-thought I was like yerlane. ‖ *Bot* I 'se threep wi' yo yet; ʸan' afore yer een, I sal raik *yer wrang-doens* ilk ane.

22 I rede yo, tak thought o' this; *a'* ye wha think nane o' God: in case be I rive *yo* in bits, an' nane *be* till redd the road.

23 ᶻWha offers a †lift o' laud, is *the man* that maks meikle o' me: an' *ay* whar he airts his gate, wi' God's help I sal gar him see.‡

PSALM LI.

David maens sair an unco sair faut, nane but the Lord an' himsel wats o': He owns a'; he wins by wi' a sair pingle; his ain heart, syne, sal be the slachtir-gift.
Till the sang-maister: ane heighlilt o' David's; * whan Nathan, God's-seer, gaed till him, an' he had gaen anowre till Bathsheba.

Be gude till me, God, as yer gudeness can be; ᵃi' the feck o' yer rewth, dicht out my wrang:

2 ᵇReinge me fu' weel, frae my ill-dune deed; an' sine me fu' soun' frae the sin I belang:

3 For my wrang I ken brawly mysel; an' my sin, *it 's* fu' sikker afore me.

4 ᶜTill yerlane, till yerlane, I 'dune *a'* the skaith; ᵈan' sic ill I hae wrought i' yer een: ᵉthat ye may be rightit, ay whan ye breath; clean-quat i' the rightin ye 'gien.

5 ᶠYe ken, I was schupen in sin; ᵍan' in wrang, my ain mither she †coft me:

6 ʰBot truth ye like weel within; i' the benmaist neuk, ye hae taught me.

7 ᶦReinge me wi' hysope, an' syne I 'se be braw: wash me, an' syne I 'se be brighter nor snaw.ᵏ

8 Gar me hearken *ance mair* till blythe-heid an' glee; the banes ye hae broken, mak liltin-free.

9 Yer sight frae my sins, hap atowre; ˡan' a' my ill-doens dicht by:

10 Mak a clean heart, O God, for me; an' †trew breath i' my body, perfy'.

11 Thring me na but frae yer sight; nor that spreit o' yer ain sae halie, tak ye *ony mair* frae me:

12 The joye o' yer heal-ha'din wair on me yet; an' stoop me *forby wi'* the ghaist that 's fit.†

13 Wrang-gangers *syne* I sal airt yer ain gate; an' wrang-doers *a'* sal win bak till thee.

14 Redd me frae bluid, O God, thou God o' my ain heal-ha'din; *an'* my tongue it sal lilt o' yer rightin sae leal.

15 Unsteek ye my lips, O Lᴏʀᴅ; an' my mouthe yer ain praise sal tell.

16 For, o' slachtir ye ne'er thought weel:ᵐ tho' I suld gie altar-lades, ‖ siclike ye wad ne'er envy.

17 ⁿGod's slachtir-tryst 's a birset ghaist; a birset heart an' a tholin *breast*, O God, ye will ne'er leuk by!

18 Be gude till Zioun, yer ain kin' gate; Jerusalem's wa's big ye:

ᶜ Gen. 20, 6; 39, 9. Lev. 5, 19; 6, 2.
ᵈ Luke 15, 21.
ᵉ Rom. 3, 4.
ᶠ Job 14, 4. Ps. 58, 3. John 3, 6. Rom. 5, 12. Eph. 2, 3.
ᵍ Job 14, 4.
† Heb. *happit me warm.*
ʰ Job 38, 36.

ᶦ Lev. 14, 4, 6, 49. Num. 19, 18. Hebr. 9, 19.
ᵏ Isai. 1, 18.

ˡ Verse 1.

† Heb. *right-gaen spreit i' my inside*

†Heb.*willin*, or *ready*, to do what's right.

ᵐ Num. 15, 27, 30. Ps. 40, 6; 50, 8. Isai. 1, 11. Jer. 7, 22. Hos. 6, 6.
‖ or, *ans I wad gie:* Our Inglis reads here anither gate.
ⁿ Ps. 34, 18. Isai. 57, 15; 66, 2.

|| or, *slachtirs o' rightousness,* or *right.*

o Ps. 4, 5. Mal. 3, 3.

19 Syne fair-fa' yer ain || meet slachtir-gifts: *o* the offran an' hail bleezan lifts: syne knowte on yer cairn they sal gie!

PSALM LII.

A.C. 1062.

The liean tongue's like a gleg razor, bot the Lord can sned it in twa.
Till the sang-maister : *Maschil o' David's, whan Doeg the Edomite gaed ben an' tell't Saul, an' said till him, David has gaen up till the houss o' Abimelech?*

* A Rightrede: *Headins,* &c. 1 Sam. 22, 9.

a 1 Sam. 21, 7.
‡ David can sneer: he was ance a herd himsel; Doeg was forsman o' the herds.

WHATFOR be sae crouse i' *a* mischieff, ye ‡ haughty carl? the gudeness o' God *tholes* ilka day lang.

b Ps. 50, 19.
†Heb. *warkin ayont kennin; hidlins.*

2 *b* Yer tongue ettles ill, like the razor fu' snell; †sneddin sae canny nane can tell.*c*

c Ps. 57, 4; 59, 7; 64, 3.

3 Ill mair nor guid ye wad fain; a lie, nor till say the right : Selah.
4 A' frettin words ye wad fain, tongue that sae fause can gang.||

|| or, *tongue o' a lie,* or *liean tongue.*

5 Syne sal God ding ye for ay: he sal birse thee an' harl thee but, frae *that* howff *o' yer ain; an'* sal rute thee out, frae the lan' o' the livin *warl'* : Selah.

d Ps. 40, 3; 64, 9.
e Ps. 58, 10.

6 The rightous themsels sal glow'r an' grew;*d* an' sneer at him *syne* sal they :*e*

f Ps. 49, 6.

7 Aye, this was the carl, tak a leuk *at him,* wha ne'er made God his stay; *f* bot lippen'd alane till his gear anew, *an'* stoopit him ay on his wrang.

g Hos. 14, 6.
† Heb. *bushy green.*

8 *g* Bot 'am in the houss o' God, like the olive that braids fu' braw;† my tryste, for evir an' ay, I hae set in God's gudeness a'.
9 I sal lilt evir mair till thee, for yersel *sic rebute* hae wrought; an' sal bide by yer name, for afore yer sants, it's weel that siclike *be thought.*h

h Ps. 54, 6.

PSALM LIII.

Anither draught o' the godlowse gowk:

they 'been rife in David's day; an' are ay till the fore sen-syne.*
Till the sang-maister on Mahalath : *Maschil o' David's.

* A Rightrede: *Headins,* &c.
a Ps. 10, 4; 14, 1.

QUO' *a* the gowk till himsel, Thar 's nae God ava': fargaen are they a'; they 'dune waur nor ill : *b* no ane o' them a' does weel.

b Rom. 3, 10.

2 God frae the lift leukit owre, abune the bairns o' the clod; till see gin ony war wyss, *or ane* that spier'd eftir God.
3 They had a' gane bak *thegither;*|| thegither they wrought at wrang : no ane wrought weel *by anither;* no, an' it war-na ane.||

|| or, *he,* or *it was a' gane bak.*
|| or, *no, no even ane.*

4 Will they ne'er be wyss [*quo' God*], thae warkers o' *sic* mischieff? wha eat up my folk, *as* folk eat bread; *an'* spier nevir a word for God?

5 *c Syne* yonder they †sheuk wi' dread, whar dread might nevir be : for God himlane has sperf't the banes, o' him wha camps *at* thee. Ye baisit *them syne,* for God himsel shot them by wi' schamous gree.§

c Lev. 26, 17, 36. Prov. 28, 1.
† Heb. *dree'd an unco dread.*
§ This ae verse, an' mae o' the same Psalm, might be read mony gates: the Hebrew's cramp, an' jimp clear.

6 O wha sal rax yont frae Zioun heal-ha'din till Israel a'? Whan God sal fesh hame *the lave,* o' his folk *that 's been* ay in haud; Jakob sal lilt wi' pleasur, Israel *syne* sal be glaid!

PSALM LIV.

A.C. 1061-60.

David, uncolie worried an' herried, flings the weight o' a' ontil God.
Till the sang-maister on Neginoth : *Maschil o' David's, whan the Ziphims gaed, an' quo' they till Saul, Does-na David hide himsel wi' us?*

* Anither Rightrede: *Headins,* &c. David maun ay clear himsel, an' kens brawly how. 1 Sam. 23, 19; 26, 1.

SAIF me, O God, by yer name; an' right-recht me i' yer might.

39

2 Hearken, O God, till my bidden; lout yer lug till the words o' my mouthe.

3 For ^afrem-folk again me win up; an' stoor folk spier eftir my saul; wha ne'er set a God i' their gate:† Selah.

4 Bot oh, ginna God *be* my stoop! ^ban' wi' a' that uphaud my saul, the Laird o' the lan' *'s in tret.*†

5 Mischieff ‖sal come hame on my ill-willers a': i' yer truth, O *God,* sned them aff!

6 Fu' blythely I 'se offer till thee: till yer name I 'se gie laud; O LORD, for *it 's* gude:^c

7 For frae ilka sair strett, he has set me free; ^dan' my sight, it sal light on mine enemie!†

PSALM LV.

David, as right is, pleans mair o' fause frein's nor o' foul faes: he bans them till the vera sheugh in God's name; whar a' siclike suld gang, an' himsel weel quat o' them.
Till the sang-maister on Neginoth:
*Maschil o' David's.

HEARKEN my bidden, O God; hide yersel nane frae my prayer:

2 Tak tent till mysel, an' speak hame till me; I sigh i' my thought, an' I mourn fu' sair:

3 *What* wi' the sugh o' the fae, *what* wi' the ill-man's fang; ^afor they claiver again me mischieff, an' in wuth they would fain do me wrang.

4 My heart, it 's dang down i' my †breast; an' the dules o' dead hae come owre me:

5 Dread an' a grue win up on me *now*; an' ane awsome scunner 'll smoor me.

6 An' quo' I—Oh, wha 'll gie me wings like the doo? *syne* wad I flie an' be lown;

7 Aye, *syne* wad I flichter far aff, *an'* bide by mylane i' the moorlan': Selah!

8 *Syne* frae the blirt *an'* the blaudin blast, I wad rax me awa an' gang.‖

9 Ding, O LORD, *an'* synder their tongues; ^bfor rievan an' ragin, I 'seen i' the citie.

10 Day an' night, they gang roun,† on her dykes; canker an' kiaugh *are* rife intil her:

11 Mischieff mony feck *'s* inside o' her *yetts;* guile an' a lie ne'er quat frae her causey.

12 ^cFor it ne'er *was* a fae *that* scorn'd me, or I cou'd hae thol'd it a'; nae ill-willer geckit atowre me, or frae him I had slippet awa.

13 Bot yersel, a man like my niebor; ^da captain, an' ken'd till me:

14 Sae kindly we thought thegither; *an'* gaed till God's houss wi' glee.‖

15 Death *like* a vice come abune them; till the sheugh lat them gang as they stan':† for ill *'s* i' the mids o' their dwallins; *ill 's* i' the mids o' their ban'.

16 Mylane, till God I can skreigh; an' the LORD, he sal haud me saif.

17 ^eGlintin an' gloamin an' height o' the day, I sal pingle an' pray; an' *God,* he sal hearken my scraigh.

18 He sal redd hame my life i' the lown, frae sic stour as I dree *this while:* for in droves they been ay again me.‖

19 God sal hearken an' ding them, ^fwha bides frae langsyne himlane: Selah. Nae flittins *hae* they amang them; syne o' God they think little or nane.

20 He rax't out his han' on his ain lown frien's; §he suddled the tryst he made:

21 ^gHis lips pairtit sweeter nor butter, bot his heart it ettled a raid;

Side notes (left column):
^a Ps. 86, 14.
† Heb. *fornenst them.*
^b Ps. 118, 7.
† Heb. *the Laird o' the lan' 's pack wi' a',* or *amang a' that uphaud my life.*
‖ or, *he sal sen'.*
^c Ps. 52, 9.
^d Ps. 59, 10; 92, 11.
† Heb. *mine ee, it sal leuk on mine enemie.* Our Inglis reads *see his desire,* wi' nae leave frae the Hebrew.
A.C. 1023.
* Hinmaist Right-rede o' David's but ane, Ps. 142: Snell an' a' as it is, ane o' his ain best makin.
^a 2 Sam. 16, 7, 8.
† Heb. *my inside.*

Side notes (right column):
‖ or, *I wad leuk for an outgate,* or a frien' *till free me.*
^b Jer. 6, 7.
† Heb. *roun hersel, abune her dykes.*
^c Ps. 41, 9.
^d 2 Sam. 16, 23. Ps. 41, 9
‖ or, *wi' a loud sang amang the lave.*
† Heb. *livin.*
^e Dan. 6, 10. Acts 3, 1; 10, 3, 9, 30.
‖ or, *a wheen hae been on my ain side.*
^f Deut. 33, 27.
§ The ill-heartit frien' it was, wha did a' siclike.
^g Ps. 28, 3; 57, 4; 62, 4; 64, 3; Prov. 5, 3, 4.

finer nor oyle *gaed* his claivers, an' yet they *war* nakit blades!

22 *h* Fling a' yer ‖care on the LORD, an' himlane sal haud ye straught; *i* he sal ne'er thole flittin for ay, till *fash* the man that does right.

23 Bot yersel sal thring them down, O God, till the wame o' the sheugh! *k* Carls o' bluid an' a lie, *l* sal ne'er live half their days: bot mysel I sal lippen till thee, *O God, an' be lown eneugh.*

PSALM LVI.

David, i' the Carl's han', wi' a stieve heart an' a bauld tongue, tholes the warst o't.

Till the sang-maister on *Jonath-elem-rechokim: * Michtam o' David's; whan the Philistins had haud o' him in Gath.

BE gude till me, *a* God, or the carl 'll glaum me up; ilka day lang, fechtan thrang, he hauds me in feidom fell:

2 Ilka day lang, my ill-willers glaum a grip; for mony *are they,* an' ‖heigh forby, that warsle on me mysel.

3 The day that I dree, I maun lippen till thee.

4 *b* In God, I sal laud his word: till God I maun lippen me a'; *c* nane sal I dread, what flesh *an' bluid* can wark me o' ill ava'.‖

5 Ilka day lang, my words they wrang; a' their thoughts *are* for ill to me.

6 *d* They taigle an' jouk, my rod-dins they leuk, as my life they wad lang till *hae:e*

7 They *lippen* till ill, to win by wi' 't still: *bot,* in angir, O God, ding *sic* folk to the grun *for ay.*

8 My weary turns ye hae tell'd:

my tears, i' yer caup† kep ye; *f* i' yer buik sal they no *gang* ben?

9 My ill-willers yet sal slak their fit, i' the day *whan* I skreigh *till thee:* siclike for a truth I ken;† for God himsel 's wi me.

10 *g* In God I sal praise *his* word; *his* word I sal praise, in the LORD.

11 I lippen mylane till God: nane sal I dread, what son o' the yird can wark *o' mischieff* till me.

12 Yer ain trysts *are* atowre me, O God; an' praise I suld swap wi' thee.

13 *h* Sen my life ye redd out frae the dead, will ye no keep my feet frae slidin? till airt me right, in God's ain sight; *i* i' the light o' the *lave* that are livin?

PSALM LVII.

David, wi' a spang, wins atowre frae Saul hidlins, an' syne gies till God himsel a' the gloiry an' the gree o' his out-gang.

Till the sang-maister: * Al-Tas-chith: * Michtam o' David's, whan he slippet frae forenenst Saul i' the cove.

BE gude till me, God, *a* be gude till me; for my life lippens a' till yerlane: *b* i' the sconce o' yer wings I sal bide a-wee, till a' *thir* mischieffs are gane.

2 Till the God that 's fu' heigh, I sal skreigh; *c* till God that rights a' for mysel:

3 *d* He sal rax frae the lift, an' sal redd me free, frae the haughty carl that wad glaum at me:‖ Selah. His rewth an' his trewth God can sen' far eneugh, *himsel.e*

4 My life 's amang lyouns *its lane;* I lye amang bleezan bran's: sons o' the yird, *f* their teeth pikes an' flanes; an' their tongue, a swurd sae snell.*g*

5 O God, be thou liftit abune the lift; *h* thy gloiry, owre †yirth itsel!

6 *i* A net they set for my feet, *whan* my life sae laigh was laid; a sheugh they howkit afore my face; i' the heart o't, *themsels* they slade: Selah.

7 *k* My heart, it 's set, O God; my heart, it 's set fu' stieve; *till thee* I maun lilt an' sing:

8 *l* Wauken, my gloiry, wauken heigh; langspiel an' harp, *fy haste ye, baith:* mysel I maun wauken or morning.

m Ps. 108, 3.

‖or, *natiouns,*
on the
mither's
side.

n Ps. 36, 5;
71, 19; 103,
11; 108, 4.

9 *m* I sal lilt till ye, Lord, amang *a'* the folk; I sal lilt till yersel, amang *a'* their kin: ‖

10 *n* For heigh till the hevins *is* that rewth o' thine; an' abune the cluds your trewth *can* win.

11 *o* O God, be thou liftit abune the lift; owre *a'* the yirth, thy gloiry *seen.*

PSALM LVIII.

David pleas wi' the ill-hearted, ill-deedie folk; an' wytes them at will, i' the name o' God, baith righters an' righted.

Till the sang-maister: * Al-Tas-chith: * Michtam o' David's.

SAY ye ay the right, *whan* ye thrang thegither? Haud ye by the straught, ye sons o' the lan'?

2 At heart, ye can ettle mischieff without swither; *a* on yirth, ye hae weigh'd the weight o' yer han's.

3 *b* Wrang frae the outcome, are *a'* the wicket; tellin lies, frae the wame they gang gley'd wi' a shog:

c Ps. 140, 3;
Eccles. 10, 11.

†Heb. *as
like 's can
leuk.*

‖ or, *asp,
blackworm,
or sma' ethir.*

d Ps. 140, 3.
Jer. 8, 17.

†Heb. *keepin
their trokin
bouts,* till
waur the
worm, *fu'
wyssly.*

e Job 4, 10.

4 *c* Their poisoun 's †as fell as the feim o' an ethir; like the ‖worm that hears nane, *an'* that steeks its lug; *d*

5 That 'll hearken nane till the sugh o' the spaefolk, timin their trokins nevir sae trig.†

6 *e* Dirl their teeth, O God, i' the gab o' them; grush the lang teeth o' the lyouns, O LORD:

7 *f* E'en sae lat them thowe, lat them gang like the watirs; ‖his bolt come abune them, an' sae they be clour'd.

8 Ilk ane *o' them* gang, like the slug that 's ay thowan; *g* like woman's lost fraucht, lat them ne'er see the sun.

9 Or yer pats *on the fire* hae got word o' the †lowan; sae, a' livin-like, sae bleezan in wuth, §he sal whirl them dune.

10 The gude sal be blythe, whan he *h* sees sic right-rackin; *i* his feet i' the bluid o' the wicket he'll sine:

11 An' the carl sal say—Aye, *thar 's* a †hairst for the rightous: Aye, thar 's a God, out o' doubt, that right-rechts i' the lan'!

f Josh. 7, 5.

‖ or, *his bolts
he sal send:*
twa Hebrew
readins here.

g Job 3 16;
Eccles. 6, 3.

†Heb. *thorns,*
for lightin
the fire: §*i.e.*
he sal tak
awa the folk,
faster nor
pats frae
bleezan
thorns.

h Ps. 52, 6;
64, 10.

i Ps. 68, 23.

†Heb. *frute.*

PSALM LIX.

David, sair fash'd wi' a wheen ill-heartit sornin loons that ettle his skaith, lays a' afore God.

Till the sang-maister: * Al-Tas-chith: Michtam o' David's; whan Saul gied word, an' they wairdit the houss to fell him.

RAX me, O God, frae my faes; *a* abune my gainstan'ers heize me:

2 Redd me frae them that wad wark *me* ill; an' frae bluidy carls weise me.

3 For leuk, they tak thought for my life; *b* they gather again me, the mighty; *for* nae ill o' my ain, O LORD; nae faut o' mine, *they can wyte* me.

4 Saikless, for ill, they rin an' they redd; *c* wauken †till meet me, an' see *me saif:*

5 Aye, yersel, O LORD, God o' hosts; God o' Israel, wauken an' wait; till wair *their ain wyte* on the hethen a': pitie nane that †hae plea-sur in skaith: Selah.

6 †They come wi' the gloamin;

a Ps. 18, 48.

b Ps. 56, 6.

c Ps. 44, 23.

†Heb. *till cry
to me,* as ane
does whan
he rins till
meet ani-
ther.

†Heb. *wha
ettle skaith
wicketly, wi'
a will.*

†Heb. *they
come bak.*

they gowl like the dog; an' syne they gang roun the brugh: [d]

7 Tak tent, what a gurl 's i' their gab; [e] swurds *are* atween their lips: bot wha can hearken the sugh?

8 Bot [f] yerlane sal mak light o' them, LORD; ye sal laugh at the hethen a':

9 *For* †sic help, on yerlane I sal bide; [g] for it 's God, that 's my ain heigh-ha'.

10 God, his gude-will wins afore me; [h] God, he sal gar me leuk *down*, on them that wad warsle an' waur me.

11 [i] Ding them na dead outright, or the folk 'll forget it sune; *bot* sperfle them sair i' yer might: O LORD, our schild, ding them down!

12 [k] The faut o' their mouthe, the gab o' their lips; they sal *a'* be taen i' their pride: for threepin a lie, an' trokin a lie, they count on *naething beside.*

13 [l] Waste ye in wuth; waste ye, an' ding them awa till nought: [m] syne sal they ken thar 's a God can fen', till yirth's outmaist en',† in Jakob: Selah.

14 Lat them come wi' the gloamin syne; lat them gowl like a dog, an' gang roun the citie: [n]

15 [o] Lat them harl about for meat till eat; an' ‖ thole the hail night, an they 're needie.

16 Bot I sal lilt loud o' yer strenth; an' sal tell yer gude-will i' the mornin: for ye 'been a stoop till me; an' a bield to mysel, i' the day o' *sic* dulefu' sornin.

17 O my strenth, I shall lilt till thee: [p] for God is my ain heigh-ha'din; God is my ain gude-gree!

PSALM LX.

A. C. 1040.

An the Lord help-na, man may quat fechtin: an the Lord help weel,

---

brughs maun jouk, an' heigh-towirs trimmle.

Till the sang-maister on Shushan-Eduth: *Michtam o' David's, till wit; whan he tuilzied wi' the †Syrians atween the watirs, an' wi' the Syrians fornenst Zobah: an' Joab, i' the hame-comin, dang Edom in the howe o' Saut, *awa by* twal thousan.

O GOD, [a] ye *ance* schot us atowre, ye dang us a' syndry in bits; ye gied uncolie way till wuth; come hame till us now, *it 's blawn owre.*

2 The yirth ye gar'd reel fu' sair; ye hae riv'n her amaist in twa: heal ye *a'* her skelvy scaurs; for scho jouks an' dinnles *an' a'.* §

3 [b] Yer folk ye gar'd see rough wark; [c] ye sloken'd oursels wi' the wine o' wonner:

4 [d] *Yet* ye 'gien till wha fear thee, a flag; afore the truth, till haud heigh *like* a banner.

5 [e] That the folk ye loe weel may win hame out o' thril, help *wi'* yer right han', an' hear me!

6 Quo' God, ‖ whar he bides by himlane, I maun up: Shechem I 'll synder in twa, an' redd out the howe o' Succoth.

7 Gilode, it 's mine ain, mine eke *sal* Manasseh *be:* [f] Ephraim as weel, my head sal hain; [g] *an'* Judah gie laws for me.

8 Moab's but my sinin-cog; [h] owre Edom I'll fling my shoe: gin ye daur me,‖ Philistia, *now!*

9 Wha sal airt me the heigh-bigget brugh? wha sal weise me in owre till Edom?

10 Winna ye, yerlane, O God, wha ance schot us a' atowre? [i] winna ‖ ye gang furth, O God, alang wi' our hosts *till the stour?*

---

[d] Verse 14.

[e] Ps. 57, 4. Prov. 12, 18.

[f] 1 Sam. 19, 16; Ps. 2, 4.

† Heb. *his help.*

[g] Verse 17.

[h] Ps. 54, 7; 92, 11.

[i] Gen. 4, 12, 15.

[k] Prov. 12, 13; 18, 7.

[l] Ps. 7, 9.

[m] Ps. 83, 18.

† Heb. *ends o' the lan',* or *yirth.*

[n] Verse 6.

[o] Job 15, 23. Ps. 109, 10.

‖ or *glunch.*

[p] Verse 9, 10.

Headins,&c. Ps. 80.

† Heb. *Aram-Naharaim,* an' *Aram-Zobah.* 2 Sam. 8, 3, 13. 1 Chron. 18, 3, 12.

[a] Ps. 44, 9.

§ Tho' we hear nae mair word o't, thar's been some unco sweian an' rivan o' the lan' afore this, that frightit the folk—some yirth-quauk.

[b] Ps. 71, 20.

[c] Isai. 51, 17. 22. Jer. 25, 15.

[d] Ps. 20, 5.

[e] Ps. 108, 6, an' on till the end. David has haen twice word frae God, anent haudin his ain wi' the Syrians.

‖ or, *ben i' his haliness.*

[f] Deut. 33, 17.

[g] Gen. 49, 19

[h] Ps. 108, 9.

‖ or, *geck ye for,* or *owre me;* as our Inglis taks 't, bot wi' nae pith.

[i] Ps. 44, 9; 108, 11.

‖ or, *an' ye didna.*

|| or, *in Man;* a canny jouk o' David's on the twa words, that are grundit baith on *Ad'm* or *Ed'm.*

k Ps. 146, 3. Num. 24, 18. 1 Chron. 19, 13.

† Heb. *a' our faes.*

Headins,&c.

11 *An* ye gie us help frae stretts, what signifies strenth in Edom? ||

12 *k* Wi' God himsel, we 'se do unco weel; for himlane sal down-tread our hail fae-dom! †

PSALM LXI.

The braw herskip o' them wha lippen till the Lord.
Till the sang-maister on Neginoth :*
ane o' David's.

HEARKEN, O God, till my skreigh; tak tent till my bidden.

2 Frae the yonder-maist neuk o' the lan', I sal cry till yersel, whan my heart mislippens : Till the craig owre heigh for mylane, ye maun weise me sikker.

3 For ye 'been a stoop till me; *an'* a hainin-towir frae the face o' ill-willer.

a Ps. 27, 4.

b Ps. 17, 8; 57, 1; 91, 4.
† Heb. *wings.*

4 *a* I maun taigle ay i' that howff o' thine : *b* I maun lippen me a' in the sconce o' yer feddirs : † Selah.

5 For yerlane, O God, hae hearken'd my trysts ; o' wha fear thy name, the gear-gift ye hae gien me.

† Heb. *days abune days.*

c Ps. 21. 4.

6 Mony a lang day † hae ye wair'd on the king; *c* towmonds o' his are like hail kith-gettins.

† Heb *afore God's ain face.*

d Ps. 40, 11. Prov. 20, 28.

7 He sal bide evir mair afore God himsel : † rewth an' trewth ye maun sen', for till haud him sikker. *d*

8 Syne sae sal I lilt evir mair till yer name ; an' pay ye my trysts, ae day wi' anither.

PSALM LXII.

A. C. 1048.

A lown sugh wi' God, an' nae mis-lipp'nin o' the langest tryst wi' him.

Headins,&c.
1 Chron. 25, 1, 3.

Till the sang-maister, till Jeduthun :*
ane heigh-lilt o' David's.

a Ps. 33, 20.

SURELY wi' God *a* suld my saul be lown? frae himlane *has* been a' my heal-ha'din.

b Verse 6.

2 *b* Surely himlane *'s been* my ha'din an' † health ; my heigh ha'din-up, *c* I sal nane mislippen.

† Heb. *my health.*

c Ps. 37, 24.

3 How lang will ye ettle mischieff for a man ? ye sal e'en be dead-schuten, the hail o' ye : *d* like some out-schotten dyke, like some ill-thrawn wa', *ye sal gang.*

d Isai. 30, 13.

4 They tak thought for nought but till ding him laigh : leasin 's their life ; *e* wi' their mouthe they wiss weel, i' their wame they wiss ill, *till him* : Selah.

e Ps. 28, 3.

5 Surely wi' God || suld my saul be lown? for lang on himlane I hae weary't :

|| or, *my saul, be lown*; a sma' differ frae Verse 1 : may be nae differ, for a'.

6 Surely himlane *'s been* my ha'din an' health : my heigh ha'din-up, I sal nane be steerit.

7 On God 's my heal-ha'din, an' gloiry guid : my hainin-towir an' my tryste 's in God.

8 Lippen ye till himsel ever mair, ye folk ; *f* toom out yer hearts afore him : God, for oursels, *is* a to-flight : Selah.

f 1 Sam. 1, 15. Lam. 2, 19.

9 *g* Surely sons o' the cotter *are* naught ; *an'* sons o' the carl *are* but leasin ? till weigh them on bawks the twa ; *are* they *no* baith lighter nor naething ?

g Ps. 39, 5, 11. Isai. 40, 15, 17. Rom. 3, 4.

10 Till stouthrief lippen ye nane, an' o' herriment ne'er mak a bost : *h* on gear, tho' it growes itslane, ye suld ne'er lat yer heart hae trost.

11 *i* Ance quo' God *himsel*; twice hae I heard the same : That might until God *effeirs.*

12 *k* An' nieborlie-will, O Lord, *effeirs* forby till thee ; for till ilka man will ye pay hame, as his ain han's-wark sal be.

h Job 31, 25. Luke 12, 15. 1 Tim. 6. 17.

i Job 33, 14.

k Job 34, 11. Prov. 24, 12. Jer. 32, 19. Ezek. 7, 27; 33, 20. Mat. 16, 27. Rom. 2, 6. 1 Cor. 3, 8. 2 Cor. 5, 10. Eph. 6, 8. Col. 3, 25. 1 Peter 1, 17. Rev. 22, 12.

PSALM LXIII.

A.C. 1062-3.

God's gree better till his ain folk, nor wa'ls o' watir i' the wustlan'.
Ane heigh-lilt o' David's ; *when he taigl't i' the wustlan' o' Judea.

* 1 Sam. 22, 5; 23, 14, 15, 16.

O GOD, ye are God o' my ain; wi' the glintin I sought yersel: [a] my saul, it maun win till thee; my bouk, it clings for yerlane; in a dry drowthy lan', [†] whar nae watirs be:

2 [†] Till see ye again i' yer halie howff; till leuk on yer might an' yer gloiry *syne*.[b]

3 [c] For yer gudeness *is* mair nor life, my lips sal gie laud till thee:

4 Sae blythe maun I bid thee, ay while I live; my loov's I maun lift till that name o' thine.

5 As *wi'* creesh an' *wi'* talch, sal my saul be sta't; an' wi' liltin lips sal my mouthe gang free:

6 [d] Whan I think o' yersel on my bed *o' dule;* [†] whan I wauken at night, I sal mind on thee.

7 For ye 'been a stoop till mysel; [e] i' the [§] scaum o' yer wings I sal lilt an' laud.

8 My saul, it hauds eftir ye close; yer right han', till me it's a gad.[†]

9 Bot, my life wha wad herry till dead, lat them gang till yirth's laighest line:

10 Lat them ||stoit on the nieve o' the swurd; an' be glaum for the foxes *syne*.

11 Bot the king sal be blythe in God; [f] a' that swear by him, fu' blythe sal they be: sae the gab sal be steekit *for ay*, o' them wha can yammir a lie.

PSALM LXIV.

The hame-come o' lies an' ill-willin, on the liean ill-willer himsel.

Till the sang-maister: ane heigh-lilt o' David's.

HEARKEN, O God, till the sugh o' my sighan; frae dread o' the fae, haud atowre my life.

2 Hap me fu' lown frae the whush o' ill-doers; frae the dinsome thrang o' wha wark mischieff:

3 [a] Wha whatt their tongues like a swurd; *wha* ||straik out their bolts o' canker'd crack:

4 Till hit the aefauld, in some canny neuk; they hit him fu' snell, an' they dread nae wrack.

5 [b] They stoop themsels weel *wi'* the word o' ill; they claiver o' settin girns: ||Wha sal leuk for them syne? they threep.

6 They ripe out mischieff wi' a will; [†] they ripe an' they ripe, till they're dune. O gin the benmaist neuk, an' heart o' ilk ane, be-na deep!

7 [c] Bot God sal sen' them a shaft; fu' snell sal their blaudin be:

8 Their ain tongue, they sal bring on themsels; [d] wha sees them, ilk ane, they sal flee.

9 An' [†] ilk mither's-son sal dread, an' God's ain wark they sal tell: na, [e] the wark o' his *han'* they sal heed. [§]

10 Lat the rightous be blythe i' the LORD, an' lippen fu' lang till himsel; an' lat a' that are single in heart gie laud wi' a liltin-spell.[f]

PSALM LXV.

Nae liltin o' laud at Zioun an God be na thar: narest till him, maun be blythest; but his gude-will's atowre us a': the yirth hersel's fu' fain at his comin.

Till the sang-maister: ane heigh-lilt *an'* sang o' David's.

THAR 'S a whush for yersel, O God, i' the liltin o' laud at Zioun; till yersel sal the tryst be made-guid:

2 Till yersel, wha can hearken prayer, [a] a' flesh be till airt its road.

3 [†] Words wi' a faut, are owre mony for me; our deeds wi' a faut, ye sal dicht them by.

4 [b] Blythe *abune a'* maun he be, ye wale an' tak hame wi' yersel; he sal bide i' yer faulds sae fine: [c] bot

---

Left margin notes:
[a] Ps. 42, 2; 84, 2; 143, 6.
[†] Heb. *wantin watir.*
[†] Heb. *that I might see ye,* &c.
[b] 1 Sam. 4, 21. 1 Chron. 16, 11. Ps. 78, 61.
[c] Ps. 30, 5.
[d] Ps. 42, 8; 119, 55; 149, 5.
[†] Heb. *in my waukenins.*
[e] Ps. 61, 4.
[§] Light shed o' simmer cluds, like feddirs on the lift.
[†] Heb. *it hauds me up,* like a staff.
|| or, *gang till bits:* ferst till be sned wi' the swurd, syne till be gien to foxes.
[f] Deut. 6, 13. Isai. 45, 23; 65, 16. Zeph. 1, 5.
[a] Ps. 11, 2; 57, 4.

Right margin notes:
|| or, *stent,* for schutin.
[b] Prov. 1, 11.
|| or, *wha sal see them?*
[†] Heb. *they mak an end to ripe out, wi' ripan.*
[c] Ps. 7, 12, 13.
[d] Ps. 31, 11; 52, 6.
[†] Heb. *a' man.*
[e] Ps. 40, 3.
[§] That is, they sal ken brawly it 's his ain wark, an' no anither's.
[f] Ps. 32, 11; 58, 10.
[a] Isai. 66, 23.
[†] Heb. *words o' wrang;* or, *ill-set words.*
[b] Ps. 33, 12; 84, 4. Ane, like the Heigh Priest, maun gang ben; bot the lave sal be weel ser't.
[c] Ps. 36, 8.

we sal be stegh't wi' the gude o' yer houss, that halie biggen o' thine.

5 Sair wonners, O God, our heal-ha'din, in right ye hae gar'd us ken; tryste till a' ends o' the yirth, an' till them owre the sea that fen:

6 Rightin the hills in his strenth, ^dgraith't wi' nae end o' might:

7 ^eWhushin the sugh o' the fludes, the sugh o' their waves, an' the peopil's sigh.^f

8 An' the dwallers on yonder-maist-yird, are fleyed at the trysts ye sen': the outgang o' mornin, *the hame*-come o' night, ye mak them *baith* liltin fain. §

9 Ye win till the yirth, ^gan' ye drook it; ye seep it fu' saft wi' the †spring-tide o' God: ye lucken their corn i' the growin, whan sae ye hae ready'd the road.

10 Her furs ye swak wi' a spate-fu'; ye sloken her rigs wi' showers; her braird ye bring blythely awa.

11 Sae the year ye hae crown'd wi' yer gudeness; an' yer roun-gaens dreep rowth as they gang:§

12 They dreep *on* the bawks i' the wustlan'; an' the knowes, they are graithit wi' sang:

13 The lea's, they are happit wi' †fleeshes; ^han' the howes, they are theekit wi' corn: they skreigh wi' content o' pleasance; na, wi' joye they're *a'* liltin thrang.‡

PSALM LXVI.

A lilt i' the name o' Jakob's folk, an they kent weel how till lilt it.
Till the sang-maister: ane heigh-lilt an' kirk-sang.

LILT wi' a sugh till God, O a' the yirth:

2 Lilt loud till his name the weight o' its fame; gie himsel a' the weight o' his gloiry.

3 Quo' ye until God, How aw-some in warks o' yer ain! ^aI' the feck o' yer might, sal ill-willers o' thine lout like liears afore ye.

4 ^bLout till yersel, sal a' the yirth: loud till yersel sal they lilt; they sal lilt *till* yer name fu' cheerie: Selah.

5 ^cHere-awa syne, see the warks o' God; sae dread a' he does till the bairns o' yird:

6 ^dHe swapit the sea for a bawk o' san'; ^eon fit, they gaed owre the tide: fu' blythe in himsel war we than.†

7 He hauds ay a heigh han' o' his ain; ^fhis een skance atowre on the hethen: lat-na thrawart-loons, that wad fain rebel, mak owre heigh o' themsel: Selah.

8 Blythe-bid our ain God, O a' ye folk, an' the sugh o' his praise lat them hearken:

9 Wha hauds ay our life in †livan rife; an' tholes-na our fit till stacher:

10 ^gFor ye kent us fu' brawlie, O God; ^hye tried us as siller is tried:

11 Ye fankit us roun wi' the net; ye pat graith on our lisk like a snude:†

12 ⁱCarls on our croun ye gar'd ride; ^kwe gaed e'en through the fire an' the flude: bot ye brought us till rowthe o' gude.†

13 ^lI sal ben till yer houss wi' bleezan gifts; ^mmy trysts I maun redd wi' thee:

14 What my lips they cam out wi', my ain mouthe spak, whan dule it was sair on me.

15 Hansels o' guid I sal heise, wi' the talch o' tups, till thee: o' †knowte an' o' gaits *till yersel*, sal I mak ane offran free: Selah.

16 ⁿHere-awa *syne, an'* hearken ye; I sal tell yo, ilk ane wha has dread o' God, what he for my saul has dune:

Margin notes (left):

^d Ps. 93, 1.

^e Ps. 89, 9; 107, 29.

^f Ps. 76, 10. Isai. 17, 12, 13.

§ Far-aff folk, baith east an' wast, hae a visit frae God i' their turn.

^g Ps. 36, 8; 68, 9, 10; 104, 13.

†Heb. *rowan watir wi' a spate:* Ps. 46, 4.

§ That is, frae seed-time till hairst, an' frae win-ter till sim-mer, roun.

†Heb. *flocks o' fe.*

^h Isai. 55, 12.

‡ It maks ane fain, till think on't.

^a Ps. 18, 44.

Margin notes (right):

^b Ps. 67, 3.

^c Ps. 46, 8.

^d Exod. 14, 21.

^e Josh. 3, 14.

† Heb. *thar*

^f Ps. 11, 4.

† Heb. *in lives.*

^g Ps. 17, 3. Isai. 48, 10.

^h Zech. 13, 9.

† Heb. *hard haudin graith.*

ⁱ Isai. 51, 23.

^k Isai. 43, 2.

† Heb. *till weel wa-tir'd, or fludit lan'.*

^l Ps. 100, 4.

^m Eccles. 5, 4.

† Heb. *knowte wi' gaits.*

ⁿ Ps. 34, 11.

|| or, *in place o' my tongue.*

o Prov. 28, 9.
Isai. I, 15.
John 9, 31.
James 4, 3.

17 I cry't till himlane wi' my mouthe; an' his gree was ||aneth my tongue.

18 *o* Gin I leuk like mischieff i' my heart, the LORD wad ne'er hearken ava':

19 *Bot* God surely hearken'd *mysel;* he tentit the sugh o' my ca'.

20 Blythe, blythe may God be; wha †thol'd ay my bidden wi' him, an' ne'er took his gude frae me!

PSALM LXVII.

A lilt o' laud for nieborly folk, till the God that hauds a' fu' nieborlie.
Till the sang-maister on Neginoth:*
ane heigh-lilt *an'* kirk-sang.

a Ps. 4. 6.

GOD be gude till us; *aye,* an' be kind till us; *a* glint his face on us: Selah.

2 That yer gate may be kent on the yirth; an' yer health amang a' the hethen.

b Ps. 66, 4.

3 *b* Lat the folk gie ye laud, O God; lat the folk gie ye laud, the hail o' them.

c Ps. 96, 13.

4 Lat nieborly kins be blythe an' lilt: *c* for the folk ye sal right i' the gate *that's* straught; an' the kins i' the lan', ye sal niebor them: Selah.

5 Lat the folk gie ye laud, O God; lat the folk gie ye laud, the hail o' them.

d Ps. 85, 12.

6 *d* Her outcome the yirth sal mak guid; *an'* God, our ain God, sal blythe-bid us:

7 God, he sal blythe-bid oursels; an' a' ends o' the yirth sal be fley'd o' him!

PSALM LXVIII.

The story o' Jakob's folk whan God brought them out frae thral, wi' mony a lilt o' laud for his wonnerwarks than: ettled, aiblins, for the flittin o' the ark by David.

Till the sang-maister: ane heigh-lilt o' David's, *an'* a sang.

GOD *a* sal win up; his faes sal be skail'd; an' his haters †afore him sal flee.

2 *b* As the reek blaws owre, ye sal ding *them* by: *c* as wax i' the lowe gaes awa'; *sae* fast, afore the face o' God, the warkers o' wrang sal fa'.

3 *d* Bot the rightous sal *ay* be blythe; they sal lowp afore him fu' fain: na, wi' vera blythe-heid they sal sten'.

4 *e* Sing ye till God, sing a sang till his name: *f* uphaud wha rides on the croun o' the lift, *by* that name o' his ain, by JAH; be blythe afore him an' a'.

5 *g* Faither o' faitherless folk, an' righter o' widows *forby,* is God in his ain halie howff.

6 *h* God gars the nieborless dwall at hame; *i* he lowses the thirl out o' ban'; *k* bot thrawart loons get leave till bide, *whar they are,* in a drowthy *lan'.*

7 O God, *l* whan ye fuhred afore yer folk; whan ye fuhred in the wustlan': Selah.

8 *m* Yirth trimml't hersel; na, the lifts afore God, they war skailin: yon Sinai *sheuk* afore God, the God o' Israel *'s walin.*

9 *n* Ye toom't out a gush o' gudewill, O God; yer heritage syne, sae uncolie gane, ye stoopit it *ay* frae failin.

10 That thrang o' yer ain couth fen i' the same; *o* frae yer gudeness, O God, rowth ye made-guid till the puir*est.*

11 The Laird ||o' the warl' gied the word; ane unco gath'ran †soundit.

12 *p* Kings o' companies fled outright,† an' the hame-keeper pairtit the rievan.

13 Tho' ye had lien i' *yer* ain pat-

a Num. 10,35.

† Heb. *frae his face.*

b Isai. 9, 18.
Hos. 13, 3.
c Ps. 97, 5.
Mic. I. 4.

d Ps. 32, 11.

e Ps. 66, 4.
f Deut. 33,26.
Verse 33.

g Ps. 10, 14, 18; 146, 9.

h I Sam. 2, 5.
Ps. 113, 9.
i Ps. 107, 10; 146, 7.
k Ps. 107, 34, 40.

l Judges 4, 14.

m Exod. 19, 16, 18.
Judg. 5, 4.
Isai. 64, 1, 3.

n Deut. 11, 11, 12.

o Ps. 74, 19.

|| or, *o' the lan':* see Ps. 2, 4.
† Heb. *o' them that soundit.*

p Num. 31, 8, 9, 54.
† Heb. *they fled, they fled.*

§ The gowden doo wi' siller wings, a battle flag. Tho' God's folk had ne'er steer'd frae the neuk, God an' the doo cou'd ding a' afore them; or, God dang kings that lippen'd till the doo, whan his ain folk war hidin. Our Inglis wrangs the hail o' this.

q Num. 21, 3.

r Ps. 114, 4, 6.

s Ps. 87, 1; 132, 13, 14.

t Deut. 33, 2. 2 Kings 6, 16, 17. Dan. 7, 10. Rev. 9, 16.

‖ or, *in the haliness*; or, *halie place.*

u Eph. 4, 8.

v Judg. 5, 12.

‖ or, *thirl'd the hame-comers.*

x Ps. 78, 60.

y Deut. 32, 39. Rev. 1, 18; 20, 1.

z Ps. 110, 6. Hab. 3, 13.

a Num. 21, 33.

b Exod. 14, 22.

c Ps. 58, 10.

d 1 Kings 21, 19.

e 1 Chron. 13, 8; 15, 16. Ps. 47, 5.

‖ or, *tangers.*

† Heb. *tim-brellin*: or, *tambourin.*

neuk; § the wings o' the doo wi' siller dicht, an' her feddirs wi' gow-den sheen, *was eneugh:*

14 *q* Whan Almighty dang kings wi' her *wings*, scho was brighter nor snaw on Salmon.

15 The height o' God, it *was* Ba-shan height; a heigh amang heights was Bashan.

16 *r* Whatfor lowp ye, ye haughty hills? *s* This *is* the hill it likes God still, till dwall in: na, the LORD himsel evir mair ettles it, for his hallan.

17 *t* God's sleds o' war twenty thousan are; thousans on thousans; the LORD, *as on* Sinai,‖ a' by him-lane, amang them.

18 *u* Ye hae skail'd the height; *v* ye hae bun' the ban';‖ ye taen hansels on man—aye, the rebel clan; *x* till haud God the LORD *amang them.*

19 Blythe, blythe be the LORD, the day lang; wha wearies us ay *wi' his blessin:* a God like himsel *is* our ain heal-ha'din: Selah.

20 A God fu' mighty *'s* this God o' our ain; Salvatioun's *God: y* an' wi' *him that 's* baith LORD *an'* Laird, are the outgates frae death *till his peopil.*

21 *z* Bot God sal ding his ill-wil-lers' croun, an' the hairy scaup o' the man that gangs on, i' *the gate o'* his ain ill-doens.

22 Quo' the LORD, *a* I maun fesh frae Bashan; *b* frae the howes o' the sea, I'se fesh hame:

23 *c* That yer feet ye might weet, i' the blude o' yer faes; *d* the tongue o' yer dogs, i' the same.

24 Yer gates, O God, they hae seen; the gates o' my God, o' my King, i' that howff *o' his ain* sae halie:

25 *e* Ferst gaed the lilters, syne the ‖ sang-tilters; the lasses † wi' timbrels atween.

26 O bless ye God, i' the thrang o' the kirks; the LORD, *a' ye wha f* frae Israel spring. ‖

27 Thar *gaed g* young Benjamin, laird o' their ain; princes o' Judah, their council † fine: princes o' Za-bulon, princes o' Naphtali *syne.*

28 That God o' yer ain strenth sal hain; strenthen, O God, the wark ye hae wrought for ourlane.

29 For that howff o' yer ain, owre Jerus'lem *till be; h* kings *o' the folk* sal sen' gifts till thee.

30 Wyte the wild brute o' † the bogs; *i* the thrang o' the knowte, wi' the stirks o' the clans; *till* they lout themsels *a'* wi' siller-trokes: ding ye the folk that are fechtan-fain.

31 Gran' eneugh a' frae Ægyp sal come; *k* Cush, until God, sal † sune rax her han's.

32 Lilt until God, ye kingryks o' yirth; lilt ye fu' loud till the Laird o' the lan': Selah.

33 *l* Till wha rides, frae langsyne, on the lift o' lifts: Hearken! *m* he ettles a skreigh, wi' that † ca' o' his ain, sae gran'.

34 Gie the might till himsel, *that 's* God's. His ha'din *'s* owre Israel heigh; an' his might, *it 's* amang the cluds.

35 *n* Dreadfu' eneugh, O God, are ye frae yer howffs sae halie. Israel's God himlane, is *the* God that gies strenth, an' might mony feck, till *his* folk: Blessed be God, *ay!*

PSALM LXIX.

David, i' the sairest dwaum about the biggen o' God's houss, wytit wi' rievan an' a' the rest o't, pleans uncolie to God: God sal rax him abune a' siclike, an' his ill-willers a' sal ding owre.

Till the sang-maister on *Shoshan-nim: ane o' David's.*

f Deut. 33, 28. Isai. 48, 1.

‖ or, *wa'l-head o' Israel.*

g 1 Sam. 9, 21.

† Heb. *in purpe*, or *cramosie.*

h 1 Kings 10, 10, 24, 25. 2 Chron. 32, 23. Ps. 72, 10; 76, 11. Isai. 60, 16, 17.

† Heb. *reeds: ettles the wild, outly-ing folk o' the wust-lan', about Babylon.* Jer. 51, 32, 33.

i Ps. 22, 12.

k Ps. 72, 9. Isai. 45, 14. Zeph. 3, 10.

† Heb. *rax rinnin.*

l Ps. 18, 10; 104, 3. Verse 4.

m Ps. 29, 3, &c.

† Heb. *voice: nae word but* ca' *in Scots, till niebor't. Voce, frae the Italian,'s but feckless.*

n Ps. 45, 4.

Headins, &c. Ps. 45.

a Verses 2, 14, 15.
Jonah 2, 5.
b Ps. 40, 2.

SAIF me, O God; *a*for the watirs win hame till the saul.

2 *b*'Am lair't i' the clay sae deep, nae stanan hae I : I hae won till the neth-maist flude, an' the spate has gane owre me braid.

c Ps. 119, 82, 123.

3 'Am forfairn wi' my skreighan; my hals, it 's as dry : *c*my een wear awa, as I wait on my God.

d John 15, 25.

4 Thranger nor hairs on my head, *d*are the folk that ill-will me for nought; wha gird at me ay, are mighty; folk that ill-will me for nought : syne sent I hame, what I took-na awa. §

§ David wad like ill, his ain wrang-doen suld thraw the biggen o' God's houss, he had sae sair at heart; an' has been wytit wi' stouthrief for the same.

5 My folly, O God, ye ken weel yerlane; an' fauts o' my ain are no happit frae thee.

6 *Bot* lat nane, for my *faut*, hing their heads, wha think lang for yer-sel, O Lord, LORD o' hosts : Lat nane, O Israel's God, wha seek for yersel, gang gyte for the sake o' me.

7 For, for thee I hae tholed the scorn; schame, it has happit my face :

e Ps. 31, 11.
Isai. 53, 3.
John 7, 5.

8 *e*Frem hae I been till my bre-ther; no-kent till my ain mither's sons.

f Ps. 119, 139.
John 2, 17.
g Ps. 89, 50, 51.
Rom. 15, 3.
h Ps. 35, 13, 14.
† Heb. *wi' wastin.*

9 *f*For the kiaugh o' yer houss, it has glaum'd me up; *g*an' the jeers o' wha gibet yersel, they *e'en* cam a' down on me.

10 *h*Gin I grat, †an' wastit my life, siclike was a scorn o' my ain :

i 1 Kings 9, 7.

11 An I cled mysel owre wi' harn, syne I was a *i*by-word till them :

k Job 30, 9.
Ps. 35, 15, 16.
† Heb. *Negi-noth.*

12 They claiver'd again me, wha sat i' the yett; *k*wha sweel'd at the bicker, I *was* their sang.†

l Isai. 49, 8;
55, 6.
2 Cor. 6, 2.

13 Bot me, O LORD, my bidden 's yer ain *l*i' the likely time : O God, i' the feck o' yer gudeness, hearken me hame; i' the trewth o' heal-ha'din *that* 's thine.

14 Rax me atowre frae the clay, an' let me nane sink *i'* the troch :

m Ps. 144, 7.
n Verses 1, 2, 15.

*m*frae my ill-willers *a'* lat me gang, an' eke frae the howe o' the loch.*n*

15 Lat-na the spate win atowre me; an' lat-na the watir-weight smoor me; nor the heugh steek her mouthe on me.

16 Hearken me, LORD, for yer gudeness *is* gude; i' the rowth o' yer pitie, leuk owre till me.

o Ps. 27, 9;
102, 2.
† Heb. *mysel.*

17 *o*An' hap-na yer face frae yer loon *that* 's in ban'; whan thar 's stretts at my †yett, fy haste ye, till hear me.

18 Come in-owre till my saul, rax her out frae *sic thral;* for my ill-willers' sake, O wear me!

p Ps. 22, 6, 7.
Isai. 53, 3.

19 *p*My scorn ye ken weel, an' the schame that I *thole,* an' the wytin I *dree;* ilk fae that I hae, *they 're* afore ye.

q Ps. 142, 4.
Isai. 63, 5.

20 *Sic* scorn, it 's riv'n my heart : an' *q*I weary'd an' pined for a frien' till 'plean, bot no ane : an' for folk till speak lown, but fand nane.

r Mat. 27, 34, 48. Mark 15, 23. John 19, 29.

21 Poisoun pat they i' my meat; *r*an' i' my drowth, they gied me till drink draegs o' the canker'd wine.

s Rom. 11, 9, 10.

22 *s*Lat their buird be a girn afore them; an' their trysts but a net i' their gate :

t Isai. 6, 9, 10.
John 12, 39, 40.
Rom. 11, 10.

23 *t*Lat their een be smoor'd i' the mirk; an' their lisks, haud them ay quaukin :

u 1 Thess. 2, 16.

24 *u*Toom out abune them yer wuth; an' the torne o' yer angir fang them :

x Acts 1, 20.
y Isai. 53, 4.
† Heb. *they claiver on to the sair fash o' yer ain woundit anes;* or, *wha ye hae woundit.*

25 *x*Wust lat their biggens lye; an' nae livin bide i' their shielins :

26 For they dang, *y*o' free will, wham yerlane was dingin; an' till the stoun o' yer ain woundit folk, they eke't the fash o' their talkin.†

z Isai. 26, 10.
Rom. 9, 31.
† Heb. *right-ousness,* or *right.*

27 Eke ye ill, till a' ill o' their ain; *z*an' ne'er lat them ben till yer rightin :†

a Exod. 32, 32.
Rev. 13, 8.
b Ezek. 13, 9.
Luke 10, 20.

28 *a*Lat them e'en be dicht out frae the Buik o' Life, *b*an' nane wi' the rightous be written.

29 Bot mylane, sae forfocht'n an' wae, yer heal-ha'din, O God, be my stoop.

30 I sal lilt till God's name wi' a sang; I sal heise him fu' heigh, wi' liltin o' laud:

^cPs. 50, 13, 14, 23.
§ Ettles a braw young beast, owre bonie to fell.
^dPs. 34, 2.

31 ^cAn' mair till the LORD sal it be, nor a stot, *nor* a stirk wi' baith horn an' cloot.§

32 ^dA' lown-livin folk, they sal see; wha spier ay for God, sal be blythe; ^ean' the hearts o' ye a' sal thrive.

^ePs. 22, 26.

33 For the LORD he sal hearken the puir; an' his folk in sic thrall, he sal ne'er mislippen.

^fPs. 96, 11. Isai. 44, 23, 49, 13.
^gIsai. 55, 12.

34 ^fLilt till him *syne* sal the lift an' the lan'; ^gthe fludes, an' ilk haet that gangs wurblin thro' them.

35 For God sal haud Zioun fu' sikker, an' the towns o' Judah sal big: an' thar sal the folk mak their dwallin, an' sal haud their ain right i' the rig.

^hPs. 102, 28.

36 ^hAn' his thirlfolk's ain outcome sal fa' the same; an' a' frien's o' his name, thar sal bide.

PSALM LXX.

A canny plea wi' God, again ill-doers. Till the sang-maister: *ane* o' David's; *till keep God* in mind.

*Ps.38, headin. David has pleas o' the kind mair nor ance.

^aPs. 40, 13; 71, 12.
^bPs. 35, 4, 26; 71, 13.

O GOD, till be skowth to me; LORD, till be stoop to me, haste ye *an'* gang:^a

2 ^bBlate an' be-fule'd be they, wha seek the life o' me; hame'ard an' gyte gae they, wha wiss me wrang.

^cPs. 40, 15.

3 ^cWha cry Ha, ha! *till me*, fee for their scorn *o'* me, turn'd bak lat them be:

4 *Bot* fyke an' be fain in thee, a' wha spier eftir thee: an' wha lo'e that health o' thine, ay lat them cry fu' fain, God be on hie!

^dPs. 40, 17.

5 ^dBot puir an' forfairn am I; O God, mak haste to me: strenth o' mine, yett o' mine, ye *are* yerlane; †LORD GOD ALMIGHTY, taigle ye nane!

†Heb. *O thou Jehovah.*

PSALM LXXI.

David tells a' how the Lord has guided him; has lauded him loud lang-syne, an' sal laud him ay till he die. [Wants the headin, altho' it be David's.]

A.C. 1023.
☞ Count how often David names himsel an' God thegither, an' ken gin he be-na in earnest.

TILL yerlane, O LORD, ^aI hae lippen'd; lat me nane hing my head for ay:

^aPs. 25, 2, 3; 31, 1.

2 ^bIn yer rightousness redd me, an' rax me atowre; lout me yer lug fu' laigh, an' wair yer heal-ha'din on me.

^bPs. 31, 1.

3 ^cBe ye till mysel for a hainin-towir, till win ben to fu' sikkerly ay: ye hae ettled till haud me saif; for my craig an' my castel *are* ye.

^cPs. 31, 2, 3.

4 ^dMy God, lat me gang frae the han' o' the wrang; frae the grip o' the godlowse an' †bluidy carl:

^dPs. 140, 1, 4.
†Heb. *wilfu' wicket.*

5 For yerlane *are* my tryste, O LORD, my lord; my tryste sen I cam to the warl.†

†Heb. *sen my young days,* or *youth.*

6 ^eOn yerlane, frae the wame was I flang; frae my mither's bouk ye weise'd me awa:§ o' yersel, ay sen syne, 's been my sang.

^ePs. 22, 9, 10. Isai. 46, 3.
§ Think ye David was owre sune born? It leuks like; mair nor ance he speaks o't. God's a braw nurse till his ain.

7 ^fLike some ferlie was I, till the feck o' the folk;§ bot yerlane war my stoop o' strenth:

^fZech. 3, 8.

8 Lat my mouthe be ay filled *wi'* yer laud; wi' yer loffliheid a' the day lang.

9 ^gFling me na by i' the time o' eld; whan my pith wins awa, dinna lea' me till pine.

^gVerse 18.

10 For my ill-willers claiver anent me; wha leuk for my life, they tak thought like ane.

11 God, quo' they, has forlied him: thrang him an' fang him *now;* for till redd *him* atowre thar 's nane.

12 ^hBe-na far frae mysel, O God; my God, fy haste ye till help me.

^hPs. 22, 11; 70, 1.

i Verse 24.
Ps. 35, 4, 26;
40, 14; 70, 2.

†Heb. *sal
gang on ay
singin.*

k Ps. 40, 5;
139, 17, 18.

‖ or, *Laird,*
as ye read
whiles.

l Verse 9.
This sang, as
ye see, 's
been made
amang the
hinmaist
days o'
David.

†Heb. *yer
arm.*

m Ps. 57, 10.

n Ps. 89, 6, 8.

o Ps. 60, 3.

†Heb. *ye sal
bring me
hame, ye sal
mak me live.*

†Heb. *sal
bring me
hame, sal
mak me rise.*

§ *N.B.* O' this
verse are twa
Hebrew
readins: the
ane gies *me,*
the ither *us.*

†Heb. *wi'
sang-gear o'
the harp.*

p Verse 13.
He 's haen
an' unco sair
dree a' his
days, wi' ill-
willers; bot
Solomon sal
come ahin'
him, an' his
heart 's fu'
fain.

13 *i* Schame'd *an'* a' glaum'd, be the faes o' my life; theekit wi' scorn *an'* wi' lowe o' the face, be they *a'* that wad ettle me ill.

14 Bot mysel, ay the mair I sal bide on thee; an' till praise thee, can ne'er sing my fill.†

15 Yer rightousness, a' the day lang, my mouthe it sal try till tell; that health o' yer ain, for the count o' the same, *k* it 's mair than I ken mysel.

16 I sal fuhre i' the strenth o' the Lord, my ‖Lord; an' yer rightousness, nane but yer ain, I sal ay haud in guid record.

17 Ye hae taught me, O God, frae my youth; an' yer warks o' wonner sen-syne, I hae made them weel-kent eneugh.

18 *l* An' now that 'am auld an' grey, O God, mislippen me nane; till yer might I hae tell'd, till the folk that are now; †*an'* yer pith, till a' sal come eftir-hen.

19 *m* An' yer rightousness, God sae hie, wha wonners hae wrought: O God, *n* what-na *god* sal e'er kythe like thee!

20 *o* Yersel, wha hae gar'd me see stretts mony feck an' sair; ye sal weise me till life †tho' I die; frae the dreadest howes o' yird, ye sal e'en †mak me risin-free: §

21 Ye sal double my might an' mair; ye sal graith me a' roun wi' gude-gree.

22 Syne sal I sing till yersel, †wi' a' that belangs till the quair; yer trewth, O my God, I sal tell: wi' the harp I sal lilt till thee, sae halie in Israel!

23 My lips sal be fain, whan I sing till thee; an' my life that ye fee'd frae the dead:

24 An' my tongue the hail day thy right-rechtin sal tell: *p* for daiver't, for taiver't are they, wha ettle mis-chieff till mysel.

PSALM LXXII.

Nae en' o' wyssheid, an' loffliheid, an' gudeliheid, an' laud for Solomon: a fain-hearted faither's bidden for a braw son 's ill to bound.

Ane heigh-lilt: for Solomon.*

WAIR yer rightins, O God, on the King; an' yer right on the King's ain son:

2 *a* He sal right-recht yer folk wi' right; an' yer puir anes wi' right-rechtin, *syne.*

3 *b* The heights sal bring peace till the folk; an' the knowes intil right-ousness, *than:*

4 *c* He sal right a' the puir o' the folk, *an'* the sons o' the feckless sal fen'; bot the loon wi' the heavy han', he sal a' intil flinders sen'.

5 They sal fear thee ay, while the sun *sal shine,* *d* or the mune †*schaw* her face; the folk that sal come an' gang.†

6 *e* He sal fa' like the rain on the swaith; like the saft dreepin showirs on the lan'.

7 The rightous, fu' green in his days sal growe; *f* an' peace be enew, till the mune i' the lift sal pine.† §

8 *g* Frae sea till sea sal he ring; an' eke frae the flude that rowes, till the yonder-maist neuks o' the lan'.

9 *h* Folk that bide i' the drowth, afore his face sal cour; *i* an' a' that wiss ill till him, they sal lick the vera stoure.

10 *k* Kings frae Tarshish, an' the isles, till him sal a hansel bring; kings out o' Sheba an' Seba, sal e'en hae a gift till han'.

11 *l* No a king, but sal lout till him; a' the hethen sal thirl till him-lane:

12 For the feckless that skreighs, he sal saif; *m* an' the puir, and wha ne'er had a stoop o' his ain:

13 On the weak an' forfairn he

A. C. 1015.

* The Man o'
Peace an'
Quaieness.
Leuk Ps. 127
forby. The
biggen o'
God's houss
has been a
lang thought
till David.

a Isai. 11, 2,
3, 4.

b Ps. 85, 10.
Isai. 52, 7.

c Isai. 11, 4.

d Verses 7, 17.
Ps. 89, 36, 37.
†Heb. *afore
the face o' the
mune.*

†Heb. *kith-
gettin, till
kithgettins.*

e 2 Sam. 23, 4.
Hos. 6, 3.

f Isai. 2, 4.
Dan. 2, 44.
Luke 1, 33.
†Heb. *mune
sal be nane.*
§ Growthy
days an'
lown nights
sal he hae.

g Exod. 23, 31.
1 Kings 4, 21,
24.
Ps. 2, 8.

h Ps. 74, 14.

i Isai. 49, 23.
Mic. 7, 17.

k 2 Chron. 9,
21.
Ps. 45, 12;
68, 29.
Isai. 49, 7;
60, 9.

l Isai. 49, 22,
23.

m Job. 29, 12.

n Ps. 116, 15.

§ The puir man i' the wustlan' sal live an' sal gie till Solomon, &c.; or, Solomon sal live, an' the puir man sal gie till him, &c.: guid political economy.

o 1 Kings, 4, 20.

‡ Corn sal growe syne i' the wustlan', an' folk sal thrive i' the towns: wyss political economy.

sal lay fu' light; an' the lives o' the frienless sal hain.

14 Frae guile an' mischieff he sal redd their life; *n* an' their bluid sal be dear in his sight.

15 Live lang sal he syne, §an' sal gie till him o' the best o' Sheba's gowd; evir an' ay for him sal he pray, *an'* till him ilka day gie laud.

16 A nieffu' o' corn i' the lan' sal be, on the head o' the hills *sae toom:* like Lebanon's sel, its growthe sal swee; *o* an' roun the town, like fothir on yird, they sal blume.‡

17 *b* His name, it sal †stay for evir an' ay; his name, it sal †win ayont the sun: *q* in him sal the folk be blythe, an' blythe sal they a' bid himsel.

18 *r* O blythe be the Lord *that 's* God, the God o' Israel; *s* wha warks o' wonner himlane can do.

19 An' blythe be his name sae gran', a' time that 's to come, unto: his gloiry fill the hail yirth still; Amen, an' sae lat it be!

20 The biddens o' David, Jesse's son, *wi' this lilt* they maun endit be.§

p Ps. 89, 36.

† Heb. *sal be.*

‡ Heb. *sal breed itsel.*

q Gen 12, 3; 22, 18. Jer 4, 2.

r 1 Chron. 29, 10.

s Ps. 136, 4.

§ This lilt maun hae been amang the hinmaist, o' its ain prayerfu' kin', o' David's makin.

[PAIRT THREE.]

PSALM LXXIII.

Ill-doers thrive, an' gang down: God's folk wi' Himsel are fu' lown.
Ane heigh-lilt ‖o' Asaph's.*

‖ or, *for Asaph.*

* Ps. 50.

SURELY God till Israel *'s* gude, till folk wi' a heart *that 's* clean:

2 Bot mysel, my feet maist gaed awa frae me; my gates, they war a' but gane.

a Job 21, 7. Ps. 37, 1. Jer. 12, 1.

3 *a* For I grein'd wi' spite at the senseless, *whan* I saw the ill-doers thrive:

4 For nae ban's at their death *hae they;* an' their fusion 's ay gude belyve.

5 I' the care o' the carl they hae nae fash; nor they're ne'er i' the cotter's plight: §

§ Ettles care o' the *heigh,* an' plight o' the *laigh:* Ps. 49, 2.

6 Syne pride like a girth, it sweels them about; an' stouthrief, it cleeds them tight.

b Job 15, 27. Ps. 17, 10; 119, 70.

7 *b* Their een, they stan' out wi' creesh; they hae mair nor the thoughts o' the heart:

c Hos. 7, 16.

8 They're lowse, *c* an' they claiver o' schamous wrang; they claiver wi' heads fu' heigh:

9 They rax their mouthe till the lift; an' their tongue, it gangs yont the yird:

10 Syne his folk, they come hame as they gaed; an' watirs, the fu' o' a caup, are toom'd out till them *wi'* a sigh. §

§ They greet mair nor a caup-fu', wi' angir.

11 An' quo' they, *d* Can God ken ought? Is thar sense i' the Heighest ava'?

d Job 22, 13. Ps. 10, 11; 94, 7.

12 Are-na thae the ill-doers that thrive; an' double their gear an' a'?

13 *e* Than, for nought I hae clean'd my heart, *f* an' in saiklessness sined my han's:

e Job 21, 15; 34, 9; 35, 3. Mal. 3, 14.

f Ps. 26, 6.

14 An' ilka day lang I 'been fash'd like a fule; an' thol'd ilka mornin' in ban's!

15 Gin I said I wad say siclike, I suld wrang the hail kith o' yer kin:

16 *g* Bot siclike whan I thought till ken, 'twas the sairest fash o' my een:

g Eccles. 8, 17.

17 Till ance I wan ben till God's halie howff; I could think on their hinmaist, *syne.*

18 *h* Surely ye set them on slidd'ry

h Ps. 35, 6.

gates; ye dang them aneth intil ruins:

19 Syne how are they *brought*, like a blink, till nought; *an'* fin' their ain end wi' sic grewins!

[*j* Job 20, 8. Ps. 90, 5.]

20 *j*Like a dream i' the wauk'nin, O LORD; whan ye wauken, their wraith ye sal slight!

21 Sae, my heart it wrought unco sair; an' I thol'd a snell stoun' i' my lisk:

[*k* Ps. 92, 6. Prov. 30, 2.]

22 *k*For mysel, I was senseless an' wantit wit; I was *ane* o' the beiss, i' yer sight.†

[† Heb. *wi' thee.*]

23 Bot ay, 'am mylane wi' thee; by my ain right han' ye hae held *me:*

24 Wi' counsel o' thine, ye sal wear me kin'; an' syne *intil* gloiry help me.

25 O wha sal be mine i' the lift? an' ane by yerlane, upon yirth, I seek nevir:

[*l* Ps. 84, 2; 119, 81.]
[† Heb. *stieve craig.*]
[*m* Ps. 16, 5.]

26 *l*My bouk an' my heart may gae wa'; *bot* the † strenth o' my heart an' my ha', is ay God himlane for evir! *m*

27 For ye ken, they maun die wha bide far frae thee; wi' a clour ye can fell them a', wha gang till

[*n* Exod. 34, 15. Num. 15, 39. James 4, 4.]

n play lowse frae yersel:

28 Bot mylane, till win hame to God *is* the feck o' a' gude till me: my tryste I hae set on the Lord *that's* LORD, that yer wonner-warks a' I might tell.

PSALM LXXIV.

A lilt o' dule for the waste o' the lan'; an' a plea wi' God, on a' he has tholed an' on a' he has dune, till win hame an' uphaud his ain.

[*Headins, &c.*
|| or, *for Asaph.* Ps. 78.]

* Maschil o' Asaph's. ||

WHATFOR, O God, hae ye dang *us* atowre? Maun yer wuth ay reek, *a*on the sheep o' yer lan' for evir?

[*a* Ps. 95, 7; 100, 3.
b Deut. 9, 29.
c Deut. 32, 9. Jer. 10, 16.]

2 Hae min' o' yer kirk, *b*ye coft lang-syne: *c*the stok o' yer ha'din,

ye fee'd; Mount-Zioun hersel, whar ye bade.

3 O lift up yer feet on †the weary wust; a' the ill the ill-willer 's dune, i' the halidom.

[† Heb. *wastins wi' nae end.*]

4 *d*Yer faes haud a sugh i' the mids o' yer kirks; *e*trysts o' their ain, they mak trysts *for God.*

[*d* Lam. 2, 7.
e Mat. 24, 24. 2 Thess. 2, 9.]

5 *A man* was kent, as he rax't fu' heigh †an aix on the tanglet tree:

[† Heb. *aixes.*]

6 *f*Bot now a' her †bawks they ding till bits, at ance wi' mattocks an' mells.

[*f* 1 Kings 6, 18, 29, 32, 35.
† Heb. *open warks; bot no till Solomon's day.*]

7 They hae flang i' the lowe that howff o' yer ain; *h*they hae filed wi' stoure on the yird, the neuk whar yer name suld bide.

[*g* 2 Kings 25, 9.
h Ps. 89, 39.]

8 Quo' they to themsel, Lat's ding them a': they hae brunt a' God's kirks i' the lan'.

9 Trysts o' our ain, we see nae mair; *i*no a seer 's till the fore; nor ane o' oursels that kens, *or can tell,* how lang!

[*i* 1 Sam. 3, 1. Amos 8, 11.]

10 How lang, O God, sal the enemie sneer? that name o' yer ain, sal the ill-willer slight for evir?

11 *k*Whatfor haud ye bak yer han'? yer ain right han'? Rax but frae aneth yer bosom!

[*k* Lam. 2, 3.
l Ps. 44, 4.]

12 *l*For God *was* my King langsyne; warkin heal-ha'din in mids o' the yirth.

[*m* Exod. 14, 21.]

13 *m*Ye synder'd the sea wi' yer might; *n*ye flinder'd the heads o' the || beiss i' the watirs:

[*n* Isai. 51, 9, 10. Ezek. 29, 3; 32, 2.
|| or, *whales:* crocodiles an' a' the lave, without doubt.]

14 Yerlane dang leviathan's heads in bits; § ye gied him for meat, till the folk i' the wustlan'. *o*

[§ God dang the Ægyptians, an' flang their bodies up on the shore.
o Ps. 72, 9.]

15 Yerlane *p*open'd fountain an' flude; *q*ye slakket awa the strickrowin watirs.

[*p* Exod. 17, 5. Num. 20, 11. Ps. 105, 41. Isai. 48, 21.
q Jos. 3, 13, &c.]

16 Yer ain *is* the day, an' yer ain *is* the night; *r*the light an' †lightbringer, ye ettled them baith.

[*r* Gen. 1, 14, &c.
† Heb. *the sun.*]

17 The bounds o' the yirth, ye hae settled them a'; *s*simmer an' winter, ye made them.

[*s* Gen. 8, 22.]

18 *t*Hae min' how the ill-willer jeers, O Lord; an' folk that are fules, how they scorn yer name.

19 Gie nane to the *ill-deedie* thrang, *u*the life o' yer turtle-doo; †the feck o' yer ain, sae forfairn, forget-na for evir an' ay. *v*

20 *x*Hae min' o' the tryst *ye made;* for the neuks o' the yirth sae mirk, wi' the biggens o' stouthrief are fu'.

21 O send-na the feckless hame wi' scorn; lat the puir an' the faitherless laud yer name.

22 Fy up, O God, an' plea yer ain plea; *y*hae min' how the witless loon jeers at yersel, day an' daily.

23 Forget-na the sugh o' yer faes; for the steer o' them that wad steer again thee, it 'll rax owre *the lave o' us* haillie.

PSALM LXXV.

A plea wi' fule-folk wastin God's warl', till be wyss, an they wad-na thole wytin at his ain han'.
Till the sang-maister: * Al-Tas-chith: ane heigh-lilt, *or* sang, ‖o' Asaph's.

THANKS, O God, gie we till thee, thanks gie we *till yersel;* for the warks o' wonner ye *wair on us, that* yer name 's comin hame they tell.

2 An I tak the †thrang in han', right-rechtins mylane I sal gie.

3 The lan' an' her folk are thowan awa; I maun steady her stoops mysel: Selah.

4 Quo' I till the fules, †Will ye no be wyss? an' till warkers o' wrang, *a*Rax-na the horn on hie:

5 O rax-na yer horn sae heigh owre a'; an' speak-*na* wi' neck sae stieve:

6 For neither frae east, nor frae wast, nor †frae southe, *comes* right till haud the gree:

7 *b*Bot God sal be righter; ‖him-

u Sang 2, 14.
†Heb. *the thrang.*

v Ps. 68, 10.
x Gen. 17, 7.
Jer. 33, 21.

y Verse 18.
Ps. 89, 51.

*Headins,&c.
Ps. 57.

‖ or, *for Asaph.*

†Heb. *kirk, or fair, or stated gath'-ran.*

†Heb. *dinna play the fule.*

a Zech. 1, 21.

†Heb. *frae the wustlan'.*
b Ps. 50, 6; 58, 11.
‖ or, *lays ane laigh, an' sets ane heigh.*

lane lays laigh, an' himlane 's *wha* can set on hie.*c*

8 For a caup 's *d*i' the han' o' the Lord; an' the wine it 's fu' red, an' †it 's a' owre-hede: *e* he sal toom frae the same; bot its shairins *syne,* a' ill-doers on yirth, they sal pingle *them* out, *an'* sal drink.

9 Bot mysel, I sal ay say on; I sal lilt till Jakob's God.

10 *f*A' horns o' ill-doers I'll sned forby: *g bot* the horns o' the right sal stan' heigh.

PSALM LXXVI.

God, whan he gangs till the stour, can do mair nor ane host o' weir.
Till the sang-maister on Neginoth :* ane heigh-lilt o' Asaph's. ‖

WEEL-KENT intil Judah *is* God; his name 's intil Israel gran': *a*

2 Intil Salem 's his howff forby; an' on Zioun, his shielin *stan's.*

3 *b*Yonder dang he †the lowan flight-flanes: the schild, an' the swurd, an' the tuilzie: Selah.

4 O brighter *are ye* yerlane; *c*ster-ker nor heights o' spulzie.

5 *d*The stieve in heart are herry'd an' dune; *e*they sleepit their sleep outright: no ane o' them a' their han's cou'd fin', *that war* sic carls o' might.

6 *f*At thy snell wytin, O Jakob's God, baith heigh-sled an' horse war smoor'd.

7 Yersel, yersel, *alane* maun be fear'd; an' wha can thole afore yer face, an ance yer angir lowes?

8 *g*Frae the lift ye gar'd right be heard; *h*the yirth, scho quaukit an' whush'd:

9 †Whan *ye* raise till the rightin, O God; till hain a' the lown on the lan': Selah.

10 *i*Surely the angir o' man, *itsel* sal gie laud till thee; the owrecome

c 1 Sam. 2, 7.
Dan. 2, 21.

d Job 21, 20.
Ps. 60, 3.
Jer. 25, 15.
Rev. 14, 10;
16, 19.

†Heb. *fu' o' a mixin; ettles drumlie, or drogs.*

e Prov. 23, 30.

f Ps. 101, 8.
Jer. 48, 25.
g Ps. 89, 17;
148, 14.

*Headins,&c.

‖ or, *for Asaph.*

a Ps. 48, 1,&c.

b Ps. 46, 9.
Ezek. 39, 9
†Heb. *the bleezan shafts o' the bow.*

c Ezek. 38, 12,
13; 39, 4.

d Isai. 46, 12.

e Ps. 13, 3.
Jer. 51, 39.

f Exod. 15, 1,
21.
Ezek. 39, 20.
Nah. 2, 13.
Zech. 12, 4.

g Ps. 53, 2, 5.
h 2 Chron. 20,
29.

†Heb. *in the risin till right,* God.

i Exod. 9, 16;
18, 11.
Ps. 65, 7.

54

o' wuth *like his ain*, ye sal e'en haud it tight in ban'.

11 [k] Tryst ye an' pay, till the LORD your God; hansels till wha suld be fear'd, [l] fesh a' that about him be.

12 He steeks aff the breath o' the foremaist: [m] dreid-eneugh, till kings o' the yirth, *is he.*

PSALM LXXVII.

Ane unco sair warsle wi' dule an' sorrow: God's kindness canna be gane: for his wonner-warks o' gude are ayont the flude.
Till the sang-maister; till Jeduthun:* ane heigh-lilt o' Asaph's.||

I SKREIGH'T until God, till I roopit; I skreigh't until God, an' he hearken'd till me.

2 I' the day o' my fash, I sought till the LORD; my han' rax't atowre i' the night, an' it quat-na: my saul wad thole nae remede.

3 I minded on God, an' I warsle'd; I sighet fu' sair, an' my spreit was dang throwither: Selah.

4 My een, ye haud them ay waukin; 'am sae daiver'd, I speak-na ae word.

5 [a] *Then* I thought on the days o' lang-syne; the years o' sae mony byganes:

6 I thought owre my sangs i' the night; [b] I croon'd wi' my heart by its lane; an' my spreit spierit uncolie hame:

7 Will the LORD cast awa for evir? an' ne'er rax his pitie mair?

8 Quat has his kindness for evir? will *his* word wear awa, †whiles folk are?

9 Has God nae mair thought o' rewin? Has he steekit his pitie in pine? Selah.

10 Syne quo' I, This is a' my ain weakness; *no* the years o' the Heighest's right han'! §

Left margin notes

[k] Eccles. 5, 4, 5, 6.

[l] 2 Chron. 32, 22, 23. Ps. 68, 29; 89, 7.

[m] Ps. 68, 35.

*Headins,&c. Ps. 62.

|| or, *for Asaph.*

☞ A gran', lown, eerie sugh has this sang o' Asaph's—an' it be his ain. Mony a far-raxin thought comes ben i' the makar's head, when he lyes waukin.

[a] Ps. 143, 5. Isai. 51, 9.

[b] Ps. 4, 4.

† Heb. *till kith-gettin an' kith-gettin.*

☞ §Lay by the like o' this in yer mind: nae truer thought 's in write.

---

11 I suld think on the warks o' the LORD; for I min' o' yer wonners lang-syne:

12 Na, I sigh owre ilk wark o' yer ain; an' I croon on yer deeds wi' a sang.

13 [c] Yer gate, O God, 's by itslane; [d] what-na God 's like *our ain* God ava'?

14 Yerlane are the God a wonner can do; yer strenth ye made kent amang peopil a'.

15 [e] Wi' an arm, ye brought hame yer ain folk; the bairns o' Jakob an' Joseph: Selah.

16 [f] The watirs, they saw thee, O God; the watirs, they saw thee an' grue'd; they war steer'd, aye, *their* laighest neuks.

17 The cluds, they toom'd owre *wi'* a spate; the lift gied a scraigh athort; an' thae flanes o' yer ain, how they gaed!

18 The reel o' yer thunner *was* †roun; [g] yer lightnins, they daizl'd the warl'; the yirth, scho trimml't an' sheuk.

19 [h] Yer gate, it *was* ben i' the sea; yer roddins in mony a flude; bot yer fitsteds, they ne'er war knawn.

20 [i] Ye weisit yer folk like a flock, by Moyses an' Aaron's han'.

PSALM LXXVIII.

The story o' God's folk an' their hamecomin; how they thraw'd, an' war dang wi' God; their wastin an' their walin: ane o' the grandest sughs o' lang-syne.
*Maschil o' Asaph's.||

HEARKEN, my folk, *till* my bidden; lout yer lugs till the words o' my mouthe:

2 [a] My mouthe I sal rax wi' wyss redin; frae lang-syne, I sal tell yo †the sugh:

3 [b] What we hae a' hearken'd, an'

Right margin notes

[c] Ps. 73, 17.

[d] Exod. 15, 11.

[e] Exod. 6, 6.

[f] Exod. 14, 21. Ps. 114, 3. Hab. 3, 8, &c.

† Heb. *in the roun,* or *circle* o' the lift, as thunner oft'nest gangs.

[g] Ps. 97, 4.

[h] Hab. 3, 1. Exod. 14, 28.

[i] Ps. 78, 52. Hos. 12, 13.

*Headins,&c.

|| or, *for Asaph.* Ps. 74.

☞ Tak tent how wyssly the sugh o' the story gangs on.

[a] Ps. 49, 4. Mat. 13, 35.

† Heb. *happit-stories.*

[b] Ps. 44, 1.

ken'd o'; an' our faithers hae tell'd till oursel.

4 *c An'* we maun-na hide frae their bairns; tellin a' till the folk that 's to come, †the praise o' the LORD an' his strenth; an' the wonners he wrought himlane.

5 *d* For he ettled a bidden in Jakob, an' settled a tryst in Israel; whilk he gied our faithers in keepin, *e* siclike till their weans to tell:

6 *f* That the folk for till come they might ken *them;* an' bairns to be born suld win up, an' tell *them* to bairns o' their ain:

7 That their tryste *ay* on God they might lippen; an' forget-na the doens o' God, but waird weel his biddens *ilk ane:*

8 An' be nane like their faithers, *g* a reistin an' thrawart kin; a kin never †right i' their heart, *h* nor aefauld wi' God i' their mind.

9 *Sic-like* war the lads o' Ephraim: weel dight an' a' †wi' *their* bows, they turn'd i' the day o' weir:

10 They bade-na the tryst o' God, nor thol'd in his bidden till steer.§

11 His doens an' a' they forgat, an' his wonners he loot them see:

12 Siccan a wark, i' their faithers' sight, he wrought intil †Ægyp-lan', *an' eke i* ontil Zoan lea'.

13 *k* He synder'd the sea, an' he fuhre'd them owre; *l* he dykit the fludes like a knowe:

14 *m* He airtit them ay wi' a clud by day; an' weise'd them at night wi' the light o' lowe.

15 *n* Rocks he rave i' the wust; an' sloken'd them weel, as frae dams owre-flowin:

16 An' he airtit *o* spates frae the craig; an' gar'd watirs fa', like fludes that are rowin.

17 Bot ay they gaed on, till mis-carrie wi' him; *p* till wear out the Heighest, in that drowthy lan'.

18 *q* An' they tempit God sair i' their hearts; for their life-sake, till cry for victual to han'.

19 Na, *r* they yammir'd on God; an' quo' they, Will God man a buird i' the wust?

20 *s* He dang the craig, as we ken, an' watirs cam rowin awa, an' spates they cam but wi' a bock: will he man till gie bread forbye? or ettles he flesch for his folk?

21 Syne hearken'd the LORD, an' *t* was fash't; syne wuth it was ken-nle'd on Jakob, an' lowe it wan up on Isra'l:

22 For they lippen'd them nane ontil God; nor trysted his ha'din sae heal:

23 Tho' the cluds he had tell'd frae abune; *u* an' the yetts o' the lift he unsteekit:

24 *x* An' toom'd down atowre them manna till eat; an' corn o' the lift till them streekit.

25 ‖ Bread o' the brightest ilk carl cou'd pree; he airtit them gate the fou o' *sic* victual.

26 *Syne y* he wauken'd the east win' aneth the lift; an' steer'd on the southe wi' his mighty ettle:

27 An' toom'd out abune them flesche like stoure; an' like san' o' the sea, the feather'd-flier:

28 An' drappit *it* laigh in mids o' their thrang; a' roun about, by the side o' their shielins.

29 *z* An' they ate an' they stegh't till rivan fu'; for he airtit their gate their ain heart's bidden.

30 Yet they quat-na †frae mair, *a* wi' their bite i' their mouthe.

31 Syne cam abune them the lowe o' God's wuth; an' he dang clean dead the burst'n amang them; the brawest o' Israel syne, he †brought down wi' a sugh.§

32 Wi' a', *b* they miscarry'd ay waur; an' they lippened nane till his wonners.

Margin notes (left column):

c Deut. 4. 6. Joel 1, 3.

†Heb. *the praises.*

d Ps. 147, 19.

e Deut. 4, 9; 6, 7; 11, 19.

f Ps. 102, 18.

g Exod. 32, 9; 33, 3; 34, 9. Deut. 9, 6, 13; 31, 27.

†Heb. *ready.*

b Verse 37.

†Heb. *straught'nin out the bow.*

§ They gaed nane forrit, tho' God bad them: some faut o' theirs, we kent-na o' afore.

†Heb. *lan' o' Mizraim:* siclike a' through.

i Num. 13, 22. Isai. 19, 11, 13. Ezek. 30, 14.

k Exod. 14, 21.

l Exod. 15, 8. Ps. 33, 7.

m Exod. 13, 21; 14, 24. Ps. 105, 39.

n Exod. 17, 6. Num. 20, 11. Ps. 105, 41. 1 Cor. 10, 4.

o Deut. 9, 21. Ps. 105, 41.

p Ps. 95, 8.

Margin notes (right column):

q Exod. 16, 2.

r Num. 11, 14.

s Exod. 17, 6. Num. 20, 11.

t Num. 11, 1, 10.

u Gen. 7, 11. Mal. 3, 10.

x Exod. 16, 4, 14. Ps. 105, 40. John 6, 31. 1 Cor. 10, 3.

§ or, *ilka ane cou'd eat bread o' the mighty anes.* Ps. 103, 20.

y Num. 11, 31.

z Num. 11, 20.

† Heb. *frae seekin mair, whiles their bite,* &c.

a Num. 11,33.

†Heb. *doubled down.*

§ Like eneugh: they killed themsel wi' sic schamous eatin.

b Num. 14; 16; 17.

e Num. 14, 29.

33 *c* Sae their days he wure by intil want o' pith; an' their years wi' nae end o' tholin.

d Hos. 5, 15.

34 *d* Yet ay as he dang them, they spier'd for himsel; an' wad turn, an' win eftir God:

e Deut. 32, 4.

35 An' mindit syne *e* that God *was* their Rock; an' God owre a', their hame-bringer.

f Ezek. 33, 31.

36 *f* Bot fair war they ay till himsel wi' their mouthe; an' fause wi' their tongues until him.

g Verse 8.

37 For their heart, *g* it was ne'er that sikker wi' him; an' they ne'er keepit true till his tryst.

b Num. 14, 18.

38 *h* Bot sae kin' as he *was*, he wan by *their* faut; an' dang *them* na clean: *i* na, fu' of'en he airtit awa his wuth; *k* an' wauken'd-na a' his angir.

i Isai. 48, 9.
k 1 Kings 21, 29.
l Gen. 6, 3.
Ps. 103, 14, 16.
m Job. 7, 7, 16.

39 For *l* he mindit that they *war but* flesch; *m* a breath that gangs by, an' again comes nevir!

n Ps. 99, 9, 10.
Isai. 7, 13.
Eph. 4, 30.

40 Sae aften 's *n* they thraw'd wi' him thro' the wust; *an'* fash'd him sair in that gateless grun'.

o Num. 14, 22.

41 *o* An' ay they gaed bak, an' they tempit God; an' they boundit the Halie Ane o' Israel.

42 They thought nane on his han', *nor* the day he rax't them out-owre frae strett:

p Ps. 105, 27, &c.
q Exod. 7, 20.
Ps. 105, 29.
r Exod. 8, 24.
Ps. 105, 31.
†Heb. *a driftin thrang.*
s Exod. 8, 6.

43 *p* Whan he lowse'd *a'* his wonners on Ægyp-*lan'*; an' his ferlies, on Zoan strath:

44 *q* An' chaingit their watirs till bluid; an' their burns, that they daur-na drink.

†Heb. *an' scho, i.e.* the puddock, *wrought,* &c.
t Exod. 10, 13.
Ps. 105, 34.
u Exod. 9, 23.
Ps. 105, 33.
§ The vine-stok hang on the plane-tree, syne a' wad come down thegither.
v Exod. 9, 23.
Ps. 105, 32.
† Heb. *livin gear.*

45 *r* He sent them †a flight, an' it glaum'd them up; *s* an' the puddock, †that wrought them sair:

46 *t* An' their braird wair'd he on the kailworm; an' on the locust, the feck o' their care.

47 *u* He dang down their vine-stoks wi' hail-*stanes;* an' their plane-trees wi' shoggles o' ice.§

48 *v* An' he steekit their beiss to the hail; an' their †stockin till fiery flaughts:

49 He airtit amang them the lowe o' his wuth, flaught, an' feime, an' smoorin-drift, thae ill erran'-rinners o' his.

50 He thought on a gate for his angir; he hain'd-na their saul frae dead; bot he steekit ‖their life to the plague:

‖ or, *a' that was livin o' theirs;* beast an' body.
Exod. 9, 3, 6.
x Exod. 12, 29.
Ps. 105, 36.
†Heb. *the vera head.*

51 *x* An' he dang ilka first-born in Ægyp; †the tapmaist pickle o' strenth in the howffs o' Ham! *z*

z Ps. 106, 22.
a Ps. 77, 20.

52 *a* Bot he fuhr'd his ain folk like sheep; an' weise'd them awa, like a flock in the desart:

53 An' he restit them thar i' the lown; an' they fash'd themsel nane wi' dread: *b* bot the sea, their ill-willers it smoor'd:

b Exod. 14, 27, 28; 15, 10.

54 Bot them he gar'd fuhre till his halirude-side; that height *o' his ain,* *c* he coft wi' his ain right han':

c Ps. 44, 3.

55 An' drave out afore them the folk *o' the lan';* *d* an' rightit their haddin by line, an' gar'd dwall i' the howffs o' the *hethen* the clans o' Israel's *weans.*

d Josh. 13, 7.
Ps. 136, 21, 22.

56 Bot they tempit an' wearied the God was abune; an' thae trysts o' his ain, they ne'er keepit:

57 An' they thraw'd an' they lied, like their faithers *lang-syne; e* like a †thowless bow, they slippit:

e Hos. 7, 16.
†Heb. *fause,* or *wrang-set.*
f Deut. 32, 16, 21

58 *f* An' they angir'd him sair wi' their heights; an' wrought him till lowe wi' their scoopit eidols.

59 God heard o' siclike, an' fu' angrie was he; an' he turn'd him atowre frae Isra'l:

60 *g* An' quat syne his dwallin in Shiloh; the howff he had ettled wi' man:

g 1 Sam. 4, 11.
Jer. 7, 12, 14;
26, 6, 9.

61 *h* An' his might he pat by intil thirldom; an' his gree, in the ill-willer's han'.

h Judges 18, 30.

62 An' steekit his folk till the swurd; an' was stoor till his heritage syne:

63 His ain youngsters, the lowe

_i_ Jer. 7, 34;
16, 9; 25, 10.

_k_ I Sam. 4, 11.

_l_ Job 27, 15.
Ezek. 24, 23.

_m_ Ps. 44, 23.

_n_ Isai. 42, 13.

_o_ I Sam. 5, 6,
12; 6, 4.

_p_ Ps. 87, 2.

§ Ettles the
heighest an'
the _laighest_;
the lift an'
the lan'.

_q_ I Sam. 16,
11.
2 Sam. 7, 8.

† Heb. _yowes_
in lam' or _in_
milk: leuk
Gen. 33, 13.
Isai. 40, 11.

_r_ 2 Sam. 5, 2
I Chron. 11, 2.

† Heb. _intil_
the _lown_.

snacket up; _i_ an' his dochtirs war
thought o' nae mair:

64 _k_ His priests, they gaed down
wi' the swurd; _l_ an' his widows, they
grat-na a tear.

65 _m_ Syne wauken'd the LORD, like
a sleeper; _n_ like a wight, whan he
rowts wi' wine:

66 _o_ An' dang his ill-willers abune
the houghs; an' wair'd them nae
end o' schame.

67 An' awa wi' the shielin o'
Joseph; an' wad nane o' the bluid
o' Ephraim:

68 Bot he wale'd out the kin o'
Jehudah; Mount-Zioun, _p_ he liked
the same.

69 An' he bigget his halie howff,
§ like the heighest _abune the lan'_;
§ like the yirth _hersel_ he laid it, fu'
deep, evir mair _till stan'_.

70 _q_ An' he lightit on David his
thirlman, an' took him frae the faulds
o' sheep:

71 Frae gaen eftir † the milkers
he sent him, _r_ in Jakob till gang wi'
his folk; an' in Israel, his hirsel _till_
keep:

72 An' he fed them as right 's his
ain heart; an' wi' the canny turn
o' his han's, he weise'd them the
lownest airt.†

PSALM LXXIX.

An unco sair 'plaint on a' the ill that 's
been wrought by ill-willers on Jeru-
salem: How lang can God thole the
like? Will he no come hame, an'
redd his folk frae sic herryment?
Ane heigh-lilt o' Asaph's. ||

|| or, _for_
Asaph.

_a_ Ps. 74, 7.
_b_ Mic. 3, 12.

_c_ Jer. 7, 33.

† Heb. _yird_,
or _lan'_.

THE hethen, O God, hae won
ben till yer ha'din; _a_ the howff
o' yer halidom filed hae they; _b_ Jeru-
s'lem, in bourocks they sweel'd.

2 _c_ They hae gien the dead-bouk
o' yer thirlfolk, _for_ meat till the bird
i' the lift; the flesch o' yer sants, till
the brute o' the field. †

3 Jerus'lem round, their bluid they
hae toom'd, like watir; _d_ an' nane
till yird _it_ by.

4 _e_ A geck are we till our niebors;
a snirt an' a sneer, till wha round
us fen.

5 _f_ How lang, O LORD? Will ye
kennle for ay? an' that angir o'
thine, maun it lowe like ony fire?

6 _g_ Toom out yer tene on the he-
then, _folk_ that ne'er kent yersel; an'
ontil the kingryks _enew_, that ne'er
gied a scraigh till yer name:

7 For Jakob, they 'eten him up;
an' herried that hame o' his ain.

8 _h_ Wyte nae mair on oursels, ||our
ain wrang-doens lang-syne: lat yer
rewth win afore us, or lang; for
we're sairly down-cruppen _this while_.

9 Help us, O God, our heal-
ha'din, for the sake o' yer ain gude
name; an' rax us atowre, an' put
right on our wrang, an' a' for the
gude o' yer name.

10 _i_ Whatfor suld the hethen say,
Whar _is_ this God o' theirs? Lat
him be kent till the hethen, an'
that in sight o' our een; whan the
bluid o' yer thirlfolk that skaillit
was, _by them_ sal hae answer'd been.

11 _k_ Lat the sigh o' the weary thirl
win ben afore yer sight; like that
mighty arm o' yer ain, redd the
bairns o' dead frae _sic plight_.

12 An' gie hame till our niebors
forby, _l_ seven-fauld i' their bosom
ben, _m_ thae jeers o' their ain, O
LORD, wi' the whilk they been jeer-
in yerlane.

13 _n_ Bot oursels yer ain folk, an'
the flock o' yer lan', sal gie laud
evir mair till thee: frae ae kith-end
till anither, thy praises owre-tell
sal we.

PSALM LXXX.

_d_ Ps. 141, 7.
Jer. 14, 16;
16, 4.
Rev. 11, 9.

_e_ Ps. 44, 13;
80, 6.

_f_ Ps. 74, 1, 9,
10; 89, 46.

_g_ Jer. 10, 25.

_h_ Isai. 64, 9

|| or, _the_
wrang doens
o' our _fore-_
folks.

_i_ Ps. 42, 10;
115, 2.

_k_ Ps. 102, 20.

_l_ Gen. 4, 15.
Isai. 65, 6, 7.
Jer. 32, 18.
Luke 6, 38.

_m_ Ps. 74, 22.

_n_ Ps. 95, 7;
100, 3.

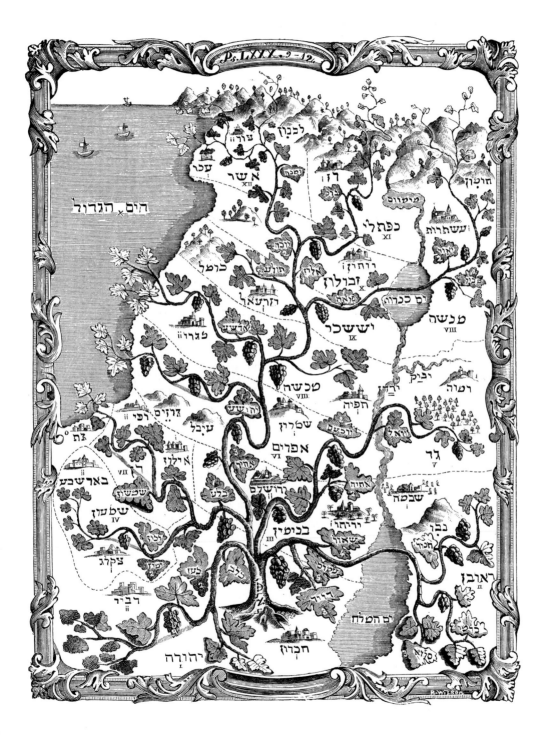

GUIDE TILL THE MAP.

Tree-Rute: Israel.

I. JUDAH.
1. CALEB: 2. BOAZ: 3. DAVID.
i. Hebron: ii. Debir.

II. REUBEN.
1. HANOCH: 2. CARMI: 3. PALLU.
i. Shibmah.
° *Nebo.*

III. BENJAMIN.
1. BELA: 2. ACHIA: 3. EHUD:
4. SAUL: 5. AMOS.
i. Jericho: ii. Jerusalem.

IV. SIMEOUN.
1. JACHIN: 2. JAMIN.
i. Ziklag: ii. Barshebah:
° Gath—[out-lyin town.]

V. GAD.
1. JOEL.
i. Ramoth
— *Jabbok-Watir.*

VI. EPHRAIM.
1. JOSHUA: 2. JEROBOAM.
i. Samaria.
° *Ebal:* °° *Gerizim.*

VII. DAN.
1. SAMSON.
i. Ajalon, or Elon: ii. Jaffa, or Joppa.

VIII. MANASSEH—HALF.
1. ELISHA.
i. Tephua, or Tapuah: ii. Megiddo.

VIII. MANASSEH—HALF.
1. MACHIR: 2. JAIR.
i. Ashtoreth.
° *Hermon.*

IX. ISSACHAR.
1. PHUA: 2. TOLA.
i. Jesreel.
° *Carmel.*

X. ZEBULON.
1. ALLON: 2. JONAH.
i. Dothain.
Height no named—aiblins *Tabor*, wrang
set down.

XI. NAPHTALI.
1. BARAK.
i. Dan—[a town.]

XII. ASHER.
1. JIMNA.
i. Accho: ii. Tyre.
° *Lebanon.*

SEAS.

* THE GRAN' SEA, or Mediterranean.
1. Watir o' Merom, or o' the Height.
2. Sea o' Cinnereth, or Genesareth.
3. Sea o' Saut, ca'd the Dead Sea.
= Jordan-Watir.
— Jabbok-Watir.

[*Till the Auld Map are neither figures nor a guide: whar but ae Leaf's named till a tribe, we put nae figure on't.*]

*Map, frae German Hebrew draught.
Halle-Magdeburg: 1741.*

therout wastit it; how God maun come hame, an' sort it.

Till the sang-maister on Shoshan-nim-Eduth;* ane heigh-lilt o' Asaph's. ||

SHEEP-HERD o' Israel, heark-en: weisin Joseph on [a]like a flock; [b]sittin *atween* the cherubs, [c]O will ye no glint furth!

2 [d]In face o' Ephraim an' o' Benjamin, an' *eke* o' Manasseh *himsel*; wauken that might o' yer ain, an' steer for heal-ha'din till us.

3 [e]O weise us hame again, God; †gar yer face [f]gie a glint, an' we're saif'd.

4 How lang, LORD God o' hosts, will ye reek at the pray'r o' yer folk?

5 [g]Bread o' tears ye hae gien them till eat; an' wi' tears ye hae sloken'd their drouth, †abune measur.

6 [h]Till our niebors, ye made us a facht; an' our ill-willers laugh till themsels.

7 [i]Weise us hame again, O God o' hosts; †gar yer face gie a glint, an' we're saif'd.

8 [k]A vine-stok ye brought out o' Ægyp; [l]ye dang the hethen at-owre, an' ye plantit her.

9 Rowth ye made a' fornenst her, †an' rutit her weel i' the grun'; an' *syne* scho couth fill the lan'.

10 The heights, they war scaum'd wi' her schadowe; her beughs, *they war* cedars o' God:

11 Till the sea, scho rax't yont her suckers; [m]till the watirs, her fast-growin rods.

12 Whatfor hae ye [n]dang down her dykins; that ilka gate-ganger can rive her awa?

13 The boar frae the frith, he can stamp her; an' the beast o' the fell, he can glaum her at will.

14 Hame again, O God o' hosts;

[o]tak a leuk frae the lift, an' see; an' visit this vine:

15 An' the haddin yer right han' has plantit; an' †the growthe ye made stieve for yersel.

16 Wi' fire it *'s been* kennled, an' haggit; [p]at the glow'r o' yer face, they dwine.

17 [q]O gin yer han' war atowre, on the Man o' yer ain right han'; atowre on the *ae* son o' Adam, for yer ain ye ettled till stan'.

18 Syne, frae thee, we suld ne'er fa' awa; lat us live, an' we'll cry on yer name.

19 [r]Weise us hame again, LORD God o' hosts; gar yer face gie a glint, an' we're hain'd.

PSALM LXXXI.

What Israel suld ay hae dune, an' what Israel might ay hae been, gin Israel had but tholed wi' the guidin o' the LORD *their God.*

Till the sang-maister on Gittith;* ane *heigh-lilt* o' Asaph's. ||

LILT loud until God, our strenth; till the God o' Jakob sing:

2 Tak a lilt, an' rax owre the drum; the cheerie harp, wi' the string.†

3 Tout loud on the horn at new mune; at the tryst; on the day o' our blythe ado.

4 [a]For siclike *'s been* a statute in Israel; a right wi' Jakob's God:

5 A bidden he made it till Joseph, whan he fuhr'd atowre Ægyp-lan'; [b]an' speech I kent nought o', I heard.

6 [c]His shouther I lowse'd frae the lade; [d]his loofs, frae the caudron they slakket.

7 [e]Ye cry't i' the grip, an' I lowse'd ye awa; [f]I spak hame till ye syne, i' the thunn'ry neuk: [g]at the watirs †o' Warsle, I try'd ye: Selah.

8 [h]Hearken, my folk, for I 'se

Headins,&c. Ps. 45; 69.
|| or, *for Asaph.* Ps. 45; 69.

[a] Ps. 77, 20.
[b] Exod. 25, 20.
1 Sam. 4. 4.
2 Sam. 6, 2.
Ps. 99, 1.
[c] Deut. 33. 2.
Ps.50, 2; 94,1.
[d] Num. 2, 18-23,

[e] Ver. 7, 19.
Lam. 5, 21.
†Heb. *an' gar.*
[f] Ps. 4. 6.

[g] Ps. 42, 3; 102, 9.
†Heb. *three measurs.*
[h] Ps. 44, 13; 79, 4.

[i] Verse 3, 19.
†Heb. *an' gar.*

[k] Isai. 5, 1, 7.
Jer. 2, 21.
Ezek. 15, 6;
17, 6; 19, 10.
[l] Ps. 44, 2.

[m] Ps. 72, 8.

[n] Ps. 89, 40, 41.
Isai. 5, 5.
Nah. 2, 2.

[o] Isai. 63, 15.

†Heb. *on the son: siclike as in ver. 7.*

[p] Ps. 76, 7.

[q] Ps. 89, 21.

[r] Verses 3, 7.

Headins,&c. Ps. 8.
|| or, *for Asaph.*

†Heb. *tangin gear.*

[a] Lev. 23, 24.
Num. 10, 10.

[b] Ps. 114, 1.
[c] Isai. 9, 4; 10, 27.
[d] Exod. 1, 14.
[e] Exod. 2, 23; 14, 10.
Ps. 50, 15.
[f] Exod. 19, 19.
[g] Exod. 17, 6, 7.
Num. 20, 13.
†Heb. *Meribah.*
[h] Ps. 50, 7.

threep wi' yersel; Isra'l, gin ye wad but hearken till me:

9 Nane sal thar be, a frem god wi' thee; nor till nae unco god sal ye lout an' bid.

10 *i*Mylane am the LORD, yer ain God, wha brought ye frae Ægyplan': rax open yer mouthe wi' a will, an' syne I sal pang 't for *thee.*§

11 Bot my folk wad hear nane till my cry; an' Israel wad nane o' mysel:

12 *k*Sae I e'en gied them owre till †their thrawnness o' heart; *an'* they gaed, as they liket themsel.

13 *l*O gin my folk had but hearken'd till me; gin Israel had fuhred my ain gates:

14 In a blink, their ill-willers I 'd brought till the grun'; and rax'd roun my han' on their faes.

15 *m*Wha misliket the LORD, suld †hae loutit till him; bot for evir an' ay, their ain time suld hae been.

16 *n*He had †plenish'd them syne wi' the best o' the wheat; *o*an' e'en ‖frae the hinney-craig, I had steghit thee!

PSALM LXXXII.

Right-rechtin in Israel has gaen sair wrang; God himsel maun be her right-rechter.

Ane heigh-lilt o' Asaph's.‖

GOD *a*stan's i' the thrang o' the mighty; he rights amang *a'* the gods.

2 How lang will ye right wi' a wrang; *b*an' the face o' ill-doers up-haud? Selah.

3 The feckless an' faitherless, right; till the down-dang an' puir, do nae wrang.

4 *c*The feckless an' frail, sen' them canny hame; frae the ill-doers' han's lat *them* gang.

5 They ken-na, and care-na ava';

i' the mirk, they gang stevlin on: *d*a' the founds o' the yirth are at thraw.†

6 *e*I said Ye *war* gods, mysel; an' sons o' the Heighest, †ilk ane:

7 Bot yet ye maun die, like the †laighest loon; an' like ane o' the foremaist, fa'.

8 Win up, O God; right-recht the lan'; *g*for yerlane, maun tak feof o' the hethen a'.

PSALM LXXXIII.

Some gath'ran o' the niebor folk till mak awa wi' Israel; the Makar wytes them i' the name o' God, till be a' dang by like stoure.

A sang an' ane heigh-lilt o' Asaph's.‖

O GOD, *a*be-na whush; be-na quaiet; be-na lown, O God.

2 For leuk, yer ill-willers wauken a din; an' yer haters rax up the head:

3 Again yer ain folk, they 'taen canny thought; *b*an' ettle mischieff on wha lye i' that neuk o' thine.†

4 Quo' they, Come awa; *c*lat 's sned them by, frae amang the folk; that the name o' Isra'l be nae langer in mind!

5 For their heart they hae packit thegither; again thee, they hae snedden a tryst:

6 *d*Edom's howffs an' the Ishma'lites; Moab an' the Hagarenes:

7 Gebal, an' Ammon, an' Amalek; Philistins, wi' dwallers in Tyre:

8 Assyr as weel, was in pack wi' them; an' they †stoopit the bairns o' Lot. Selah.

9 *Bot* do ye until them, as *till e*Midian; *f*as *till* Sisera, as *till* Jabin, awa by the Kison flude:

10 They war clean done awa at En-dor; *g*they war *dang like* dung on the yird.

11 Mak the best amang them,

Margin notes (left column):

i Exod. 20, 2.

§ It was whiles owre weel fill'd: Ps. 78, 30, 31.

k Acts 7, 42; 14, 16. Rom. 1, 24.

† Heb. *thrawnness o' their heart.*

l Deut. 5, 29; 10, 12, 13. Isai. 48, 18.

m Ps. 18, 44; 66, 3.

† Heb. *loutit like liears.*

n Deut. 32, 13, 14. Ps. 147, 14.

† Heb. *gar'd them eat o' the fat o' wheat.*

o Job 29, 6.

‖ or, *hinney frae the craig, gien eneugh till thee.*

‖ or, *for Asaph.*

a 2 Chron. 19, 6. Eccles. 5, 8.

b Deut. 1, 17; 10, 17. 2 Chron.19,7.

c Prov. 24, 11.

Margin notes (right column):

d Ps. 11, 3.

† Heb. *shoggit.*

e Exod. 22, 9. John 10, 34.

† Heb. *a' ye.*

† Heb. *man o' the yird.*

f Ps. 49, 12. Ezek. 31, 14.

g Ps. 2, 8.

‖ or, *for Asaph.*

a Ps. 28, 1; 35, 22; 109, 1.

b Ps. 27, 5; 31, 20.

† Heb. *happit anes.*

c Jer. 11, 19; 31, 36.

d 2 Chron. 20, 1; 10, 11.

† Heb. *war an arm till.*

e Judges 7, 22.

f Judges 4, 15, 24; 5, 21.

g 2 Kings 9, 37. Zeph. 1, 17.

b Judges 7, 25.
i Judges 8, 12, 21.

† Heb. Ettles shielin an' sheep-lan' thegither.
k Isai. 17, 13, 14.

† Heb. frightit ay on an' on.

l Ps. 59, 13.

A. C. 1023.

Headins,&c. Ps. 8.
|| or, *of.*

a Ps. 42, 1, 2; 63, 1; 73, 26; 119, 20.

b Ps. 65, 4.
§ The blythe birds sing till God, withouten dread, on the vera slachtir-stane. They maunna be steer'd.

[h]like Oreb, an' like Zeeb; [i]an' like Zebah, an' e'en like Zalmunnah, their foremaist ilk ane.

12 Wha said, Lat us glaum for oursels, the †hirsel an' a' o' God.

13 [k]My God, mak them *a'* like a trinnle; like fothir afore the win'.

14 As lowe licks up the wood; an' a bleeze, as it kennles the hills:

15 Sae drive ye them wi' yer onding; an' wi' yer swirlin blast, gar them cling.

16 Fill-fu' their faces wi' scorn, or they seek for yer name, O LORD.

17 Scham'd lat them be, an' †lang frightit; an' daiver'd, an' whamml'd dune.

18 [l]Syne sal they ken that yersel, *wi'* that name o' yer ain, JEHOVAH, *are* heighest the hail yirth abune!

PSALM LXXXIV.

How loesome are the dwallins o' God: blythe the bit birds i' the biggen; bot blythe abune a' is man; an' blythe owre the lave, wha see God in Zioun.

Till the sang-maister on Gittith:* ane heigh-lilt ||for the sons o' Korah.

HOW loesome thae howffs o' thine, LORD o' hosts!

2 [a]My life langs sair, an' wearies awa, ||for the LORD's áin fauldins sae fine; my heart an' my bouk, they skreigh out fu' fain, *for* God, *for* the livin God!

3 The vera flight-flier, scho wales a bit houss; an' the swallow a nest for hersel, whar her birds scho may lippen fu' snod; yer ain slachtir-cairns, O LORD, my King an' my God.

4 [b]Blythe dwallers are *thae* i' that houss o' yer ain; they maun ay be liltin till thee: Selah. §

5 *Bot* blythe *abune a'* been man;

his strenth 's i' yersel alane: i' their heart, are thae gates o' *thine.*‡

6 Gaen thro' ||[c]the dulesome dale, they e'en mak the same a wa'l; ||an' the dreepin rain itsel, cleeds *them wi'* blessins abune.

7 Frae strenth till strenth, they win on; they leuk till see God in Zioun.

8 Hearken my bidden, LORD God o' hosts; hearken, thou God o' Jakob: Selah.

9 [d]Schild o' our ain, leuk hereawa, God; leuk atowre on the face o' yer Chrystit.

10 For better *'s* ae day i' thae faulds o' thine, nor a thousan: fainer I'd jouk at the yett o' God's houss, nor be howff'd in ha's o' wrang-doen.

11 [e]For a sun an' a schild, *'s* the LORD God himlane; gree an' gloiry the LORD can len': [f]an' ought *that 's* gude he winna hain, frae them that gang aefauld on.

12 [g]Blythe *be* the man, O LORD o' hosts, till yerlane that lippens himsel!

(1) Ane kens-na, amang sae mony readins, how till redd the gate. Our Inglis reads nae wysser nor the lave, an' they differ uncolie, ane frae anither. Baith here an' in verse 5, we hae ettled David, that was sae gran' a makar an' kent weel what he said, suld speak for himsel. Leuk again, an' see gin it be-na baith wyss an' wyss-like.

PSALM LXXXV.

A cheerie lilt for the hame-come o' God wi' gude-will: his folk maun be wyss eftirhen.

Till the sang-maister: *ane heigh-lilt ||for the sons o' Korah.

YE hae rew'd on yer lan', O LORD; ye hae †lowse'd the thirldom o' Jakob!

2 [a]Ye hae redd by the wrang o' yer folk; ye hae happit up a' their misdoens: Selah.

3 Ye hae swakket frae a' yer

‡ Cramp eneugh Hebrew. Leuks till ettle, that man 's better an' blyther nor the birds wi' a'—as said Chryst, Mat. 6, 26.
|| or, *the dale o' Baca,* or *o' greetin,* or, *o' mulberry trees.*
c 2 Sam. 5, 22, 23.
|| or, *the maister,* or *the learner, theeks,* or *is theekit wi' blessins;* or, *the rain theeks the dubs.* (1)
d Gen. 15, 1.

e Gen. 15, 1. Ps. 119, 114. Prov. 2, 7.
f Ps. 34, 9, 10.

g Ps. 2, 12.

* Ps. 42, headin
|| or, *of.*

† Heb. brought hame: leuk Ps. 68, 18.
a Ps. 32, 1.

b Ps. 80, 7.

wuth; ye hae quat frae the lowe o' yer angir.

4 *b* Weise us hame again, God our heal-ha'din; an' hae dune wi' yer angir on us.

5 Will ye lowe on us ay, evir mair? Will ye rax yer ill-will, frae ae kith-gettin till anither?

6 Will ye ne'er come hame, *till* gie life till us? that yer folk may be blythe in thee!

7 O Lord, lat us see yer ain gudeness; an' yer heal-ha'din, wair 't on oursel!

c Zech. 9, 10.

8 I maun hearken what God the Lord will speak *syne*: *c* for peace he sal speak till his folk, till his sants an' a'; bot till folly, they maunna win hame.

d Zech. 2, 5.

9 Surely nar *'s* his heal-ha'din till wha fear himsel; *d* that gloiry may bide in our lan'.

e Ps. 72, 3. Isai. 32, 17.

10 Rewth an' trewth hae forgather'd wi' ither; *e* the right an' the lown, they hae kiss'd, the twa.

f Isai. 45, 8.

11 *f* Trewth schutes like the blade frae the grun'; an' the right, it leuks owre frae the lift.

g Ps. 84, 11.

12 *g* Syne the Lord, he sal gie *us what 's* gude; *h* an' our lan' sal be guid wi' her gift.

h Ps. 67, 6.

i Ps. 89, 14.

13 *i* The right, it sal fuhre afore him; an' sal airt us the gate o' his feet.

PSALM LXXXVI.

Ane unco sair plea o' David's wi' the Lord, wha 's far abune a' ither gods, till win hame till him an' help him.

Ane heart's-bode o' David's.

☞ Intil this Psalm, it 's whiles *Lord,* an whiles *Laird;* in verses 1, 6, 11, 17, it stans *Lord,* intil the lave *Laird;* but ettles a' ane.

LOUT laigh yer lug, O Lord; hearken ye till me, for puir an' forfairn *am* mysel.

2 Tak tent o' my life, for 'am a' yer ain: heal ye yer ain thirlman,

O my God, wha lippens himsel till yerlane.

3 Rew kindly on me, O Lord, for a' the day lang I hae skreigh't till yersel.

4 The saul o' yer servan' fu' blyth lat it be; *a* for till yerlane, O Lord, rax I up my saul:

5 *b* For gude, O Lord, *are* ye a' yerlane, an' o' pitie fou; in rewth abune a', till wha cry on thee.

6 Hearken, O Lord, till my bidden; an' thole at the scraigh o' my pray'rs.

7 *c* In the day o' my fash, I maun cry till yersel; for yersel can speak hame till me fair.

8 *d* Nane like yersel amang *a'* the gods; †nor nae warks like yer ain, O Lord: *e*

9 *f* A' kins ye hae made, they maun come, an' lout laigh afore thee, O Lord; an' maun e'en gie laud till yer name.

10 For gran' a' yerlane, *are* thou; *g* an' warks o' wonner, ye wrought yersel: *h* O God, ye are God alane!

11 *i* Weise me, O Lord, yer ain gate; *syne* sal I fuhre i' yer trewth: an' my heart, till fear yer name, haud it weel thegither.

12 *For* wi' a' my heart I maun praise yersel, O Lord my God; an' gie laud till yer name for evir.

13 For yer rewth ontil me, it *'s been* wonner grit; an' ye redd out my saul frae the graiff aneth.

14 ‖ A wheen haughty gods again me raise; *k* an' a thrang o' ill-doers sought eftir my life; an' ne'er set yersel afore them.

15 *l* Bot yerlane, O Lord, *are* a God fou o' pitie, an' kind; frae angir far, an' in rewth an' in trewth, abune mind.†

16 Leuk atowre till mysel, an' hae pitie on me; gie strenth o' yer ain till yer loon *that 's* in ban': *m* an' saif ye the son o' yer maiden.

a Ps. 25, 1; 143, 8.

b Verse 15. Ps. 145, 9. Joel 2, 13.

c Ps. 50, 15.

d Exod. 15, 11. Ps. 89, 6.

† Heb. *nane like yer ain warks.*

e Deut. 3, 24.

f Ps. 22, 31; 102, 18. Isai. 43, 7.

g Ps. 72, 18; 77, 14.

h Deut. 6, 4; 32, 39. Isai. 37, 16; 44, 6. Mark 12, 29. 1 Cor. 8, 4. Eph. 4, 6.

i Ps. 25, 4; 27, 11; 119, 33; 143, 8.

‖ or, *O God, the haughty anes hae risen.*

k Ps. 54, 3.

l Exod. 34, 6. Num. 14, 18. Neh. 9, 17. Verse 5. Ps. 103, 8; 111, 4; 130, 4, 7; 145, 8. Joel 2, 13.

† Heb. *mony-fauld.*

m Ps. 116, 16.

17 Tryst me some ferlie for gude, that my haters may see 't, an' be scham'd: for yerlane, O Lord, hae baith stoopit an' bield't me finely.

PSALM LXXXVII.

God cares mair for Zioun, nor the lave o' the warld forby; a' that sal count wi' him, maun count till be born tharby.

|| or, *of.*

Ane heigh-lilt *or* sang ||for the sons o' Korah.

a Ps. 48, 1.

SAE sikker '*s* his found *a*on the halie heights!

b Ps. 78, 67, 68.

2 *b*The Lord loes the yetts o' Zioun, mair nor Jakob's shielins a'.

3 Siccan ferlies are tell't o' thee, brugh o' God's *walin*: Selah:

c Ps. 89, 10.

4 *c*Rahab an' Babel, I 'se name, till wha ken ought o' me: thar 's Philistie frem, an' thar 's Tyre; alang wi' *the lan' o'* Cush: †some loon, he was born i' the same.

† Heb. *ony-body.*

† Heb. *mighty man an' mighty man,* far abune a' loons frae Cush.

5 Bot till Zioun sal *ay* be said, †Man eftir man was born in her: an' Himsel, wha 's Heighest o' a', he sal stablish her.

d Ps. 22, 30.

6 *d*The Lord he sal count, whan he jots the folk, that siclike was born tharin: Selah.

§ Unco loud an' clear, till tell sic news.

7 An' the lilters *themsels* like fifers sal be;§ ilk wa'll-spring o' mine '*s* intil thee!

PSALM LXXXVIII.

Heman lilts in dule, an' the sairest heart-threepin wi' God: neither light nor likan ava'.

|| or, *of.*

Headins, &c. 1 Kings 4, 31. 1 Chron. 2, 6.

Ane heigh-lilt *or* sang ||for the sons o' Korah; till the sang-maister on *Mahalath Leannoth: *Maschil o' Heman the Ezrahite.

LORD God o' my ain heal-ha'din, a' day hae I sighet fu' sair; an' a' night, afore thee.

2 Lat my bidden win ben till yer presence; lout yer lug till my weary cry.

3 For my saul it 's been steghit wi' sorrows; an' my life wins awa till the graiff.

4 'Am countit wi' them that gang down till the heugh; *a*am e'en like some carl wi' nae mair o' pith:§

a Ps. 31, 12. § Able eneugh ance, bot clean by now.

5 Lowse'd frae *my* ban's wi' the dead; like the slachtir'd, wha lye for the yirdin; that yersel winna mind ony mair, an' they're e'en sned awa frae yer han'.

6 Ye hae flang me †aneth, i' the sheugh; i' the mirkest gloams, i' the laighest heughs.

† Heb. *sheugh o' the howes*

7 Yer wuth, it dings owre me abune; an' *b*yer angir-spates a', ye hae brusten on *me*: Selah.

b Ps. 42, 7.

8 *c*My friens, ye hae schuten them far frae mysel; ye hae made me their scunner: 'am steekit close ben, an' sal ne'er win but.

c Job 19, 13. Ps. 31, 11; 142, 4.

9 *d*My ee wears awa wi' dule; I hae skreigh't till yerlane, O Lord, a' day; *e*I hae braidet my looves, fornenst ye.

d Ps. 38, 10.

e Job 11, 13. Ps. 143, 6.

10 *f*Will ye wair wonner-warks on the dead? sal ghaists win atowre *an'* praise thee? Selah.

f Ps. 6, 5; 30, 9; 115, 17; 118, 17. Isai. 38, 18

11 Sal yer rewth be tell't owre i' the graiff? yer trewth, amang wastry o' *mouls*?

12 *g*Sal yer ferlies be kent i' the mirk? *h*or yer right, i' the land o' nae mind?

g Job 10, 21. Ps. 143, 3.

h Ps. 31, 12.

13 Bot mysel, I maun scraigh till ye, Lord: *i*an' i' the mornin ere, sal my bidden win hame afore ye.§

i Ps. 5, 3.

§ Or God waukens, Heman's bidden sal be afore him.

14 Whatfor, O Lord, schute ye by my saul? *an'* hap ye yer face frae me?

15 Forfochten am I, an' 'am e'en i' the dead-thraw; sen a callant *I was*, I hae thol'd yer on-dings, *k*an' kenna *nae langer* how till dree.

k Job 6, 4.

16 Yer angrie tornes hae travell'd owre me; yer awsome dreids, they hae sned me down:

17 They fankit me roun ||ilk day,

|| or, *a' the day lang.*

like watir; they wan up about me, *a'* at ae tide.

18 [1]Jo an' frien' hae ye schuten clean frae me; an' wha kent me narest, in mirk *till* bide.

PSALM LXXXIX.

What God has trystit till David, an'
till a' that are David's ain; an'
tho' David be uncoly tried, how God
maun ay bide by his word. Blythe
may they a' be wha fen like David.
*Maschil ‖o' Ethan the Ezrahite.

THE rewths o' the LORD evir mair I maun sing; frae ae †life's end till anither, thy trewth I'se mak kent wi' my mouthe.

2 For rewth, quo' I, sal be bigget for ay; [a]thy trewth, i' the lifts ye sal set.

3 [b]I hae snedden a tryst wi' my walit; [c]I hae sworn until David, my thirl:

4 [d]I sal stablish yer out-come for evir; [e]an' frae ae kith end till anither, that thron o' yer ain I sal big: Selah.

5 [f]An' the hevins sal gie laud till yer wonner-warks, LORD; an' yer trewth, i' the thrang o' the sants.

6 [g]For wha i' the lift sal stan' wi' the LORD? or kythe wi' the LORD, amang sons o' †the mighty?

7 [h]A God fu' dread, i' the thrang o' the gude; an' eke till be fear'd, o' a' that forgather round him.

8 LORD God o' mony-might, wha 's like yersel, sic a mighty Lord? an' yer truth, that wins a' about ye?

9 [i]Yerlane, ye can swee owre the height o' the sea; i' the heize o' its waves, ye can lay them.

10 ‖Rahab ye [k]dang, like a slachtir'd loon; wi' the arm o' yer might ye drave yer ill-willers.

11 Yer ain *are* [l]the hevins, an' the yirth *is* yer ain; the warld an' its walth, ye hae made them sikker.

12 The north an' the southe, ye hae schuppen them baith: Tabor an' Hermon sal lilt at yer name.

13 Yer ain *is* an arm wi' might an' a'; sterk is yer han', *an'* fu' heigh yer right han'.

14 [m]Right an' right-redden *are* skowth for yer thron; [n]rewth an' trewth haud the gate afore ye.

15 Fu' blythe may the folk be, wha ken the cheerie sang; [o] i' the light o' thy ain face, O LORD, their gate they *ay* sal gang. §

16 I' that name o' thine, the leelang day, sal they be liltin free; an' in that rightousness o' thine, sal they be hadden hie.

17 For the gudeliheid o' a' their might, *are* ye yersel *alane;* [p]an' intil that gude-will o' thine, ye sal heize our horn abune.

18 For till the LORD, our schild *effeirs;* an' till Israel's Halie Ane, our King.

19 Syne spak ye, ‡wi' the seer's sight, till him was dear to thee; an' help ontil a mighty ane I hae lippened, quo' ye: a weel-waled *wight* frae· 'mang the folk, I hae setten him on hie.

20 [q]E'en David's sel, I fand him out, my ain lealman *till be;* an' wi' the oyle o' halieness, chrystit himsel hae I.

21 [r]An' sae my han', wi' him sal stan'; an' my arm his stoop sal be.

22 [s]On him the fae nae fash sal lay; nor mischieff's son him wrang:

23 [t]Afore his face, I'll ding his faes; an' cloure wha wiss him ill:

24 [u]Bot my trewth an' my rewth, they *sal bide* wi' himsel; an' his horn, [x]in my name, sal be strang.†

25 [y]His han' I'll e'en set i' the sea; an' his right han' in braidrowin fludes.‡

26 Till mysel he sal cry, my

Left margin notes:
[1]Ps. 31, 11; 38, 11.

*Headins,&c
‖ or, *for;* an' leuks unco like David's ain, tho' it be sae gien till Ethan: some tak it for ane o' Jeremiah's, an' the LXX. read Ethan the Israelite. 1 Kings 4, 31. 1 Chron. 2, 6.
† Heb. *kithgettin an' kithgettin.*
[a]Ps. 119, 89.
[b]1 Kings 8, 16.
[c]2 Sam. 7, 11, &c.
[d]Verses 29, 36.
[e]Siclike as in verse 1.

[f]Ps 19, 1.

[g]Ps. 71, 19; 86, 8; 113, 5.
† Heb. *the gods.*
[h]Ps. 76, 11.

[i]Ps. 65, 7.

‖ or, ye may ca't *Ægyp.*
[k]Exod. 14, 26. Ps. 87, 4. Isai. 30, 7.
[l]Gen. 1, 1. Ps. 24, 1; 50, 12.

Right margin notes:
[m]Ps. 97, 2.
[n]Ps. 85, 13.

[o]Num. 10,10; 23, 21.
§ The gift o' sang 's a God's gift, an' wyssly hanl'd, heals the folk.

[p]Ver. 24. Ps. 75, 10; 132, 17.

‡Sight comes whiles wi' sang, as till David himsel it did.

[q]1 Sam. 16, 1, 12.

[r]Ps. 80, 17.

[s]2 Sam. 7, 10.

[t]2 Sam. 7. 9.
[u]Ps. 61, 7
[x]Ver. 17.
† Heb. *heightit.*
[y]Ps. 72, 8; 80, 11.
‡ His face syne suld be till the north: Tak a leuk o' the map.

Faither *are* ye; my God, an' †my hainin rock.

27 Syne sae the auld son I sal mak him;[z] abune a' kings o' the lan':

28 [a]Evir mair my gude-will, for him I sal hain; an' my tryst, wi' himsel it sal stan':

29 [b]His outcome for ay I sal e'en gar stay; [c]an' his thron, like the days o' the lift.[d]

30 [e]Gin his weans hae nae mind o' my law; an' gin they winna gang i' my right:

31 Gin they suddle the trysts I made; an' nane by my biddens will haud:

32 [f]Their ain wrang-doens syne I sal snod wi' the rod; an' their folly, wi' mony a blaud.

33 [g]Bot my kindness frae him I sal ne'er tak awa; nor misslippen my tryst o' truth:

34 Lightly my tryst sal I nevir; nor steer what gaed but frae my mouthe.†

35 [h]Ance hae I sworn by my haliness; till David whatfor suld I lie?

36 [i]That his outcome †suld bide for evir;[k]an' his thron like the sun, afore me:

37 Like the mune, evir mair suld be sikker; †an' what 's true, i' the lift sae hie: Selah.

38 Bot yersel, ye hae airtit awa, an' misguidit *us* sair hae ye; wi' yer chrystit, ye 'taen the ill thraw.

39 Yer ain lealman's tryst, ye dis-own'd it; [l]his crown ye hae filed i' the stoure:

40 A' his dykes ye hae wrakit till ruins;[m] his strenths ye hae wastit awa:†

41 A' that gang by the gate, they can rive him; he 's a geck till his niebors *a'*:

42 His ill-willers' right han' ye hae heizet; an' fu' blythe ye hae made a' his faes:

43 Na, the face o' his swurd, ye hae cuisten; an' in tuilzie, ye stoop him nae mair:

44 The skance o' his gloiry ye keppit; an' his thron ye brought down till the lair :†

45 The days o' his youth ye hae snedden; ye hae happit him owre wi' care: Selah.

46 [n]How lang, O LORD? will ye hide for evir? [o]yer wuth, maun it lowe like a fire?

47 [p]Hae min' o' mylane; †but a blink *I can hain*. Ilk bairn o' the yird, whatfor hae ye made him for nought?

48 [q]Wha sae stieve can live, [r]an' dead shanna †prieve? wha can redd but his life, frae the grip o' the graiff? Selah.

49 O whar *are* yer thoughts, ance sae kind, O LORD? [s]till David ye swure i' yer truth?[t]

50 O LORD, hae min' o' yer thirl-folk's pine; [u]I bear 't i' my breast, frae the feck o' the hethen a':

51 [x]How yer ill-willers jeer, O LORD; how yer chrystit's ain gates they misca'!

52 *Bot* blythe be the LORD, evir mair: Amen, an' sae lat it fa'!

[PAIRT FOUR.]

[*Intil this an' the hinmaist Pairt, as ye sal see, are mony Psalms wi' nae headins o' their ain, an' by what makar 's no kent. The LXX., or Septuagint, as they're ca'd, hae gien headins till a wheen o' them; an' we tak sic help frae them [in braggets] as they can gie.*]

Marginal notes (left column):
† Heb. *rock o' my heal-ha'din.*
[z] Ps. 2, 7.
[a] Isai. 55, 3.
[b] Ver. 4, 36.
[c] Isai. 9, 7. Jer. 33, 17.
[d] Deut. 11, 21.
[e] 2 Sam. 7, 14.
[f] 2 Sam. 7, 14.
[g] 2 Sam. 7, 15.
† Heb. *lips.*
[h] Amos 4, 2.
[i] 2 Sam. 7, 16. Luke 1, 33. John 12, 34. Ver. 4, 29.
† Heb. *suld be.*
[k] Ps. 72, 5, 17.
† Heb. *an' the true teller.*
[l] Ps. 74, 7.

Marginal notes (right column):
[m] Ps. 80, 12.
† Heb. *setten them a wust*
† Heb. *yird or grun.*
[n] Ps. 79, 5.
[o] Ps. 78, 63.
[p] Ps. 39, 5; 119, 84.
† Heb. *what-na blink: the lave 's awantin.*
[q] Ps. 49, 9.
[r] Hebr. 11, 5.
† Heb. *see,*
[s] 2 Sam. 7, 15. Isai. 55, 3.
[t] Ps. 54, 5.
[u] Ps. 69, 9.
[x] Ps. 74, 22.

PSALM XC.

Man's like the gerss, an' his days like a tide: he comes an' he gangs, bot he canna bide.

*Ane heart's bode o' Moses, the *ae* Man o' God.

OUR ^ahame Ye 'been ay, yer-lane, O LORD; †frae ae life's end till anither.

2 ^bOr the heights war shot but, or the yirth an' the warld ye had schuppen; na, frae ae langsyne till anither, *hae* Ye *been* God.

3 Man ye fesh roun till naething; aye, ye say ^cHame again, Sons o' the yird!

4 ^dFor a thousan year i' yer sight, are the gliff o' a bygane day; or e'en as a steer i' the night.

5 ^eYe hae drookit them a' *in* a dwaum; ^fi' the mornin are they, as the winnle-strae dwaffles:

6 ^gI' the mornin, it braids an' it dwaffles; or night, it lies mawn an' winn.

7 For in yer angir, we're a' for-fochten; an' in yer wuth, are we dang clean dune.

8 ^hOur fauts ye hae setten for-nenst ye; §our ⁱweel-happit *sins*, i' the glint o' yer glow'r.

9 For ilk day o' our ain drees by in yer angir; an' our years wear awa, like †the sugh o' a sang.

10 The days o' our years, seeventy year o' them *a'*; or wi' meikle pith, aughty year they may gang: bot a weary warsle 's their feck wi' a'; for a gliff it gaes by, an' we flichter hame.

11 Wha daur mean the weight o' yer angir? e'en sae as ye're trystit, yer angir maun *be*.†

12 ^kTill count our days, gar *us* ken the better; an' airt *our* heart the gate o' *sic* lear.

13 Hame again, LORD, how lang sal ye swither? an' ay on yer thirl-folk rew the mair:

14 Stegh us fu' ere wi' *rowth* o' yer pitie; syne sal we lilt, an' be blythe a' our days.

15 Mak us blythe, †for sae lang 's ye hae dang us; an' the years we hae seen but ill:‡

16 Lat yer wark be but seen on yer thirlfolk; on their bairns, yer gudeliheid *still*:

17 ^lAn' the will o' the LORD our God be amang us; an' the wark o' our han's, till oursels mak it guid: O the wark o' our han's, mak it guid till *oursel*.§

PSALM XCI.

Nane sae sikker as wha bide wi' the Lord: The ill-man himsel kens that fu' weel.

[By wha, 's no said: maist like by David.]

WHA ^alyes i' the lown o' the Heighest, he sal bide i' the bield o' the Stievest:

2 ^bHe may say,‖ Wi' the LORD, is my to-fa' an' craig; my God, I maun lippen him liefest.

3 ^cFor, frae the hunter's girn he sal quat ye; *an'* e'en frae the sugh o' a' ill:§

4 ^dHe sal hap ye atowre wi' his feathers; an' ye'se lippen aneth his wings: his truth sal be shaltir an' schild.

5 ^eNane sal ye dread, frae the fright o' the night; nor the flane, *as* it flies the day thro':

6 Frae the ill that gangs i' the gloamin; frae the †wastin, *whan* noontide 's fou.

7 A thousan sal stacher aside ye; an' ten thousan at thy right han'; *bot* it shanna win nar till thee.

8 ^fBut a glisk wi' yer een ye sal wair †*on't*; an' the fairin o' ill folk sal see.

Marginal notes (left column)

*Deut. 33, 1.

^a Deut. 33, 27. Ezek. 11, 16.
† Heb. *frae kithgettin an' kithgettin.*
^b Prov. 8, 25.

^c Gen. 3, 19. Eccles. 12, 7.

^d 2 Pet. 3, 8.

^e Ps. 73, 20.
^f Ps. 103, 15. Isai. 40, 6.

^g Ps. 92, 7.

^h Ps. 50, 21.
§ A' that 's weak in our bodies.
ⁱ Ps. 19, 12.

†Heb. *thought fu' croon.*

† Heb. *till count.*
^k Ps. 39, 4.

Marginal notes (right column)

† Heb. *for the days*—till wit, in Ægyp.
‡ 400 year: an' mae nor twice as mony they might hae been blythe, an they wad hae tholed guidin.
^l Ps. 27, 4.
§ An' till nae Ægyptian riever.

^a Ps. 27, 5.

^b Ps. 142, 5.
‖ or, *I'll say.*

^c Ps. 124, 7.
§ The hunter aiblins shue'd the birds in owre till his girn.
^d Ps. 17, 8; 57, 1; 61, 4.

^e Job 5, 19, &c. Ps. 121, 6. Prov. 3, 23. Isai. 43, 2.

† Heb. *wastin it wastes.*

^f Ps. 37, 34.
† Heb. *sal jimp*; or, *but only leuk wi' yer een.*

g Ps. 90, 1.

b Ps. 34, 7;
71, 3.
Mat. 4, 6.
Luke 4, 10.
† Heb. *in a'
yer gates.*

i Job 5, 23.
Ps. 37, 24.
|| or, *ye ding
yer fit on.*

k Ps. 50, 15.

l Ps. 50, 23.

9 For ye made the LORD, my ain to-fa', g an' the Heighest owre a', yer bield;

10 Ill, it sal ne'er befa' ye, nor mischieff win nar till yer shiel.

11 h For his ain erran-rinners he'll weise ye; till tent ye, † whare'er ye gang:

12 On their loov's, fu' heigh they sal heize ye, i in case be || yer fit tak a stane.

13 Ye sal gang owre the lyoun an' ethir; the lyoun's whalp an' grit ethir, ye sal thring them *baith* down yerlane.

14 For ay in mysel he had pleasur, syne sae I sal redd him hame; heigh by himlane I sal set him, for weel has he kent my name.

15 k He sal cry till mysel, an' I'll tent him; mylane *sal be* wi' him in dree: I sal rax him atowre frae *cumber,* an' eke sal gie him the gree.

16 Wi' nae en' o' days I sal stegh him; l an' *a' that's* in my heal-ha'din, I sal *e'en* gar him leuk an' see.

PSALM XCII.

*How ill-doers a' are sned by like the
gerss, bot the rightous braid braw
like the trees.*
Ane heigh-lilt *or* sang, for the Quat-
tin-Day. [By wha, 's no said.]

a Ps. 147, 1.

† Heb. *intil
the* lang
nights.

† Heb. *ontil
the Higgai-
oun:* leuk
Headins.

b Ps. 40, 5;
139, 17.

IT'S a gude till gie laud to the LORD; an' till lilt to thy name, Thou Heighest:

2 Till tell yer gude-gree i' the mornin gray; an' yer truth, † whan the nights are *dreighest:*

3 On the lume wi' the tensome thairms, an' eke on the langspiel's sel; † wi' the lown-gaen sugh o' a sang, *alang* wi' the harp *sae snell.*

4 For sae blythe 's ye made me wi' yer wonner-wark, LORD; i' the warks o' yer hans, I sal roose mysel.

5 b How mighty, O LORD, are yer

doens; c unco deep, are thae thoughts o' thine!

6 d The carl, *that's* a brute, canna ken *them;* the gowk, o' sic-like has nae min'.

7 e Whan ill-doers braid like the gerss; an' a' that do wrang growe green: *it's* ay till be wastit are they.

8 f Bot yerlane, O LORD, *are* fu' heigh for ay!

9 Syne sae, O LORD, yer ill-willers; syne sae, yer ill-willers sal gang: sperflit sal they be *thegither,* a' that are warkers o' wràng.

10 g Bot my horn, like the reem's, ye sal straughten; my auld age, wi' oyle sal be green: ||

11 h My ee sal leuk owre my ill-willers; o' ill folk that steer up again me, my lugs they sal hearken the *mean.*

12 i The rightous sal blume like the palm-tree; like the cedar o' Lebanon, braid:

13 Wha are set i' the LORD's ain biggen; they sal blume i' the faulds o' our God:

14 Ay on till grey hairs, they sal carry; sappy an' green sal they be:

15 Till tell that JEHOVAH is ae-fauld: k my rock, an' l wi' nae wrang intil him, *is he.*

PSALM XCIII.

*The thron o' the Lord's abune fechtan
folk, an' warslin watirs; Jehovah's
gran', owre sea an' lan'.*
[For the day afore the Quattin-Day,
whan the yirth was founded: ane
o' David's, quo' the LXX.]

c Isai. 28, 29.
Rom. 11, 34.

d Ps. 94, 8.

e Job 12, 6;
21, 7.
Jer. 12, 1, 2.
Mal. 3, 15.

f Ps. 56, 2.

g Ps. 89,17,24.
|| or, *I sal be
drookit wi'
green oyle.*
b Ps. 54, 7;
59, 10;
112, 8.

i Isai. 65, 22.
Hos. 14, 5.

k Deut. 32, 4.

l Rom. 9, 14.

a Ps. 96, 10;
97, 1; 99, 1.
Isai. 52, 7.
b Ps. 104, 1.
c Ps. 65, 6.
d Ps. 96, 10.
e Ps. 45, 6.
Prov. 8, 22,
&c.

JEHOVAH'S *sel,* a he 's king: b wi' might he 's cled, he 's cled; c JEHOVAH 's graith'd wi' might: d the warld forby, 's fu' sikker sted; atowre it winna swing.

2 e Yer thron, sen-syne, 's fu' stieve; frae ayont lang-syne, yerlane.

3 The fludes hae rax't, O LORD;

the fludes hae rax't their din; the fludes hae rax't their might : ‖

4 Abune the din o' mony a watirbreinge; abune the breinge o' seas, the LORD *'s* fu' grand in height.

5 Yer trysts, they 're unco sure; *an'* halieness weel sets yer houss, O LORD, nae end o' days till *fuhre.*

PSALM XCIV.

A lang plea wi' ill-doers, on what God maun think an' do wi' them. Nae thron o' mischeff, nor lawfu' wrang, the warst o' a' wrangs, can be his. [By wha 's no said : thought till be by David.]*

GOD o' wrakin, O JEHOVAH; *a* God o' wrakin, glint atowre:

2 *b* Up, yerlane, the *c* yirth's rightrechter; till the proud, gie double owre.

3 How lang, O LORD, sal evil warkers; how lang sal ill folk haud the gree?

4 They clash *an'* claiver heartless mischeff; *d* they crack fu' crouse, a' that wark a lie.

5 Yer folk, LORD, they wear them clean dune; an' yer haddin, they waste it awa:

6 The widow an' wander'd, till death they ding; an' the orphans, †till dead they draw:

7 *e* An' the LORD, quo' they, sal ne'er see *the like*; nor Jakob's God ken ava'.

8 *f* Tak tent, ye brutes amang folk; an' ye cuifs, will ye ne'er be wyss?

9 *g* Wha plantit the lug, sal he no hear? wha shapit the ee, sal he tak nae notice?

10 Wha schules the hethen, sal he no fleech; wha insenses mankind wi' thought?

11 *h* Aye, the LORD kens weel the thought o' ilk chiel; that *the best o'* them *a' are* but nought.

12 *i* Weel for the wight ye hae taught, O LORD; an' e'en frae yer law gien him lear:

13 For lown till himsel, in the days o' ill; or the sheugh for illdoers be bare.†

14 *k* For the LORD winna tine his ain folk; nor his haddin, he winna forlie 't :

15 Bot rightin sal win back till right; syne a' aefauld in heart, sal be wi' t. §

16 Wha sal rise for mysel on the wicked? wha sal help me, wi' warkers o' wrang?

17 An the LORD *had*-na *been* my up-ha'din; my life, maist a whush it had lain :

18 Bot my fit, whan I said it had slippet; yer gude-will, O LORD, made me strang :

19 In the thrang o' my thoughts within me, yer comforts, they made me fu' fain.

20 *l* Sal the thron o' mischeff, *m* that ettles sic fash ‖ on the law, be wi' thee?

21 They rin on the life o' the rightous; an' the bluid o' the saikless, they winna free.†

22 Bot the LORD till mylane is heigh-ha'din; an' my God *'s* a stieve craig till me :

23 *n* An' sal coup on themsels their wrang-doen; an' †whan they sned, sal sned them awa: *Aye,* JEHOVAH *that 's* God o' our ain, a' siclike he sal sned them in twa.

PSALM XCV.

A lilt o' laud till the Lord, an' a word o' gude guidin till Israel. [By wha 's no said here.]*

HEREAWA folk, lat us lilt to the LORD; *a* fu' loud lat us

Margin notes

‖ or, *waves.*

* Ca'd in the LXX. *for the fourt day o' the Sabbath.*

a Deut. 32, 35. Nah. 1, 2.

b Ps. 7, 6.

c Gen. 18, 25.

d Ps. 31, 18. Jude 15.

† Heb. ettles *to fell like a riever.*

e Ps. 10, 11, 13.

f Ps. 73, 22; 92, 6.

g Exod. 4, 11. Prov. 20, 12.

h 1 Cor. 3, 20.

i 1 Cor. 11, 32. Hebr. 12, 5, &c.

† Heb. *howk-it, or ready.*

k 1 Sam. 12, 22. Rom. 11, 1, 2.

§ Whan law an' what's right gang thegither, folk may be weel content.

l Amos 6, 3.

m Ps. 58, 2. Isai. 10, 1.

‖ or, *wi' the law,* or *abune the law.*

† Heb. *they doom till dead.*

n Ps. 7, 16.

† Heb. ettles *i' their ain sneddin, or clourin o' ither folk, God sal sned themsels clean awa.*

* Leuk Hebr. 4, 7.

a Ps. 100, 1.

lilt to the craig o' our ain heal-ha'din.

2 Lat us †ben afore him wi' a lilt o' laud; wi' sangs fu' heigh, lat us lilt until him.

3 [b] For a God unco grand *is* the LORD; an' a king fu' gran', owre the †lave o' gods.

4 In that han' o' his, *are* the howes o' the yirth; an' his ain are the heights o' the hills:

5 Whase ain *is* the sea, for he made it himsel; an' the dry *lan'*, his han's gied it shape.

6 O hereawa *syne*, lat us lout an' beck; lat us laigh on our knees, till the LORD our Makar.

7 For himlane, he *is* God o' our ain; [c] an' oursels the folk o' his hirsel; an' eke the flock o' his han': [d] Gin his cry, but the day, ye wad hear till.

8 O haud-na yer hearts sae dour, [e] as *ance* in the weary warsle; as *ance* in the day o' thraw, in that gateless grun', *ye daur'd till*:

9 [f] Whan yer faithers they tempit, they tried me sair; an' my warks o' wonner they saw still.

10 Forty year lang I was fash'd wi' the kin: Syne quo' I, the folk gang agley, i' thae hearts o' their ain; an' gates o' mine, they ken nought o':

11 An' I swure in my wuth till them syne, my rest they suld ne'er win ben to. §

PSALM XCVI.

A sang o' laud, at the hame-comin o' the Lord till his ain halidom.
[Ane o' David's; whan his houss was bigget eftir captivity, quo' the LXX.]

SING [a] ye till the LORD a new sang; sing ye till the LORD, the hail yirth:

2 Sing ye till the LORD, blythe-bid his name; tell ye his heal-ha'din, frae day till day.

3 Tell owre amang the folk the weight o' his gree; amang a' the folk, his warks o' wonner.

4 [b] For grand 's the LORD, [c] an' fu' gran'ly lauded: [d] himlane till be fear'd abune a' the gods.

5 [e] For a' gods o' the hethen *are* gods o' nought; [f] bot the LORD himlane, it was, wrought the hevins.

6 Gloiry an' gree *are* thegither afore him; might an' what 's braw, in his halie howff.

7 Gie ye till the LORD, ye outcome o' the folk; gie ye till the LORD, gudeliheid an' might:

8 [g] Gie ye till the LORD, the gloiry †beha'din his name; tak a hansel, an' ben till his chaumers:

9 Lout laigh till the LORD, [h] in braws o' the best;† quak ye afore him, the hail yirth:

10 Quo' ye amang the folk, [i] The LORD he 's king; the warld eke fu' sikker is, that it suld ne'er be steerit: the folk [k] he sal guide *himsel*, wi' his ain rightous guidins.

11 [l] The lifts, lat them laugh; an' the yirth, lat it blythen: [m] the sea, lat it rant, an' its plenishin a':

12 The field lat it fling, an' ilk haet that 's inside o't; aye! ilk stok o' the wood, lat it lilt *an'* sing:

13 Afore the LORD, for he comin is; for he 's comin till right the lan': [n] he sal right-recht the warld intil rightousness, an' the folk intil truth *that* 's his ain.

PSALM XCVII.

Anither heigh-lilt at the Lord's hame-comin: Zioun, abune a', suld be glad.
[For David; whan the lan' was lippened till himsel, quo' the LXX.]

†Heb. *till the east o' his face.*

[b] Ps. 96, 4; 97, 9; 135, 5.
†Heb. *a' the gods.*

[c] Ps. 79, 13; 80, 1; 100, 3.

[d] Hebr. 3, 7; 4, 7.

[e] Exod. 17, 2, 7. Num. 14, 22; 20, 13; Deut. 6, 16.
[f] Ps. 78, 18, 40, 56. 1 Cor. 10, 9.

§ Forty year gang till ae kithgettin. The Lord tholed sae lang, an' syne got weel quat o' them.

☞ An' a braw lilt it is.

[a] 1 Chron. 16, 23. Ps. 33, 3.

[b] Ps. 145, 3.
[c] Ps. 18, 3.
[d] Ps. 95, 3.
[e] See Jer. 10, 11, 12.
[f] Ps. 115, 15.

[g] Ps. 29, 1, 2.
†Heb. *o' his name.*
[h] Ps. 29, 2; 110, 3.
†Heb. *weel setten by, or o' haliness, or o' the halie-howff.*
[i] Ps. 93, 1; 97, 1.
[k] Ps. 98, 9.

[l] Ps. 69, 34.
[m] Ps. 98, 7, &c.

[n] Ps. 67, 4. Rev. 19, 11

a Ps. 96, 10.

b 1 Kings 8, 12.
Ps. 18, 11.
c Ps. 89, 14.

d Dan. 7, 10.

e Ps. 77, 18; 104, 32.

f Judg. 5, 5.
Mic. 1, 4.
Nah. 1, 5.

g Ps. 19, 1; 50, 6.

h Exod. 20, 4.
Lev. 26, 1.
Deut. 5, 8.
i Hebr. 1, 6.

k Ps. 95, 3; 96, 4.

l Ps. 34, 14; 101, 3.
Amos 5, 15.
Rom. 12, 9.

m Ps. 112, 4.

n Ps. 33, 1.
o Ps. 30, 4.
‖ or, *haliness.*
§ The mair liltin at Zioun, the better they wad mind God's houss.

a Ps. 33, 3; 96, 1.
Isai. 42, 10.
b Isai. 59, 16; 63, 5.

THE LORD, *a* he 's King, lat the yirth be blythe; *an'* the feck o' the isles be fain.

2 *b* Cluds an' mirk, they gather round him; *c* right an' right-rechtin stoop his thron.

3 *d* Lowe afore him gangs, an' kennles his ill-willers roun' about:

4 *e* His lightnins lighten did the warld; *syne* the yirth, it saw an' sheuk.

5 Frae afore the LORD the heights, like wax *f* they thowe'd awa; frae afore the face o' *him, that 's* Laird o' the yirth *an'* a'.

6 *g* The lifts, they lat wit o' his right; his gloiry, a' folk can see:

7 *h* Be scham'd a' wha jouk till ane eidol; wha crack sae crousely o' gods o' nought: *i* lout laigh till himsel, a' gods *that* be.

8 Zioun hearken'd, an' *syne* was fu' fain: fu' blythe war the dochtirs o' Judah, for thae right-rechtins, LORD, o' thine.

9 For heigh abune a' the yirth, are ye, O LORD, yerlane: *k* an' uncolie heigh till be ha'din, a' ither gods abune.

10 Wha loe the LORD, *l* ye maun thole nae ill: the sauls o' his sanctit anes wairds he weel; frae the han' o' ill-doers he redds them.

11 *m* Thar 're a seed-time *o'* light for the rightous; an' joie for the aefauld in heart:

12 *n* Be blythe in the LORD, ye rightous; *o* an' lilt, till keep mind o' his ‖ halie pairt. §

PSALM XCVIII.

Anither lilt o' laud to the Lord, fu' heigh an' gran', by a' sea an' lan'.
Ane heigh-lilt. [By wha, 's no said.]

SING *a* ye till the LORD a new sang; **for** warks o' wonner himlane has dune: *b* his ain right

han', an' his halie arm, it wrought him salvatioun.

2 *c* In sight o' the hethen folk, the LORD lat his health be kent; an' that right o' his ain, he made plene.

3 He had mind o' his rewth an' his trewth, till Israel's houss *forby*; a' neuks o' the lan' the heal-ha'din, o' *him that 's* our God, they hae seen.

4 Wauken a din till the LORD, O a' the yirth: skreigh, an' lowp, an' lilt ye *afore him.*

5 Lilt till the LORD wi' the harp; wi' the harp, an' the sugh o' a psalm:

6 Wi' horns, an' the tout o' a swesch; mak a din afore the LORD, the King.

7 *d* The sea lat it rant, an' its plenishin a'; the warld, an' a' that won tharin: ‡

8 Lat the rowin fludes ding *their* looves thegither; § the craigs fu' heigh, lat them lilt an' croon:

9 Afore the LORD; *e* for he 's comin till right the lan': he sal right-recht the warld intil rightousness, an' the folk wi' the †straught o' his han'!

c Isai. 52. 10.

d Ps. 96, 11.
‡ The Mediterranean Sea, an' the outside warld.
§ The Tigris an' Euphrates ran close till ane anither; wi' Hermon an' Tabor atween them an' the sea.
e Ps. 96, 10, 13.
† Heb. *wi' straught dealins.*

a Ps. 93, 1.
b Exod. 25, 22.
Ps. 18, 10; 80, 1.

‖ or, *himlane setten by;* or, *halie.*
c Job 36, 5.

§God's might 's ay right.

PSALM XCIX.

God 's heigh owre a'; baith gude an' ill suld fear him.
[Ane o' David's, quo' the LXX.]

THE LORD *a* he 's King, the folk they maun gee; *b* he sits *in* the cherubs, the yirth it maun swee:

2 The LORD intil Zioun, he 's grand an' a'; an' atowre a' the hethen, he 's hie:

3 Yer name they maun laud, sae mighty it is; an' sae dread, by ‖ itslane setten by.

4 *c* An' the King, his ain might 's ay fain o' the right; yerlane ye hae ettled the straught *an'* the right; § an' rightousness sel, ye hae wrought it out, in Jakob.

5 ^dThe Lord our God, ye maun heize him hie; ^ean' laigh at his fitbrod, lout maun ye; *for* he *'s* hälie.

6 ^fMoyses an' Aaron, wi' priests o' his; an' Samuel, wi' them †his name wha did reeze: they cry't till the Lord, and he spak till them.

7 ^gIn the rack o' the clud, he spak till themlane; his bidden they bade, an' the tryst he gied them.

8 O Lord our God, ye spak till them hame; ^ha God ye war *ay* that tholed wi' themlane; ⁱbot their illettled thoughts, ye cam down on.

9 The Lord our God, ^kye maun heize him hie; an' laigh at his halie hill lout ye: for the Lord our God, he *'s* halie.

PSALM C.

*We 're a' but the sheep o' God's lan',
an' the flock o' God's han': a' livin
folk, they suld laud him.*
A lilt o' laud.* 　[Ane o' David's,
quo' the LXX.]

SKREIGH ^atill the Lord, the hail yirth, maun ye:

2 Beck till the Lord wi' blytheheid an' a'; ben afore him, wi' a sang o' glee.

3 Ken ye fu' weel, the Lord he 's God: ^bhimlane, *it was*, made us; oursel *made*-na we: ^chis folk are we *syne*, an' eke o' his hirsel the fe.

4 ^dBen till his yetts wi' laud; till his faulds, wi' a lilt sae hie: lilt ye laud till himsel; *an'* that name o' his ain, bless ye.

5 For gude *is* the Lord; ^ehis gudewill *'s* for ay: an' frae ae life's en' till anither, that truth o' his ain, it *sal be.*

PSALM CI.

*How David maun right his houss, or
the Lord come till see him: an' it
wad thole mendin.*
Ane heigh-lilt o' David's.

WHAT 's gude an' what 's right, I maun sing; O Lord, I maun lilt till thee:

2 I maun guide mysel weel in a aefauld gate, an' ance ye come ben till me; †wi' a heart that 's ane, in my houss at hame, the gate I sal gang *maun* be.

3 I sal ne'er set afore my een, †ae word o' mischieff ava'; ^aliean wark I hate, ^b*it* sal ne'er be wi' me at a':

4 The heart that 's ill, sal gae frae me still; ||an' what 's wrang, I winna knaw.

5 Wha hidlins lies on his niebor, siclike I maun sned him by; ^cthe skeigh o' the een, an' the hoven heart, siclike I sal †ne'er envy.

6 My een on the leal o' the lan' sal leuk, till ay gar *them* bide wi' me; wha gangs i' the aefauld gate, siclike my ain loon sal be. §

7 Wha warks at sliddery wark, sal ne'er bide in biggen o' mine; wha claivers a lowk o' lies, sal ne'er stan' afore my een.

8 ^dOr mornin light I sal ding, a' ill in the lan' *that be;* ^etill sned frae the brugh o' the Lord, a' that wark iniquitie.

PSALM CII.

*Israel maun-na tine heart: Zioun sal
be bigget or lang, an' the Lord her
helper sal bide evir mair.*
A bidden for the feckless, whan
forfochten he is, an' tooms out
his sigh afore the Lord.

HEARKEN, Lord, till my bidden; my skreigh, lat it win till thee:

2 ^aHide-na yer face frae me, i' the day *whan* I thole sic dree: lout me yer lug, i' the day *whan* I skreigh; fy haste ye, speak hame till me.

3 ^bFor my days wear awa ||like the reek; ^can' my banes like the hearth-stane are brunt:

Left margin notes:

^d Verse 9.

^e 1 Chron. 28, 2.

^f Jer. 15, 1.

† Heb. *cry'd out his name.*

^g Exod. 33, 9.

^h Num. 14, 20.
Jer. 46, 28.
Zeph. 3, 7.

ⁱ Leuk till Exod. 32, 2, &c.
Num. 20, 12, 24.
Deut. 9, 20.

^k Verse 5.

* Ps. 145, Headin.

^a Ps. 95, 1.

^b Ps. 149, 73; 139, 13; 149, 2.
Eph. 2, 10.

^c Ps. 95, 7.
Ezek. 34, 30, 31.

^d Ps. 66, 13.

^e Ps. 136, 1, &c.

Right margin notes:

† Heb. *wi' singleness o' heart.*

† Heb. *word o' Belial.*

^a Ps. 97, 10.

^b Ps. 125, 5.

|| or, *wrangdoer.*

^c Ps. 18, 27.
Prov. 6, 17.

† Heb. *sal jimp thole.*

§ He maun hae wyss an' honest chalmer-chields.

^d Ps. 75, 10.
Jer. 21, 12.

^e Ps. 48, 2, 8.

^a Ps. 27, 9; 69, 17.

^b James 4, 14.

|| or, *intil reek:* twa Hebrew readins.

^c Job 30. 30.

4 My heart, like the fothir, 's baith mawn an' winn; that my bread I forget till break:

5 Wi' the weary sigh o' my greetin, [d]my bane wi' my bouk 's acquant.

6 [e]'Am e'en like the ‖ whaup i' the wustlan'; an' the howlet in gateless grun':

7 'Am waukrife, an' e'en like the sporrow, *that* bides on the riggin its-lane.

8 Ilk day, my ill-willers they jeer me; thae ‖ranters, at me they can swear:

9 For stoure, e'en as bread, I hae eaten; [f]an' my sowp, I hae jaup'd wi' a tear.

10 In face o' yer gluff an' yer angir; for ye heize'd me, an' dang me down:

11 [g]My day like the schadowe, it dwinnles; [h]an' e'en like the fothir, 'am winn:

12 [i]Bot yerlane, LORD, sal bide for evir; [k]an' guid-mind o' yersel, †till the hinmaist kin.

13 Ye sal up, *an'* think sair on Zioun; for the time till hae pitie on her, for the time that was trystit has come.

14 For yer leal-folk, [l]her stanes they are fain o'; an' her stoure they tak kindly in han':

15 An' the hethen, the LORD's name sal quak at; an' yer gloiry, a' kings o' the lan'.

16 Whan the LORD fa's till biggen o' Zioun; he sal kythe in his gudeliheid a':

17 He sal turn till the prayer o' the feckless; an' their bidden, sal nane put awa:

18 Siclike sal be pen'd for the kin eftirhend; [m]an' folk till be schupen †sal gie laud till JAH.

19 For the LORD, [n]he cou'd glint frae his halie height; frae the lift to the lan', leukit owre:

20 [o]Till hearken the sigh o' the shackle'd wight; an' *for* Death's bairns, till lowse the door:

21 Till tell, athort Zioun, the LORD's ain name; in Jerus'lem, his praise till accord:

22 In the thrang o' the folk, whan they gather like ane; an' the kingryks, till ser' the LORD.

23 He wastit my pith on the gate; he sned aff *a wheen* o' my days:

24 [p]Quo' I, O my God, †tak me nane clean awa, wi' but half o' my days *in han'*: †frae ae life's end till anither, thae years o' yer ain *they stan'*.

25 [q]Frae afore †*time's* bound, the yirth ye did found; an' the lifts *are* the wark o' yer han's.

26 [r]Siclike, they gae dune, bot yersel ye bide on; ilk ane, like a dud, they wear by: like cleedin, ye shift them atowre; an' shiftet *cleedin* they lye.

27 Bot yerlane *are* †the same 's ye *war than*; an' yer years, they sal ne'er wear awa:

28 [s]Yer thirl-folk's weans, they sal bide on the bit; an' their outcome, afore ye sal stan'.

PSALM CIII.

How the gudeness o' God brings us hame frae the graiff: Tho' we gang like the gerss, God bides wi' our bairns, an' has min' o' his tryst ever mair.
Ane o' David's.

MY saul, [a]ye maun blythe-bid the LORD; and a' in mysel, that name o' his ain sae halie:

2 My saul, ye maun blythe-bid the LORD; an' forget-na his gates, a' sae kindly:

3 [b]Wha rews upon a' yer wrang; an' yer dowie turns a,' wha heals them:

4 Wha redds but yer life frae

Margin notes (left column):

[d] Job 19, 20. Lam. 4, 8.
[e] Job. 30, 29.
‖ or, *pelican, bissart, bittern, heron;* some bird that crys lang an' sair in the wust.

‖ or, *mad wi' ill-nature.*

[f] Ps. 42, 3; 80, 5.

[g] Ps. 109, 23; 144, 4. Eccles. 6, 12.
[h] Isai. 40, 6. James 1, 10.
[i] Lam. 5, 19.
[k] Ps. 135, 13.
† Heb. *till kith an' kithgettin.*

[l] Ps. 79, 1

[m] Ps. 22, 31. Isai. 43, 21.
† Heb. *sal Hallelujah.*
[n] Ps. 14, 2; 33, 13.

Margin notes (right column):

[o] Ps. 79, 11.

[p] Isai. 38, 10.
† Heb. *lift me na up.*
† Heb. *intil kithgettin an' kithgettins.*
[q] Hebr. 1, 10.
† Heb. *the faces* o' time, or o' man.
[r] Isai. 51, 6; 65, 17; 66, 22. Rom. 8, 20. 2 Pet. 3, 7, 10, 11.

† Heb. *the vera ane,* or *himsel.*

[s] Ps. 69, 36.

[a] Ps. 104, 1; 146, 1.

[b] Ps. 130, 8. Mat. 9, 2, 6. Mark 2, 11. Luke 7, 47.

the mouls; ^cwha theeks ye wi' gude gree an' kindness:

5 Yer mouthe wha has plenish'd wi' gude; ^dyer youth, like the earn's, it has double't.

6 ^eThe LORD can do a' that 's right; an' what 's right, for a' that are pingled:

7 ^fTill Moyses, his gates he made plain; till Israel's weans, his wonners.

8 ^gFrienly an' kind *is* the LORD; lang or he lowes, and in tholin, †ayont a' measur:

9 ^hHe winna gang flytin for ay; nor haud *his ill-will* for evir.

10 ⁱHe wrought-na till us as our fauts *had been;* an' pay'd us na hame, like our ain ill-doens:

11 ^kBot e'en as the lifts are at-owre the lan'; sae heigh hauds his pitie owre them that fear him.

12 Sae far as the east lies awa frae the wast; sae far frae oursels has he rax't our wrang-doens:

13 ^lSae sair as a faither can rew on *his* weans; sae sair rews the LORD on them that fear him.

14 For himlane, he kens weel ‖how he wrought oursel; ^mhe has mind we *are* nought but stoure.

15 Man, *as he stan's,* ⁿhis days *are* like gerss; ^olike a flowir o' the field, he growes:

16 For the win' it wins owre him, an' gane is he: ‖ ^pthe bit neuk *whar he stude,* sal ken nought o' ‖him mair.

17 Bot the rewth o' the LORD, on wha fear himsel, *is* frae ae langsyne till anither; an' that right o' his ain, ^qtill bairns' bairns;

18 ^rO' wha bide by his tryst, an' his biddens hae min' o', †till tak them in han' without swither.

19 The LORD, in the lift, ^yhe has stoopit his thron; an' his kingryk, it raxes owre a'.

20 ^sO blythe-bid the LORD, †ye wha rin for himsel; sae wight in might, wi' his will in han', till hearken the sugh o' his word:

21 O blythe-bid the LORD, ^ta' ye his hosts; ^tloons o' his, *an'* that do his pleasur:

22 O blythe-bid the LORD, a' warks o' his ain; in ilk neuk o' his realm: My saul, ye maun blythe-bid the LORD.

PSALM CIV.

A gude word for God's wark on the warld: how wyssly it 's wrought; how gran'ly it 's sortit; how kindly it 's a' airtit an' ordered for baith beast an' body.

[*Ane o' David's, quo' the LXX.*]

MY saul, ye maun blythe-bid the LORD: LORD God o' my ain, †sae grand as ye hain; ^agloiry an' gree ye put on.

2 ^bLight ye dight on like a cleuk; ^cthe lift, like a hingin, ye streek:

3 ^dStoopin his bauks on the fludes; ^eettlin his carriage the cluds; ^fon the wings o' the win' makin speed:

4 ^gErrand-rinners he maks o' the blasts; an' loons o' his ain, the bleeze o' lowe.

5 ^h*Wha* settled the yirth on her founds; nevir mair sen-syne suld scho steer:

6 ⁱThe deep ye flang owre't, like a hap; the watirs they stude on the hills: §

7 ^kAt yer wytin, they shifted an' gaed; at the sugh o' yer thunner, they skail'd:

8 Till the heights they wan up, by the howes they cam down, till the bit ye had scoop't for themlane:

9 ^lAn' a †gavel ye bigget they ne'er wan atowre; ^mthat the yirth they suld-na win bak till cover.

10 Wha *syne* sent the wa'll-springs

---

^c Ps. 5, 12.

^d Isai. 40, 31.

^e Ps. 146, 7.

^f Ps. 147, 19.

^g Exod. 34, 6, 7. Num. 14, 18. Deut. 5, 10. Neh. 9, 17. Ps. 86, 15. Jer. 32, 18.

† Heb. *mony fauld.*

^h Ps. 30, 5. Isai. 57, 16. Jer. 3, 5. Mic. 7, 18.

ⁱ Ezra 9, 13.

^k Eph. 3, 18.

^l Mal. 3, 17.

‖ or, *the gate o' our making.*

^m Ps. 78, 39.

ⁿ Ps. 90, 5.

^o Job 14, 1, 2. James 1, 10, 11.

‖ or, *it:* man or the flowir.

^p Job 7, 10; 20, 9.

^q Exod. 20, 6

^r Deut. 7, 9.

† Heb. *till wark them out.*

^s Ps. 148, 2.

† Heb. *his ain erran-rinners.*

^t Dan. 7, 9, 10. Hebr. 1, 14.

☞ Tak the twa first chapters o' Genesis wi' ye as ye gang, an' ye'll be wysser.

† Heb. *sae grand as ye mak yersel.*

^a Ps. 93, 1.

^b Dan. 7, 9.

^c Isai. 40, 22; 45, 12.

^d Amos 9, 6.

^e Isai. 19, 1.

^f Ps. 18, 10.

^g Hebr. 1, 7.

^h Job 26, 7; 38, 4. Ps. 24, 2; 136, 6.

ⁱ Gen. 7, 19.

§ Whan the warld ferst was founded.

^k Gen. 8, 1.

^l Ps. 33, 7. Jer. 5, 22.

† The vera Hebrew word, *gebal.*

^m Gen. 9, 11, 15.

intil the howe glens, that airt them atween the hills:

11 Sae drink they can gie, till ilk beast o' the lea: †wild naigies, they sloken their fills:

12 Atowre them, the birds o' the lift hae their howff; wha send their bit sang frae the beughs.

13 "The heights he can seep frae his chaumers: °wi' the rowth o' yer warks, the hail yirth it 's fou.

14 *P*Gerss he gars growe for the beiss; and yerb ‖wi' the care o' man, till fesh bread *for himsel* frae the yird:

15 *q*An' wine *that* can blythen man's heart, till brighten *his* leuks ‖mair nor oyle; an' bread, till man's heart that gies pith.

16 The trees o' the LORD are weel sappit; the cedars o' Lebanon's *sel*, *r*siclike as he plantit himlane:

17 Whar-amang, the flight-fliers they big; the stork, intil firs, *bigs* her houss:

18 The heights, for the heigh-climbin gaits; *an'* the craigs for the cunies, a howff.

19 *s*Wha ettled the mune for the tides; the sun kens his ain gaen-about.

20 Mirk ye bring on, an' it's night; whan ilk beast o' the wood, it wins out: *t*

21 *u*The lyouns' whalps, they can skreigh till rive; an' they seek their ain bite frae God.

22 The sun, he wins up, they harl themsels hame; an' ben i' their boles they lye lown.

23 But gaes man till the wark o' his han'; an' his labor, till comes the gloam.

24 *x*O how mony-fauld, LORD, are yer warks; in sic wyssheid ye wrought them a': the yirth, o' yer outcome it 's fou.

25 Siclike is the mighty sea, an'

sae braid as scho raxes awa: whar the wurblers rowe, ayont countin; livin creaturs, †the grit wi' the sma'.

26 Thar boats, they can airt their gate; leviathan's sel ye hae schupen, till play himsel ben i' the *spate*.

27 *y*Ilk ane, they a' lippen till thee; that †in time ye gie *them* their meat:

28 What ye gie them, they harl thegither; yer loof ye braid brawly out, they 're plenish'd fu' weel *wi'* guid.

29 Ye but hap yer face, they 're dang daiver'd; *z*ye steek aff their breath, they can blaw nae mair; an' hame they gang syne till their stoure.

30 *a*Yer ain breath ye send but, they're wrought again *syne;* an' the face o' the yird, ye mak owre. §

31 Gree till the LORD evir mair; the LORD be fu' fain in his warks!

32 Wha leuks on the lan', an' it dinnles; *b*wha but lights on the heights, an' they reek.

33 *c*I sal sing till the LORD, while I live; I sal lilt till my God, sae lang as I †last ava':

34 My thought on himsel, it sal please me weel; wi' the LORD, I'se be blythe an' a'.

35 Frae the yirth, lat wrangdoers wear by; an' ill-folk, nae mair o' them be: *bot* blythe-bid the LORD, O my saul; †*an'* praise till JEHOVAH gie ye.

PSALM CV.

Twa lang lilts o' laud—ane here, an' anither in the niest Psalm: Ettled for the out-come o' Abraham, till mind them o' a' the Lord had dune i' their faithers' days.
[Hallelujah, quo' the LXX.*]

GIE *a*laud till the LORD, cry loud till his name: mak his warks weel kent till the hethen:

Margin notes (left column):

† Heb. *wild asses;* a' o' the horse kind.

n Ps. 147, 8.
o Ps. 65, 9.
p Gen. 1, 29, 30; 3, 18; 9, 3.
‖ or, *for serin man.*
q Judg. 9, 13. Ps. 23, 5. Prov. 31, 6, 7.
‖ or, *wi' oyle.*

r Num. 24, 6.

s Gen. 1, 14.

t Isai. 45, 7.
u Job 38, 39. Joel 1, 20.

x Prov. 3, 19.

Margin notes (right column):

† Heb. *the sma' wi' the grit.*

y Ps. 136, 25; 145, 15; 147, 9.
† Heb. *in their ain saison.*

z Job 34, 14, 15. Ps. 146, 4. Eccles. 12, 7.

a Isai. 32, 15. Ezek. 37, 9.
§ Frae ae year till anither; or lang-syne, eftir siclike as the flude.

b Ps. 144, 5.

c Ps. 63, 4; 146, 2.

† Heb. *mysel ay.*

† Heb. *Halle-lujah.*

*This headin they tak frae the hinmaist verse.

a 1 Chron. 16, 8. Isai. 12, 4.

2 Sing ye till him, lilt loud till him; be fu' fain atowre a' his wonners:

3 Gie laud till his halie name; the heart o' ilk ane be blythe, that spiers for JEHOVAH's sel.

4 Spier weel for the LORD an' his strenth; spier ye for his face an' a':

5 Keep min' o' the wonners he wrought; thae ferlies o' his, an' the rightins *gaed* but frae his mouthe:

6 Ye out-come o' Abraham, his loon *sae* leal; an' ye bairns o' Jakob, his walit.

7 Himlane, he *'s* the LORD our ain God; the hail yirth atowre, are his rightins.

8 He had min' o' his tryst, ay sen-syne; the word he bade be for years, a guid thousan:

9 *^b*The *tryst,* that he sned wi' Abra'am; an' the aith, until Izaak he swure:

10 An' for law made it sikker wi' Jakob; till Israel, a tryst evir mair:

11 *^c*Till say, To yersel I foreset the lan'; Canaan, for yer march an' fa':

12 *^d*Whan, till count, they war nane to the fore; an' but *^e*gangrel athort it an' a':

13 An' they haingled frae folk to folk; frae a kingryk, an' syne till a clan.

14 *^f*Yet tholed he the yird-born till fash them nane; *^g*aye, kings, for their sakes, he cou'd ban:

15 Ye maun-na lay han' on my Chrystit; till my seers, ye maun do nae wrang!

16 *^h*He cry't syne for dearth on the lan'; an' he brak *ⁱ*the hail stok o' bread:

17 *^k*He airtit afore them a man wi' a'; *^l*Joseph was troket ||for guid.

18 *^m*They birset his feet wi' the clamp; his life, it gaed ben intil airn:

19 Ay till the boun' *or* his word cam roun'; the word o' the LORD †gied him clearin.

20 *ⁿ*The king he gar'd sen', an' he lowsed him than; the head o' the folk, an' he free'd him:

21 *^o*Laird he made him, owre that houss o' his ain; an' guider o' a' that belanged him:

22 Till thirl his foremaist, whane'er he like'd; an' he taught *a'* their grey-heads mense-dom.

23 *^p*Israel syne, he gaed till Miz-raam; an' Jakob, he tholed *^q*in the land o' Ham.

24 An' *the LORD,* *^r*he lucken'd his folk fu' weel; an' sterker he made them nor *a'* their faes:

25 *^s*Their heart *syne* ||it turn'd, till ill-will his ain folk; till play fause amang them *war* his servans.

26 *^t*Moyses, his leal-man, he sent; *an'* Aaron, he wale'd for himsel:

27 *^u*His †will they made plain till the folk; an' ferlies in the land o' Ham.

28 *^x*Mirk he brought on, an' fu' mirk it was; *^y*an' they thraw'd-na at siclike his will:

29 *^z*Their watirs he swappit in bluid; an' their fish, i' *the flude,* he cou'd fell.

30 *^a*Puddocks in spates,† their lan' it pat out; in the chaumers belangin their kings:

31 *^b*He spak, an' o' flies cam ane unco drift; *it was* lice athort a' their reenge:

32 *^c*He swappit them rain *for* hail; *wi'* bleezes o' lowe on their lan':

33 *^d*An' he dang baith their vine-stoks an' †figs; an' he flinder'd the tree on their band: §

34 *^e*He spak, an' the locust scho cam; an' the worm, an' that ayont count, on the swaird:

35 An' they glaum'd a' the green on their grun'; an' they sorn'd on the frute o' their yaird.

^a Gen. 17, 2; 22, 16; 26, 3; 28, 13; 35, 11. Luke 1, 73. Hebr. 6, 17.

^c Gen. 13, 15; 15, 18.

^d Gen. 34, 30. Deut. 7, 7; 26, 5.
^e Hebr. 11, 9.

^f Gen. 35, 5.
^g Gen. 12, 17; 20, 3, 7.

^h Gen. 41, 54.
ⁱ Lev. 26, 26. Isai. 3, 1. Ezek. 4, 16.
^k Gen. 45, 5; 50, 20.
^l Gen. 37, 28.
|| or, *till ser;* or, *till be thirl.*
^m Gen. 39, 20; 40, 15.

† Heb. *clear'd him.*
ⁿ Gen. 41, 14.

^o Gen. 41, 40.

^p Gen. 46, 6.
^q Ps. 78, 51; 106, 22.

^r Exod. 1, 7.

^s Exod. 1, 8.
|| or, *he turn'd their heart.*

^t Exod. 3, 10; 4, 12, 14.
^u Exod. 7; 8; 9. Ps. 78, 43.
† Heb. *the words o' his signs.*
^x Exod. 10, 22.
^y Ps. 99, 7.
^z Exod. 7, 20.

^a Exod. 8, 6.
† Heb. *spew'd them out walterin.*

^b Exod. 8, 17, 24.

^c Exod. 9, 23.
^d Ps. 78, 47.
† Heb. *their figtrees.*
§ Infield an' outfield, baith war dang.
^e Exod. 10, 4, 13.

f Exod. 12, 29.
Ps. 78, 51.
g Gen. 49, 3.
h Exod. 12, 35.

36 ᶠSyne he dang ilk first-born i' their lan'; ᵍthe tapmaist o' a' their might :

37 ʰBot *his folk* he fush out, wi' siller an' gowd; an' was-na intil their tribes, *sae meikle 's* a weary wight.

i Exod. 12, 33.

38 ⁱBlythe was Mizraam, as they fuhre'd them awa; for a dread o' sic *folk* had come owre them *a'*.

k Exod. 13, 21.

39 ᵏThe clud he rax't out, for a hingin; an' the lowe, till gie light at night :

l Exod. 16, 12.
m Ps. 78. 24, 25.

40 ˡ*They* sought, an' he airtit them quails; ᵐan' he stegh't them, wi' bread frae the lift :

n Exod. 17, 6.
Num. 20, 11.
Ps. 78, 16.
1 Cor. 10, 4.

41 ⁿHe racket the craig, an' the watirs cam but; they gaed i' the wust, *like* a drift.

o Gen. 15, 14.
|| or, *Abraham's sel.*

42 For he mindet ᵒhis halie word, ||till Abr'ham his lealman *sae true.*

43 An' he fuhre'd furth his folk wi' joie; his wale'd anes, wi' blytheheid enew :

p Deut. 6, 10, 11.
Josh. 13, 7.

44 ᵖAn' he wair'd on themsel the lan's o' the folk; an' the cost o' the folk, they did fa' :

q Deut. 4, 1, 40; 6, 21-25.
† Heb. *Hallelujah.*

45 ۹That sae, they might bide by his statuts, an' waird weel his biddens an' a' : †O, ye maun gie laud till Jᴀʜ !

PSALM CVI.

Mair laud till the Lord; an' mair word o' what God did for his folk, an' how they thraw'd wi' him ay i' the wust.
Hallelujah.*

* Some tak this for affgang till verse 1.
a 1 Chron. 16, 34.
|| or, *it's gude.*
b Ps. 107. 1; 118, 1; 136, 1.

Gɪᴇ ᵃlaud till the Lᴏʀᴅ, for ||*he* 's gude; ᵇfor his gudeness it tholes evir mair.

2 Wha can put words on the warks o' the Lᴏʀᴅ? *wha* can set furth a' his praise?

† Heb. *at a' times*, or *ilka time.*
c Ps. 119, 132.

3 Blythe be they *a'*, wha haud weel by the straught ; *the wight* that does right †at ilk turnin.

4 ᶜHae min' o' me, Lᴏʀᴅ, whan ye rew on yer folk; visit me wi' yer ain heal-ha'din :

5 Till see what 's gude, wi' yer walit; till be fain wi' the joie o' yer folk; till lilt wi' yer ain heritage.

6 We gaed wrang wi' our faithers an' a';ᵈ we did ill, we gaed uncolie wrang :

7 Our forebears in Mizra'm, they kent-na yer warks; till yer monyfauld gudeness they gie'd nae heed; ᵉbot they angir'd *him* on till the sea, till the sea o' the tangle *sae red.*§

8 Bot he heal'd them *for a'*, for his ain name's sake; ᶠtill mak kent what-na might was his.

9 ᵍAn' he wytit that tangly sea, an' it swakket awa; ʰan' he airtit them syne through the trochs; aye, e'en as on drowthy lan' :

10 An' he hain'd them sae, frae the ill-willers' han'; an' coft them frae the han' o' the enemie.

11 ⁱThe watirs, they whamle'd thae faes o' their ain; ||bot ane o' themsels was-na taigled.

12 ᵏSyne they lippen'd that word o' his ain; an' laud till himsel they liltit.

13 ˡBot sae sune, they quat min' o' his warks; an' waited-na weel on his guidin.

14 ᵐAn' †they grein'd, an' they yirn'd in the wust; they tempit the Mighty, in that gyte grun' :

15 ⁿAn' he gied them the weight o' their will; bot hungir sent ben till their saul.

16 ᵒMoyses, niest, they envy'd i' the camp; an' Aaron, set-by till the Lᴏʀᴅ :

17 ᵖBot the yirth, scho raxit, an' Dathan scho glaum'd; an' sweel'd owre the core o' Abiram :

18 ۹Syne a bleeze, it brak out i' their thrang; an' the lowe, it lick'd up the ill-doers.

d 1 Kings 8, 47.
Dan. 9, 5.
e Exod. 14, 11, 12.
§ Ca'd *suph* i' the Hebrew, *i.e. tangle*, or *tangly*; aiblins o' a red-brown, an' plenty o't.
f Exod. 9, 16.
g Exod. 14, 21.
Ps. 18, 15.
h Isai. 63, 11, 12, 13.
i Exod. 14, 27; 15, 5.
|| or, *no ane o' them*—the Ægyptians—*was till the fore.*
k Exod. 14, 31; 15, 1.
l Exod. 15, 24; 17, 2.
m Num. 11, 4, 33.
Ps. 78, 18.
1 Cor. 10, 6.
† Heb. *they greined a greinin.*
n Num. 11, 31.
o Num. 16, 1.
p Num. 16, 31.
Deut. 11, 6.
q Num. 16, 35, 46.

r Exod. 32, 4.

19 *r* They schupit a stirk intil Horeb; an' they loutit till flaughtit gowd:

s Jer. 2, 11. Rom. 1, 23.

20 *s* Sae they swappit what was their ain gloiry, till the mak o' the gerss-livin knowte:

21 God they forgat, their heal-ha'din; wha wrought sic grand warks in Mizra'm:

t Ps. 78, 51; 105, 23, 27.

22 The wonners he wrought in Ham's lan'; *t* an' the ferlies, by yon tanglé-tide.

u Exod. 32, 10, 11, 32. Deut. 9, 19; 10, 10.
x Ezek 13, 5; 22, 30.

23 *u* He spak syne o' fellin them a', had-na Moyses, his ain walit wight, *x* stude weel i' the slap afore him; till airt his angir awa, *that* it suld-na win but till smoor *them*.

y Jer. 3, 19.

24 Na, *y* they lightlied the loesome lan'; his ain word they did-na put tryste in:

z Num. 14, 2, 27.
† Heb. *till the sugh* or *cry o' Jehovah.*

25 *z* Bot they yammir'd on i' their howffs; they wad hearken nane †till JEHOVAH.

26 *a* Syne he rax't his ain han' heigh again them; till ding them clean owre, i' the wust:

27 *b* Till ding their seed by, amang folk; an' till sperfle them clean owre the kintras.

28 They yoket them syne till Baal-Peor; *c* they pree'd at †the feasts o' the dead:

29 They angir'd *him* sair wi' their doens; an' the plague, it brak out on them braid:

30 *d* Syne Phineas stude, an' cam down wi' the law; an' *sae* the mischieff, it was stay'd:

31 An' siclike sal be countit till him for guid wark, †frae life's end till life's end, for ay.

32 *e* At the watirs o' warsle they fash'd *him* sair; an' till Moyses cam ill, for their sakes:

33 *f* For his thought, they dang

a Exod. 16, 8. Num. 14, 33. Ps. 95, 11. Ezek. 20, 15.
b Ps. 44, 11. Ezek. 20, 23.
c Num. 25, 2, 3; 31, 16. Deut. 32, 17. Hos. 9, 10. Rev. 2, 14.
† Heb. *the slachtirins till,* or *o'.*
d Num. 25, 7.
† Heb. *frae kithgettin till kithgettin, ay on.*
e Num. 20, 3, 13. Deut. 3, 26.
f Num. 20, 10.

R. WILSON SC

throwither a'; an' owre fast spak he syne wi' his lips.

g Jud. 1, 21, 27.
h Deut. 7, 2.

34 *g* They dang-na the folk, *h* the LORD bade them ding;

35 Bot flaughtit themsels wi' the hethen, an' syne took a swatch frae their warks: *i*

36 An' thirl'd themsels down till their eidols, *k* an' they war a girn i' their *gate:*

37 Na, *l* they slachtir'd their sons an' their dochtirs, till gods o' the vera mischieff. †

38 An' they skail'd the saikless blude; blude o' their sons an' their dochtirs they slachtir'd, till waefu'

i Jud. 2, 2; 3, 5, 6. Isai. 2, 6.
k Exod. 23, 33. Deut. 7, 16.
l 2 Kings 16, 3. Isai. 57, 5. Ezek. 16, 20; 20, 26. I Cor. 10, 20.
† Heb. *till deils.*

m Num. 35, 33.

† Heb. *bludes.*

n Lev. 17, 7. Num. 15, 39.

o Jud. 2, 16.

gods o' Canaan; *m* an' the lan', it was filed wi' † blude.

39 Syne sae war they filed, wi' sic warks o' their ain; *n* an' play'd-lowse, wi' their ill-ettled thoughts:

40 An' sae was the wuth o' the LORD, kennled again his ain folk; till he grew'd at his ain heritage:

41 An' syne gied them owre till the hethen's han'; an' wha liket them ill, war their maisters:

42 An' their ill-willers thringet them down; an' aneth their han' they war broken.

43 *o* Mair nor ance he rax't them atowre; bot they angir'd *him* ay wi' their counsels, an' syne they cam laigh wi' their sin.

44 Bot he leukit ay sair on their dule; *p* whan he hearken'd them yammir an' a':

45 *q* An' mindet his tryst wi' themsel, an' pitied them syne; like that mony-fauld gudeness o' his:

46 *r* An' † set them in pitie's place, afore a' that could mak them thirls.

47 *s* Heal us, LORD God o' our ain, an' gather us out frae the hethen; till gie laud till yer halie name, till be fain in liltin yer praises.

48 Blythe be the LORD, Israel's God, frae ae langsyne till anither; an' lat a' the folk say Amen:

p Jud. 3, 9; 4, 3; 6, 7; 10, 10.

q Lev. 26, 41, 42. Deut. 30, 1.

r Ezra 9, 9. Jer. 42, 12.

† Heb. *set them till pities*

s I Chron. 16, 35, 36.

HÁLLELUJAH!

[PAIRT FIVE.]

PSALM CVII.

A lilt o' laud till the Lord, for his gudeness till a' that thole; an' till Israel abune the lave.
[By wha 's no said, nor kent.]

a Ps. 106, 1; 118, 1; 136, 1.

GIE *a* laud till the LORD, for he *'s* gude; for his gudeness, it *bides* for evir:

2 Lat the bought o' the LORD say siclike; wham he coft frae the han' o' ill-willer:

3 An' weised them thegither frae ilka lan'; frae east an' frae wast, frae north an' † frae southe.

4 They wander'd athort the wust, on an unco en'less gate; nae town they could light on, till bide in:

5 Hungry an' drouthy baith, their life it wure out o' them pynin:

6 Than they sigh'd till the LORD i' their strett, *an'* he redd them frae a' their cumber; *b*

7 An' airtit them right on a road

† Heb. *frae the sea.*

b Verses 13, 19, 28. Hos. 5, 15.

that was straught, till gang till a town to bide in.

8 *c* They suld laud the LORD for his gudeness; an' his warks o' wonner till sons o' men:

9 For he plenishes weel the yirnin will; an' the hungry saul, he steghs wi' guid.

10 Wha bide i' the mirk, an' the gloam o' dead; *d* wha are taigled wi' † lades o' airn:

11 For they fought at the words o' God, *e* an' lightlied the thoughts o' the Heighest:

12 An' he brak their heart wi' a lade; they stacher'd, an' nane till stay:

13 Than they sigh'd till the LORD i' their stretts; *an'* he heal'd them frae a' their cumber: *f*

14 *g* He fuhre'd them atowre frae the mirk an' dead-gloam; an' the ban's *that bun'* them, he synder'd.

c Verses 15, 21, 31.

d Job 36, 8.

† Heb. *lades an' airn.*

e Ps. 73, 24; 119, 24.

f Verses 6, 19, 28.

g Ps. 68, 6; 146, 7.

b Verses 8,
21, 31.

15 *h* They suld laud the LORD *for* his gudeness; an' his warks o' wonner till sons o' men:

16 For he flinders the yetts o' brass; an' sneds the couples o' airn.

17 Fules wi' their senseless gate, an' eke their wrang-doen, maun thole:

i Job 33, 20.

k Ps. 9, 13;
88, 3.

18 *i* A' kin' o' victual their life taks ill; *k* an' syne they come down till death's doors:

l Verses 6, 13,
28.

19 *l* Syne they sigh till the LORD i' their stretts; he heals them frae a' their cumber:

m Ps. 147, 15,
18.
Mat. 8, 8.
†Heb. *their
ain mouls,* or
wastins.

n Verses 8,
15, 31.

20 *m* His word he sends but, an' he heals them; an' harls *them* atowre frae †the mouls.

21 *n* They suld laud the LORD *for* his gudeness; an' his warks o' wonner till sons o' men:

o Lev. 7, 12.
Ps. 50, 14.
Hebr. 13, 15.
†Heb. *slach-
tir slachtir-
ins o' praise.*

22 *o* An' †offer a weight o' praise; an' keep min' o' his warks wi' a sang.

23 Wha gang till the sea in ships, an' hae do on the watirs wide;

24 Siclike they can see the warks o' the LORD, an' his wonners in that deep tide.

†Heb. *he sets
the breath o'
the blast.*

25 Quo' he, an' †he ettles a blast; an' it heizes its watirs heigh:

p Ps. 22, 14;
119, 28.
Nah. 2, 10.

26 They gang up till the lift, they gang down till the laigh; *p* their life 's like till thowe wi' dread:

†Heb. *their
wit, it 's
gorbled up.*

q Verses 6,
13, 19.

27 They stacher an' swee, like some drukken carl; an' a' †their wit 's i' their mouthe:

28 *q* Syne they sigh till the LORD i' their stretts; an' he redds them atowre frae their cumber:

r Mat. 8, 26.

29 *r* The steer he brings down, till a sugh fu' lown; an' the breinge o' the watir bides.

30 Fu' blythe are they syne, sae lown an' fine; an' he airts them in owre till their loesome haven.

s Verses 8,
15, 21.

31 *s* They suld laud the LORD *for* his gudeness; an' his warks o' wonner till sons o' men:

32 They suld heize him heigh, i' the thrang o' the folk; an' eke frae the elders' seat, they suld laud himlane.

33 Rowin-fludes he can turn till a desart; and watir-gates, till drowthy grun':

34 Frutefu' yird, till a lowk o' saut; an' a' for the ill o' wha bide tharon.

t Ps. 114, 8.
Isai. 41, 18.
†Heb *stank
o' watirs.*

35 *t* Bot the wust he can turn till a †stankit burn; an' drowthy lan', till watir-rins:

36 An' thar he gars hungry folk till stay; an' they ettle a town, till bide intil.

37 An' they saw the leas, an' they set the vine-trees; an' frute they mak syne, wi' an out-come still:

u Exod. 1, 7.

38 *u* An' he blythe-bids them than, an' they growe fu' gran'; an' their beiss, they dinna fa'-by wi' ill.

39 They dwinnle or lang, and down they gang; an' a' wi' a weight o' mischieff an' dule.

x Job 12, 21,
24.
†Heb. *toom
lan' wi' nae
road.*

y 1 Sam. 2, 8.
Ps. 113, 7, 8.

z Ps. 78, 52.

a Job 22, 19.

b Job 5, 16.
Prov. 10, 11
†Heb. *sal
steek her gab.*

c Ps. 64, 9.
Jer. 9, 12.
Hos. 14, 9.

40 *x* He can toom out scorn on the foremaist; an' sends them till dauner on †gateless grun':

41 *y* Bot he heizes the puir, frae the laighest lade; *z* an' wi' folk like a flock, he sets *him* on.

42 *a* The rightous sal leuk, an' fu' fain sal they be; *b* an' a' wrang-doen syne †her tongue sal tack:

43 *c* Wha 's wyss an' taks tent, siclike till see; the gudewill o' the LORD fu' plain sal mak.

PSALM CVIII.

*An God gang-na but till the stour,
  kings wad be wysser at hame: The
  hail o' Canaan maun be David's.*

A sang *or* heigh-lilt o' David's.
[Brawly made, wi' sma' differ,
frae the LVII. an' the LX., as
ye may see.]

a Ps. 57, 7.

b Ps. 57, 8.

† Heb. *na-tiouns on the mither's side.*

c Ps. 57, 5, 11.

d Ps. 60, 5.

‖ or, *ben in his haliness.*

‡ Leuk till what 's said at Ps. 60, 8.

e Ps. 60, 9.

‖ or, *an' ye didna.*

‖ or, *in man; leuk at Ps. 60, 11.*

f Ps. 60, 12.

† Heb. *our faes.*

MY heart, *a* it 's set, O God; I maun sing; an' e'en wi' my gloiry play:

2 *b* Wauken langspiel, an' *wauken* harp; mysel I maun wauken, or blink o' day.

3 I maun laud ye, Lord, amang hethen folk; an' lilt till yersel, amang †niebor kin:

4 For heigh abune hevin, yer gudeness *gangs;* an' yer trewth, till the cluds it *can win:*

5 *c* O God, be thou liftit abune the lift; owre a' the yirth, thy gloiry *seen.*

6 *d* That the folk ye loe weel, may be lowse'd out o' thril; help *wi'* yer right-han', an' hear me.

7 Quo' God, ‖whar he bides by himlane, I maun up: Shechem I'll synder in twa, an' redd out the howe o' Succoth.

8 Gilode, it *'s* mine ain, Manasseh mine *sal be;* Ephraim as weel, my head sal hain; an' Judah gie laws for me.

9 Moab *'s* but my sinin-cog; owre Edom, I'll fling my shoe: ‡I maun daur ye, Philistia, *now!*

10 *e* Wha sal airt me the weel-bigget brugh? wha sal weise me in owre till Edom?

11 Winna ye, O God, *wha* ance schot us atowre? ‖winna ye gang furth, O God, alang wi' our hosts *till the stour?*

12 *An'* ye gie us help frae stretts, what signifies strenth in Edom? ‖

13 *f* Wi' God himsel, we 'se do unco weel; for himlane sal down-tread our hail faedom! †

PSALM CIX.

The man wha kens-na how till do gude, sal ne'er hae gude till ken: an unco sair wytin he tholes.

Till the sang-maister: ane heigh-lilt o' David's.

---

a Ps. 83, 1.

b Ps. 69, 4. John 15, 25.

c Ps. 35, 7, 12; 38, 20.

d Zech. 3, 1.

e Prov. 28, 9.

f Acts 1, 20.

g Exod. 22, 24.

h Job 5, 5; 18, 9.

i Job 18, 19.

k Exod. 20, 5.

† Heb. *right afore the Lord.*

‖ or, *lat him quat mind o' them.*

l Job 18, 17. Ps. 34, 16.

m Ezek. 35, 6.

GOD o' my laudin, *a* be-na sae whush:

2 For the mouthe o' mischieff, an' the liean mouthe, hae rax't themsel baith again me: they crack at mysel, wi' a tongue that lies.

3 Wi' ill-willed claivers, they wrought me roun; *b* an' fought at me saikless, *the twa:*

4 For gudewill o' mine, they 're ill-willers to me; tho' I *fleech'd them wi'* prayer an' a':

5 *c* An' ill they gied me for gude; an' spite, for the luve I *gied them.*

6 Set ye the mischieff owre himsel; *d* an' the deil be on his right han':

7 At his rightin, lat him be the wrang; *e* an' his bidden, for ill lat it stan':

8 His days, o' nae count lat them be; *f* an' his turn lat anither try:

9 *g* Faitherless *ay* be his weans; an' his wife a widow, *forby.*

10 His weans, lat them harl about an' seek; an' yirn frae their howffs sae drear:

11 *h* Lat the ockerer rax owre ilk haet that was his; an' frem folk lay han's on his gear:

12 Nane lat there be till him pitie to gie; an' nane for his orphans till spier.

13 *i* The last o' his line, be till death condign; their name, frae the niest kin dight out:

14 *k* Be the ill o' his faithers in mind wi' the Lord; an' his mither's misfaur no forgot:

15 Ay lat them be, †whar the Lord can see; ‖tho' mind o' them *l* quat frae the yirth.

16 For he ne'er had min' till do gude; bot he herried the feckless wight; an' the weak an' the wastit heart, he ettled till do to dead:

17 *m* An' syne, sen he liket till swear, e'en lat it come till himsel; an' ne'er had the will to blythe-bid, far lat it bide frae him still:

18 And e'en as he happit him owre, wi' an aith, like some dud o' his ain; lat it win like a spate till his wame; an' like oyle, lat it seep in his bane:

19 Lat it be till him *syne*, like the cleedin that haps; an' the graith, he draws weel round himlane.

20 Siclike, frae the LORD, be the darg o' my faes; an' o' them wha speak ill o' my saul. §

21 Bot yerlane, O LORD, my Lord, do ye *a' that's right* for me: for yer ain name's sake, for it's gude; in yer kindness, O redd me free.

22 For puir an' forfairn *am* I a'; an' my heart, i' the midds o' me, 's dune:

23 ⁿLike the gloam as it flits, I gae by; like the locust, I swee up an' down.

24 My knees they can knoit, †'am sae toom; an' my body, it wears out o' bouk:

25 Syne, °I been a jeer till them; wha saw me, their head they sheuk:

26 Stoop me, LORD God o' my ain; heal me, for that gudeness o' thine:

27 Syne sal they ken, that siclike *'s* yer ain han'; that yerlane, O LORD, did it *syne.*

28 E'en lat them ban, bot blythebid ye yerlane; lat them up, an they will, cuisten down be they still; bot yer leal-man, fu' fain lat him be.

29 Lat my ill-willers ay, be cled wi' dismay; an' thick like a cleuk, theeket owre wi' their scorn be they.

30 Unco loud till the LORD, I 'se gie laud wi' my mouthe; an' in midds o' the thrang, gie him praise:

31 ᵖFor·he stan's at the han' o' the feckless man; till haud him soun' frae †the *lawless* loons, wad gie law till end his days.

PSALM CX.

The Lord's Chrystit sal be king an' a', owre an' ayont Melchizedek.
Ane heigh-lilt o' David's.

QUO' the ᵃLORD till that Lord o' mine, Sit ye on my ain right han'; till I mak ill-willers o' thine, a brod for yer feet till stan':

2 The rod o' yer might frae Zioun, the LORD, he sal rax 't himsel; in midds o' *a'* yer ill-willers, haud ye the gree fu' snell.

3 ᵇ‖Folk wi' a will, *sal be* thine, i' the day o' yer might an' a'; ᶜwi' braws sae meet, the dewy weet, o' yer bairn-time sweet, frae the lap o' the light ‖sal fa'.§

4 The LORD 's taen a tryst, an' he winna gae frae 't; ᵈYersel *sal be* priest on Melchizedek's gate, lang eneugh:

5 The LORD, ᵉon yer ain right han', sal ding kings in the ᶠday o' his wuth:

6 He sal redd amang hethen folk; wi' the dead, he sal pang *the sheugh:* ᵍhe sal clour the crown, owre lan' out o' boun':

7 ʰFrae the burn·‖he gaes by, he sal drink whan he 's dry; an' syne rax his head fu' heigh.

PSALM CXI.

The warks o' the Lord are loesome an' gran'; an' the truth o' his mouthe ever mair sal stan'.
Hallelujah. [Ane.]

THE LORD I maun laud, wi' a' my heart; i' the thrang o' the rightous, an' kirk itsel.

2 Fu' grand *are* the warks o' the LORD; till be spier'd for, by a' that loe them.

3 Bright an' braw, his wark it 's a'; an' his rightousness stan's till nae endin.

4 Min' o' his warks sae grand, he

Side notes (left column):

§David cou'd ne'er thole the ill-heartit, nor the ill-doer.

ⁿPs. 102, 11; 144, 4.

†Heb. *wi' hungerin.*

°Ps. 22, 7. Mat. 27, 39.

ᵖPs. 16, 8; 73, 23; 110, 5; 121, 8.

†Heb. *law-vers o' his life.*

Side notes (right column):

ᵃMat. 22, 44. Mark 12, 36. Luke 20, 42. Acts 2, 34. 1 Cor. 15, 25. Hebr. 1, 13. 1 Pet. 3, 22. Leuk Ps. 45, 6, 7.

ᵇJud. 5, 2.
‖ or, *hansels an' a'.*
ᶜPs. 96, 9.
‖ or, *till yersel.*
§ Twal gates, nae fewer, o' turnin this ae verse ye may count i' the best buiks; some right, some wrang.
ᵈHebr. 5, 6; 7, 17, 21. Leuk Zech. 6, 13.
ᵉPs. 16, 8.
ᶠPs. 2, 5. Rev. 11, 18.
ᵍPs. 68, 21. Hab. 3, 13.
ʰJud. 7, 5, 6.
‖ or, *on the gate.*

☞ Tak tent till the orderin o' thir three Hallelujah lilts: (1.) God's gude; (2.) Gude folk are like God; (3.) They're baith unco gude till the feckless.

a Ps. 36, 5; 103, 8.

made guid for ay; *a*thoughtfu' an' kind *is* JEHOVAH.

5 Guid he can gie, till wha fear himsel; his tryst he has min' o' for evir.

6 The might o' his warks till his folk he made plain; till gie them the lan' o' the hethen.

7 The warks o' his han's, they're trewth an' right; *b*an' sikkerness' sel, a' his biddens:

8 *c*Fu' stievely they stan' for evir an' ay; wrought in truth an' aefauldness.

9 Redden he sent till his folk; his tryst he bade be for evir; halie an' awsome, his name *is*.

10 *d*The height o' what 's wyss, *is* the dread o' the LORD; ||heedfu' guid 's wi' guid-warkers a'; *an'* his laud, it sal last for evir.

b Ps. 19, 7.

c Isai. 40, 8. Mat. 5, 18.

d Deut. 4, 6. Job 28, 28. Prov. 1, 7; 9, 10. Eccles. 12, 13.
|| or, *guid speed.*

PSALM CXII.

The guid a gude man can do, an folk wad but think on 't! God 's the God o' guid-warks, and o' a' guid-warkers.
Hallelujah.   [Twa.]

☞ (2.)
Gude folk are like God.
a Ps. 128, 1.

BLYTHE *a*may the man be *that* fears the LORD; an' likes weel *till bide* by his biddens:

2 His out-come an' a' sal be gran' in the lan'; the race o' the rightous is blessed.

3 Rowth an' plenty *sal be* in his houss; an' his right, it sal ay be fu' sikker.

4 *b*Light i' the mirkness, wins up for the right; he 's gude, an' he 's kind, an' he 's rightous.

5 *c*The man that 's gude can be kind, an' can lend; an' ay keeps his word at the rightin.

6 For nevir sae lang, he winna gae wrang; ‡ay in guid eneugh mind, is the rightous.*d*

7 At the sugh o' mischieff, nae

b Job 11, 17. Ps. 97, 11.

c Ps. 37, 26. Luke 6, 35.

‡ Does-na forget his ain tryst; or, is ay in guid mind wi' his niebors.

d Prov. 10, 7.

dread has he; stieve stan's his heart in JEHOVAH.

8 Sae sikker 's his heart *is*, *e*nae dread can he hae; till he sees ||far ayont a' his cumber.

9 *f*He sends far an' near, he can gie till the puir; *g*his rightousness stan's for evir; *h*an' in gloiry his horn sal be heigher.

10 *i*The ill-doer sal see, an' sal fyke; *k*he sal grush wi' his teeth, *l*an' sal thowe frae the dyke: *m*the will o' the wicked sal dwinnle.

e Prov. 1, 33; 3, 33.
|| or, *owre his ill-willers.*

f 2 Cor. 9, 9.

g Deut. 24, 13.

h Ps. 75, 10.

i Luke 13, 28.

k Ps. 37, 12.

l Ps. 58, 7, 8.

m Prov. 10, 28.

PSALM CXIII.

Anither lilt o' laud. The Lord leuks owre the heighest; the Lord leuks down till the laighest.
Hallelujah.   [Three.]

☞ (3.)
God an' God's folk are gude till the feckless.

LAUD ye the LORD, ye folk o' his ain; laud ye the name o' JEHOVAH.

2 *a*Sae blythe may the name o' JEHOVAH be; frae the now, till nae end o' time comin.

3 *b*Frae the sun's gaen abune, till the time he gaes down, the name o' the LORD 's to be laudit.

4 Owre a' the hethen, JEHOVAH's heigh; *c*owre the lift itsel, his gloiry.

5 *d*Wha 's like the LORD, that 's God o' our ain; wha sets him sae heigh in his biggen?

6 *e*Wha louts him sae laigh till leuk wi' *his* een, on the lift an' the lan' *aneth him!*

7 *f*He lifts the forfairn frae the stoure; he raxes the puir frae the †ase-pit:

8 *g*Till set *him* alang wi' the best; alang wi' the best o' his kinsfolk.

9 *h*The wanter he sets in a houss o' her ain; an' e'en maks her blythe, the mither o' weans. Hallelujah!

a Dan. 2, 20.

b Isai. 59, 19. Mal. 1, 11.

c Ps. 8, 1.

d Ps. 89, 6.

e Ps. 138, 6. Isai. 57, 15.

f 1 Sam. 2, 8. Ps. 107, 41.
† The vera Hebrew, *ashphit.*

g Job. 36, 7.

h 1 Sam. 2, 5. Ps. 68, 6.

PSALM CXIV.

When the Lord steers, how the yirth

maun dinnle; heights an' howes can trimmle baith.
[By wha 's no said.*]

WHAN [a]Israel wan but frae Mizra'm; [b] an' Jakob's houss frae folk that war frem:

2 [c]Judah's sel was his halie howff; *an'* Israel *was* his kingryk *than.*

3 [d]The sea, it saw, an' swakket awa; [e]Jordan gaed bak in dams:

4 [f]The hills, they lap like thrawart tups; the knowes, like speanin lams.†

5 [g]What *ail'd* ye, Sea, ye swakket sae; Jordan, that ye gaed wrang?

6 Hills, *that* ye lap like warslin tups; *an'* ye knowes, like speanin lams?

7 At sight o' the LORD, Yirth, ye maun steer; at the sight o' Jakob's GUDE:

8 [h]Wha swappit the wust for a †stank sae clear; the flint, for a †watir-flude!

PSALM CXV.

Like draws to like, the warld owre:
Fulish folk maun hae feckless gods;
folk that ken better, hae God the
Lord.
[By wha 's no said.]

NO [a]till oursels, LORD, no till us; bot a' till that name o' yer ain, for yer gudeness an' e'en for yer trewth, gie the gloiry.

2 [b]What-for suld the hethen say, Whar syne *is* that God they aught?

3 [c]Bot that God o' our ain, 's i' the lift by himlane; what he liket himsel, he has wrought.

4 [d]Their eidols *are* siller an' gowd; the wark o' folk's han's o' the yird:

5 Thar's a mouthe o' their ain, bot they canna speak; an' een o' their ain, bot they see-na:

6 They hae lugs o' their ain, bot they canna hear; *an'* a nose o' their ain, bot they smell-na:

7 Han's hae they, bot they han'le nane; *an'* feet, bot they winna steer: no a sugh hae they, ben their craig.

8 [e]Like themsels are *the folk*, wha can mak sic gear; *an'* a' that lippen till them!

9 [f]Lippen ye till the LORD, O Israel; their stoop an' their schild 's himlane.[g]

10 O Aaron's houss, lippen ye till the LORD; their stoop an' their schild *is* he:

11 Wha fear the LORD, lippen ye till the LORD; their stoop an' their schild he 'll be.

12 The LORD has guid min' o' oursel: he sal bless *an'* blythe-bid the houss o' Isr'el; Aaron's houss blythe-bid sal he:

13 [h]He sal blythe-bid a' wha fear the LORD; the sma', wi' the heigh o' degree.

14 The LORD sal mak mair o' ye, ay; *mak* ye mair, an' mak mair o' yer weans!

15 O blythe *be* ye a' in the LORD, [i]wha made baith the lift an' the lan':

16 The lift, *aye* the lift, it 's the LORD's; bot the lan' he has gien till men's sons.

17 [k]The dead can gie nae Hallelujahs; nor nane wha gang down till the lown:

18 [l]Bot oursel, we maun blythe-bid JEHOVAH; frae the now an' for evir an' ay: †Laud HIMLANE.

PSALM CXVI.

The Lord 's the stievest stoop in a'
stretts: Folk maun speak as they
think, tho' they 're whiles wrang:
We 're behadden to the Lord him-
lane, for a' that 's gude an' true.
[By wha 's no said.]

Left margin notes:

* Frae this, on till the 119, itsel amang the lave, are a' ca'd Hallelujahs by the LXX.
[a] Exod. 13, 3.
[b] Ps. 81, 5.
[c] Exod. 6, 7; 19, 6. Deut. 27, 9.
[d] Exod. 14, 21. Ps. 77, 16.
[e] Josh. 3, 13, 16.
[f] Ps. 29, 6. 68, 16.
† Heb. *bairns o' the flock.*
[g] Hab. 3, 8.

[h] Exod. 17, 6. Num. 20, 11. Ps. 107, 35.
† Heb. *loch o' watirs.*
† Heb. *een o' watirs.*

[a] Leuk Isai. 48, 11. Ezek. 36, 32.

[b] Ps. 42, 3, 10; 79, 10. Joel 2, 17.

[c] 1 Chron. 16, 26. Ps. 135, 6. Dan. 4, 35.

[d] Deut. 4, 28. Ps. 135, 15. Jer. 10, 3.

Right margin notes:

[e] Ps. 135, 18. Hab. 2, 18, 19.

[f] Leuk Ps. 118, 2, 3, 4; 135, 19, 20.
[g] Ps. 33, 20. Prov. 30, 5.

[h] Ps. 128, 1, 4.

[i] Ps. 95 5; 96, 6.

[k] Ps. 6, 5; 88, 10, 11, 12. Isai. 38, 18.

[l] Dan. 2, 20.
† Heb. *Hallelujah.*

THE LORD I loe weel, for he hearkens, till the sugh o' my biddens an' a':

2 For he louts his lug to mysel; I maun skreigh, †sae lang as 'am livin ava'.

3 ^aThe dules o' dead wan about me; an' the stouns o' the lang-hame sought me sair: hamper an' cumber, I kenn'd them baith:

4 Syne I skreigh'd, i' the name o' the LORD; Ah now, O LORD! redd my life frae skaith.

5 The LORD, he 's fu' gude an' fu' rightous; our God, he 's fu' kindly an' a':

6 The LORD, he leuks weel to the weakly; forfochten was Ì, and he heal'd me a'.

7 Haud ye hame †to the lown again, O my saul; ^bfor the LORD 's been fu' gude to yerlane:

8 ^cFor my life, ye wrought but frae the dead; my een frae a tear, my feet †frae the birse o' a stane.

9 E'en sae sal I fuhre, ^dwi' the LORD to the fore, in the lan' o' livin men.

10 ^eI trystit sae weel, I spak sae leal; wi' mylane, I was sairly dang thro':

11 ^fAn' quo' I my ain gate, whan I cou'd-na wait, †No ae yird-born loon o' them 's true.^g

12 What syne sal I gie, till the LORD for a fee, *for* his double o' gude to mysel?

13 The stoup o' heal-ha'din I'll heize fu' hie, an' the †name o' the LORD sal out-tell:

14 ^hMy trysts till the LORD, I maun e'en mak them guid; aye, in face o' his peopil a'.

15 ⁱSair i' the sight o' the LORD, *is* the dead o' the folk he loes weel.

16 Hae pitie, LORD; ^kyer ain loon *am* I: yer loon, mylane; ^lyer ain

maiden's son: my thirlban's, ye lowse'd them *forby*.

17 ^mAn offer o' laud I maun lift till thee; i' the name o' the LORD, I maun cry.

18 ⁿMy trysts till the LORD, I maun e'en mak them guid; aye, in face o' his peopil a':

19 In the faulds o' the LORD's ain houss; in the midds o' yersel, Jerusalem: †Ye maun e'en gie laud till JAH.

PSALM CXVII.

A lilt o' laud for a' livin folk.
[By wha 's no said.]

GIE ^alaud till the LORD, O a' ye folk; laud ye Himsel, a' niebor kin:

2 For heigh owre oursel, 's his gudeness gran'; an' the truth o' the LORD for ay *sal win*: Hallelujah!

PSALM CXVIII.

Wha, sae weel as his ain, can ken the gudeness o' God: i' the field an' the fauld, he stoops them; his han' maks their houss an' hame.
[By wha 's no said.]

GIE ^alaud till the LORD, for he 's gude; for his gudeness, it *tholes* for ay.

2 ^bLat Israel say siclike; for his gudeness, it *tholes* for ay:

3 Lat Aaron's houss say siclike; for his gudeness, it *tholes* for ay:

4 Lat wha fear the LORD say siclike; for his gudeness, it *tholes* for ay.

5 ^cI skreigh'd till the LORD in stretts; ^dan' wi' scowth, the LORD hearken'd till me.

6 ^eThe LORD himsel 's on my side; I care-na what man does till me:

7 ^fThe LORD 's wi' my frien's, forby; atowre my ill-willers I'll see.

8 ^gIt 's better to bide on the LORD, nor to lippen till bairns o' the yird:

Marginal notes

†Heb. *a' my days.*

^aPs. 18, 5, 6.

†Heb. *yer ain lown.*

^bPs. 13, 6.

^cPs. 56, 13.

†Heb. *frae a sair shog,* or *dinnle.*

^dPs. 27, 13.

^e2 Cor. 4, 13.

^fPs. 31, 22.

†Heb. *ilk ane, the yird-born, a lie.*

^gRom. 3, 4.

†Heb. *sal skreigh i' the name o' the Lord.*

^hVerse 18. Ps. 22, 25.

ⁱPs 72, 14.

^kPs. 143, 12.

^lPs. 86, 16.

^mLev. 7, 12.

ⁿVerse 14.

†Heb. *Hallelujah.*

^aRom. 15, 11.

^a1 Chron. 16, 8. Ps. 106, 1; 107, 1; 136, 1.

^bLeuk till Ps. 115, 9, &c.

^cPs. 120, 1.

^dPs. 18, 19.

^ePs. 27, 1; 56, 4, 11. Isai. 51, 12. Hebr. 13, 6.

^fPs. 54, 4.

^gPs. 40, 4; 62, 8, 9. Jer. 17, 5, 7.

9 [h] *It 's* better to bide on the LORD, nor till lippen †the heighest laird.

10 The folk, ane an' a', wan about me; i' the name o' the LORD, I maun sned them by!

11 About, an' about, they wan roun' me; i' the name o' the LORD, I maun sned them by!

12 [i] They byket about me, like bees; they gaed down [k] like a bleeze o' thorns: i' the name o' the LORD, I maun sned them by!

13 Ye schot at me sair, till ding me owre; bot the LORD, he was stoop till me.

14 [l] My strenth an' my sang, *is* the LORD; an' eke, my heal-ha'din sal be.

15 *It 's* the sugh o' a sang an' heal-ha'din, they're baith wi' †gude folk i' the shiels; *for* the right han' *itsel* o' JEHOVAH, it *ay* maks the surest bield:

16 The right-han' *itsel* o' JEHOVAH, it raxes atowre sae weel; the right-han' *itsel* o' JEHOVAH, it *ay* maks the surest bield.

17 [m] Nane sal I die, bot sal livin be; an' the warks o' the LORD, I sal tell:

18 The LORD, †he might ettle till ding me sair; bot till dead, he wad ne'er gie mysel.

19 [n] O rax till me wide, the yetts o' the gude; it 's by them I 'se win ben, *whan* I ettle the LORD till laud:

20 [o] For that 's *ay* ‖ the yett till the LORD; [p] by its-lane sal the rightous win ben.

21 Laud till yersel I maun gie, for ye hearken'd till me; an' help ye been ay till me *syne*.

22 [q] The stane the biggers wad nane o', the head o' the neuk it has been:

23 Frae the LORD himlane, siclike maun hae fa'n; an' a ferlie it *stan's* in our een.

24 A day siclike, 's the wark o' the LORD; blythe an' fu' fain lat us be tharin:

25 †Fy haste ye, LORD; ye maun help accord: †fy haste ye, LORD; ye maun gar *us* win!

26 [r] O blythe be the wight that fuhres, i' the name o' JEHOVAH'S *sel;* blythe hae we bidden ye a', frae the houss o' the LORD *himlane.*

27 *It 's* God the LORD, [s] gies us light; thirl ye the hansel, wi' ban's fu' tight, till the horns o' the altar-stane.

28 God o' my ain *are* ye, till yersel I maun gloiry gie; my God, I maun heize ye hie!

29 Gie laud till the LORD, for he's gude; for his gudeness for evir sal be!

PSALM CXIX.

Mony a line o' laud for the Law, and mony a tryst till bide by its biddens, ye sal find i' this lang, weel-wrought, weel-wordit Psalm.

[By wha 's no here said; aiblins by David in his young days, or i' the lown at his leasure, as he gaed frae houss till ha' amang his ene-mies: leuk verses 54, 79, 84, 86, an' 176. Ca'd by the LXX. Hallelujah.]

ALEPH.

A' STRAUGHT i' the gate, do weel; [a] wha gang by the law o' the LORD:

2 A' wairdin his †will, do weel; seekin him wi' their †heart's accord.

3 An' eke, [b] they do nae folie; *bot* ay in his gate they steer:

4 *As* ye hae gien sic commaun, till bide by yer biddens clear.

5 An my gate war but sikkerly set; till haud by yer tryst 'am fain:

6 An' syne I sal ne'er be scham't, whan [c] I leuk till yer biddens ilk ane.

Margin notes (left):
[b] Ps. 146, 3.
†Heb. *the foremaist folk.*
[i] Deut. 1, 44.
[k] Eccles. 7, 6. Nah. 1, 10.
[l] Exod. 15, 2. Isai. 12, 2.
†Heb. *i' the shielins o' the rightous: tho' they bide i' the shiel, the Lord keeps them weel.*
[m] Ps. 6, 5. Hab. 1, 12.
†Heb. *dingin, he might ding me.*
[n] Isai. 26, 2.
[o] Ps. 24, 7.
‖ or, *the yett o' the Lord: no ner-han sae pithy.*
[p] Isai. 35, 8. Rev. 21, 27; 22, 14, 15.
[q] Mat. 21, 42. Mark 12, 10. Luke 20, 17. Acts 4, 11. Eph. 2, 20. 1 Pet. 2, 4, 7.

Margin notes (right):
†Heb. *Beseik ye, Lord.*
[r] Mat. 21, 9; 23, 39. Mark 11, 9. Luke 19, 38. Leuk Zech. 4, 7.
[s] Esth. 8, 16.
ℵ ALEPH sounds atween *A* an' *Ha.*
[a] Ps. 128, 1.
†Heb. *wills.*
†Heb. *hail heart.*
[b] 1 John 3, 9; 5, 18.
[c] Job 22, 26.

d Verse 171.

7 A' laud, wi' leal heart, *d* I 'se gie thee; whan I ken yer right-rechtins sae trew:

8 An yer trysts I but sikkerly keep, O cast me-na far frae you!

BETH.

Beth sounds atween B an' Bh.

9 By what sal a chield redd his gate? till haud by the thing ye say:

10 By my heart its-lane, I hae sought yersel; lat me ne'er frae yer biddens gae.

e Ps. 37, 31. Luke 2, 19, 51.

11 Ben i' my heart, *e* I hae happit yer word; that I ne'er suld gae wrang wi' thee:

12 Bless'd an' blythe, O LORD, *are* yerlane; *f* gie wit o' yer trysts till me.

f Verses 26, 33, 64, 68, 108, 124, 135.

13 But frae my lips, I hae sent the count o' yer ain right-rechtins a':

14 By the gate o' yer trysts I hae blyther been, nor wi' a' the gear cou'd fa'.

15 Biddens o' thine, I sal sigh on them; an' tent the gates ye gang:

16 Blythely bide i' yer trysts sal I; yer tellin I 'se ne'er think lang.

GIMEL.

Gimel sounds atween G an' Gh.

17 Gie *g* eneugh till yer servan', LORD; I sal live, an' haud weel by yer word:

g Ps. 116, 7.

18 Gar open my een, I sal see the ferlies o' thy record.

h Gen. 47, 9. 1 Chron. 29, 15. Ps. 39, 12. 2 Cor. 5, 6. Hebr. 11, 13.

19 Gangrel, *h* gang I on the yird; hide nane yer commauns frae me:

20 Gane *i* is my saul wi' the pyne, for yer rightins, a' day, that † I dree.

i Ps. 42, 1, 2; 63, 1; 84, 2.

† Heb. *it can dree,* or, *wi' dreein.*

21 Gin ye winna wyte the proud; the curst, wha gae by yer commauns:

22 Gibin an' jeerin put far frae me; for yer biddens I thole i' my han's.

23 Gabbin again me the foremaist sat; bot yer leal-man thought ay on yer law:

k Verses 77, 92.

24 Grand pleasure *k* yer biddens gie ay till me; *for* they are the men o' my ha'.

DALETH.

25 Dang down *l* i' the stoure, is my saul; *m* gar me live, as yersel avise'd:

26 Descrivit my gate, hae I; ye hae hearken'd: *n* tell me yer trysts.

27 Draught me the gate o' yer laws; I sal think on yer wonner-warks syne:

28 Dreepin awa *o* is my saul, wi' kiaugh; haud me up, wi' that word o' thine.

29 Ding the gate o' a lie, far far frae me; bot gie me braw scowth i' yer law:

30 Dearly I loe the gate that's true; yer right-rechtins, I ettle them a'.

31 Deep i' yer trysts am I; O LORD, lat me ne'er hing my head:

32 Dinkly I'll gae the gate ye say, *p* an my heart ye but set abroad.

HE.

33 Airt me, O LORD, *q* the gate o' yer trysts; an' I 'se haud it, *as sikker* as gear:

34 E'en gie me lear, an' I 'se keep yer law: na, I 'se waird it, wi' heart heal an' fere.

35 Airt me the gate o' yer ain commauns; for till it, am I uncoly fain:

36 Even my heart till a' ye say; an' no wi' greed till grein.

37 Haud-by my een *r* frae glowrin at nought; *s* in yer ain gate gar me steer:

38 Heigh owre yer loon, heize up † yer tryst; wha *louts* fu' laigh i' yer fear.

39 Haud-by the scorn I dread sae sair; for yer rightins, they *'re a'* sae † stieve:

40 Hae I no sought yer visitins? *t* i' yer rightousness, gar me live.

VAU.

41 Weise me ance mair yer gude-ness, LORD; *an'* yer heal-ha'din, e'en as ye spak:

42 Wyssly syne, till scorners o'

---

d Verse 171.

l Ps. 44, 25. Ps. 143, 11.

m Verse 40.

n Verse 12. Ps. 25, 4; 27, 11; 86, 11.

o Ps. 107, 26.

p Isai. 60, 5.

He sounds atween Heh, Ae, an' Ee.

q Verse 12.

r Isai. 33, 15.

s Prov. 23, 5.

† Heb. *yer ain spoken word.*

† Heb. *they gude.*

t Verses 25, 37, 88, 107, 149, 156, 159.

Vau sounds atween W an' V. But ae word in Hebrew o' that ae letter: ettles, whiles

mine; for I lippen yer word, I'll speak bak.

43 Word syne o' truth, frae out my mouthe, tak ye-na clean awa; for I lippen yer rightins a':

44 Weel syne sal I waird, for evir an' ay, yer ain maist aefauld law.

45 Wi' walth o' gate, I 'se daiker syne; for I haud yer commauns at need:

46 Word syne o' yer wairnins, *u* I 'se wair on kings; an' sal ne'er hing down my head.

47 Wi' wonner-will, I 'se waught my fill o' yer biddens I loe sae weel:

48 Will heize my han's till yer dear commauns, an' lout owre yer statutes leal!

ZAIN.

49 Seek owre the word, *ye spak* till yer loon; on whilk ye gar'd me to lippen:

50 Siclike *was* a' my content in my care; for yer word it was, keepit me livin.

51 Sae sair as the proud, they scorn'd at me; frae that law o' yer ain I ne'er sought:

52 Sae lang sen-syne, yer rightins I mind; an', LORD, I was kindly wrought.

53 Sic dreid, it cam owre me syne; for the ill, wha mak light o' yer law:

54 Sangs till me, yer statutes be; in the houss whar 'am frem an' a'.§

55 *Zit* *x* a' the night, I mindet yer name; O LORD, an' yer law I keepit:

56 Zat ay was my ain, till haud *fu' fain;* for I wairded † a' that ye threepit.

HETH.

57 Ha'din o' mine *are ye*, *y* LORD; yer words, quo' I, I suld mind.

58 Heal-hearted, I sought yer face; till mysel, as ye plighted, be kind.

59 How far I gaed *wrang*, I cou'd tell; till yer laws syne, I airted my gaens:

60 Hastit, an' swither'd I nane; till haud by yer ain commauns.

61 Hail droves o' wrang-doers rave me in twa; bot I ne'er loot yer law frae my sight:

62 Half i' the mirk, I wauken me up; till lilt o' yer rightins right.

63 Halvers gang I, wi' a' that fear thee; an' wha mind yer wairnins weel:

64 How yer gudeness, LORD, the yirth fu'fills; *z* mak me till yer trystins leal!

TETH.

65 The thing that 's gude, till yer leal-man, LORD; ye hae dune, siclike as ye spak:

66 Thole me till learn what 's right an' wyss; for my tryst, on yer biddens, I tak.

67 Thole'd I ne'er yet, *a* I gaed wrang wi' my fit; bot sen-syne, I hae wairded yer word:

68 The GUDE an' gude-doer, YER-LANE *are* ye; *b* tell me yer trystins, LORD.

69 Threepit on me the haughty a lie; bot yer biddens I keepit, wi' heart fu' leal:

70 Theekit, *c* e'en as wi' talch, is that heart o' theirs; bot yer law, mylane I liket it weel.

71 *Think* *d* weel for me, for I thole the dree, o' yer trysts to be wyss fu'filler:

72 The † weight o' yer word 's worth mair till me, *e* nor thousans o' gowd an' siller!

JOD.

73 Yer han's me made, *f* an' sikker me stay'd; gie me wit, an' yer biddens I'll ken:

74 Yersel wha fear, *g* sal see me syne; an' be blythe, on yer word that I fen'.

75 Yer rightins, LORD, I ken they 're right; an' in truth *h* ye hae cuisten me down:

76 Yer pitie till hearten me, come,

I pray; as ye spak till yer faithfu' loon.

i Verses 24, 47, 174.

77 Yer kindness win till me, an' syne I sal live; for *i* yer law, 's my delight an' mair :

k Verse 86.

78 Ye †maun daunt the proud, for they *k* ding me wi' lies; but I sigh owre yer visits, sair.

§ Folk sal come till David, whan they ken he 's God's King.

79 Yont till me, a' wha fear thee, an' wha ken yer biddens, sal rin : §

80 Yare be my heart, in thae trysts o' yer ain; an' till schame, I sal nevir win.

ℶ CAPH sounds *Ch* or *K*.

CAPH.

81 Clean gane is my saul, *l* for that help o' thine; *bot* I lippen me ay till yer word :

l Ps. 73, 26; 84, 2.

m Verse 123. Ps. 69, 3.

82 Clean gane are my een, *m* for that word o' yer ain; sayan, Whan will ye comfort accord ?

n Job 30, 30.
† Heb. *skin bottle*.
† Heb. *like how mony days*.

83 Clung *n* tho' I be, like a †skin i' the reek, yer trysts I dinna forget:

84 Count †like how lang yer loon *maun thole*, *o* or ye right wha wrang me yet.

o Ps. 39, 4.

p Ps. 35, 7.

85 Canny, for me, *p* the proud scoupit *their* sheughs; siclike, they war ne'er i' yer law :

86 Commauns o' thine, they 're true ilk ane; saikless *q* they seek me; help me an' a'.

q Verse 78.

87 Clean i' the yirth, they maist sweel'd me owre; but ne'er frae yer trysts did I swee :

r Verse 40.

88 Keep me, *r* like yer gudeness, livin ay; an' I'll bide by ilk bidden ye gie.

ℷ LAMED sounds *L*.

LAMED.

89 LORD, *s* lang or langsyne, yer word stan's i' the lift :

s Ps. 89, 2. Mat. 24, 34, 35.
† Heb. *till kithgettin an' kithgettin*.

90 Lat folk †come an' gang, yer truth it maun stan'; ye ettled the yirth, no till shift.

91 Like as ye gied commaun, the day they can stan'; for they 're a' but thirls o' yer ain :

t Verse 24.

92 'Less nor yer law *t* war a' my delight; in my dule, I had dwinnle'd an' gane.

93 Lang lang it *maun be*, †or yer biddens I flee; for wi' them, ye haud me on live :

† Heb. *sal nane flee*, or *forget*.

94 LORD, 'am yer ain, saif me mylane; for yer biddens I'd fain descrive.

95 Leukin till fell me, ill folk they †war keen; bot mysel, I thought weel on yer †law :

† Heb. *war keen on me*.
† Heb. *biddens*.

96 Like till a' *u* that 's finish'd, an end I hae seen ; yer commaun, it braids unco' braw.

u Mat. 5, 18; 24, 35.

MEM.

ℸ MEM sounds *M*.

97 Meikle loe I yer law ! *x* it 's thought till me, a' the day lang :

x Ps. 1, 2.

98 Mair nor my faes, ye taught me yer commauns; for ay till mysel they belang.

99 Mair nor a' my maisters, hae I o' lear; for yer trystins, they 're a' my thought :

100 Mair nor the auldest, hae I o' wit ; for yer biddens, right canny I wrought.

101 My feet I hae wairded, frae ilka wrang gate; ay for I keepit yer word :

102 Mysel, frae yer rightins, I ne'er turn'd awa; for yerlane, ye hae taught me, LORD.

103 Mair nor hynnie intil my mouthe, *y* how sweet are yer words i' my hals :

y Ps. 19, 10. Prov. 8, 11.

104 Mylane, I hae learn'd frae yer biddens weel; *z* syne, I hate ilka gate that 's fause.

z Verse 128.

NUN.

ℹ NUN sounds *N*.

105 Night-light till my feet, *a* is that word o' yer ain; an' †ay whar I gang, it 's bright :

a Prov. 6, 23.
† Heb. *ontil my gate*.

106 Nane sal I steer, *b* frae the word I swear; till haud by yer rightins right.

b Neh. 10, 29.

107 Nar gane was I clean, sae uncoly dune; LORD, *c* wauken me yet, as ye spak :

c Verse 88.

108 Na, the gift o' my mouthe, lat it pleasure ye, LORD; *d* an' yer rightins, fu' clear till me mak.

d Verses 12, 26.

e Job 13, 14.

f Ps. 140, 5;
141, 9.

g Deut. 33, 4.

† Heb. *tak for my ain.*

h Verses 77,
92, 174.

† Heb. *the heel.*

ＤSAMECH
sounds
atween *S* an'
Sh.

† Heb. *o' my ain.*

i Ps. 32, 7;
91, 1.

k Ps. 6, 8;
139, 19.
Mat. 7, 23.

† Heb. *like yer ain word.*

† Heb. *stravaigers frae yer trysts.*

l Ezek. 22, 18.

m Hab. 3, 16.

ＹAIN
sounds
O, Ay, or *Ee.*

n Verses 81,
82.

o Verse 12.

109 No, *e* 'tho' my life 's been ay in my loof, hae I forgotten yer law:

110 No, *f* tho' ill folk set a net for me, frae yer biddens hae I fa'n awa.

111 Ne'er till tine, *g* yer tellins † are mine; *h* for my heart's content *are* they *evir:*

112 Na, my heart I sal lout till do yer statutes, till † the end o' a' time thegither.

SAMECH.

113 Senseless thoughts, I mislike them a'; bot that law o' yer ain, I loe weel:

114 Shaltir an' schild † till me baith, *i* are ye; till yer word, I hae lippen'd fu' leal.

115 Swith, *k* awa frae me syne, ye ill-doers a'; I maun keep the commauns o' my Gude:

116 Stoop me † e'en as ye said, I sal live; an' ne'er for my houp hing my head.

117 Stoop me, an' syne I'll be saif; an' ay, till yer biddens, tak tent:

118 Sterk on the grun', ye lay † tryst-breakers a'; for their lie, but a scham sal be *kent.*

119 Sinners a', frae the yirth, ye soop by *l* like stoure; an' sae, o' yer trystins 'am glaid:

120 Sair trimmles my bouk, *m* wi' dread o' thee; an' sair at yer rightins 'am fley'd.

AIN.

121 Ay right an' rightousness, I hae dune; till my ill-willers' will dinna lea' me:

122 Ay be yer thirlman's ban' for gude; lat-na the haughty plea me:

123 Ay for yer help, *n* my een they gae dune; an' eke for yer ain right-rechtin:

124 Ay wi' yer thirlman, do as ye like; *o* an' thae trysts o' yer ain, gie me light in.

125 E'en till yersel, a loon *am* I; gie me wit, an' gar ken yer bidden:

126 E'en now, LORD, it 's time ye suld *up an'* do; yer law, they hae clean out-ridden.

127 E'en sae, *p* I think mair o' yer will; nor o' gowd, an' a' that 's fine o't:

128 E'en sae, a' ye bid I sal haud it right: *q* an' ilk liean gate, I'll hae nane o't.

PE.

129 Fu' mighty *are* thy commauns; e'en sae, my saul wairds them weel:

130 Fu' clear comes a blink o' yer words; *r* makin wyss the weanliest chiel.

131 Fu' wide rax't I my mouthe; an' sighed, for I sought yer will:

132 Fy, *s* glint on mysel, an' be kind till me; *t* as, till wha loe yer name, ye † do still.

133 Fit me weel † as I gang, *u* i' yer word; *x* an' lat nae wrang hae right on me:

134 Fesh me hame frae the grip o' the carl; syne, heed till yer tellins I'll gie.

135 Fu' bright *y* be yer leuk on yer loon; *z* an' ay gar me ken yer will:

136 Fludes, *a* frae my een they rin down; for yer law they can follow but ill.§

TZADDI.

137 'T's rightous, O LORD, *are* ye yersel; an' upright, yer rightins a':

138 'T's † right *are* the tellins ye gie furth; an' they 're truth itsel an' a'.

139 Zele o' my ain, *b* it sweel'd me up; for yer words, my ill-willers § forhow'd:

140 Zat word o' zine, *c* it 's clear'd sae fine; yer thirlman, he bee's till loe 't.

141 'T's but sma' *am* I, an' little set-by; *bot* yer biddens, I ne'er forget.

p Verse 72.
Ps. 19, 10.
Prov. 8, 11.

q Verse 104.

ＤPE sounds
atween
Ph. an' *F.*

r Ps. 19, 7

s Ps. 106, 4.

t 2 Thes. 1, 6,
7.

† Heb. *as the gate is.*

† Heb. *my gate*

u Ps. 17, 5.

x Ps. 19, 13.
Rom. 6, 12.

y Ps. 4, 6.

z Verses 12,
26.

a Jer. 9, 1;
14, 17.
Ezek. 9, 4.
§ Ill readin
whan folk 's
greetin;
waur greet-
in, for ye
canna read.

ＹTZADDI
sounds
atween *Ts*
an' *St*, an' *Z.*

† Heb. *rightousness.*

b Ps. 69, 9.
John 2, 17.

§ Auld Scots,
till fling by.

c Ps. 12, 6;
18, 30.
Prov. 30, 5.

142 'T's right for ay, yer rightins *are* they; an' yer law, it '*s* the truth compleat.

143 Strett an' skaithe, they fand me baith; yer commauns, they *war* joie till me:

† Heb. *right o' yer rightins.*

† Heb. *bide livin.*

P KOPH sounds atween *K*, *Qu*, an' *Chu*.

144 *Stays* for ay, †the right ye say; gie me wit, an' I 'se †thole a wee.

KOPH.

145 Quo' I wi' a skreigh frae a' the heart, Hearken me, LORD; yer trysts I'll tide:

146 Quo' I till yersel, wi' a skreigh; Heal me, an' yer biddens I'll bide.

d Ps. 5, 3; 130, 6.

147 Keppit the light *d*hae I; an' I cry'd; for yer word I was fain.

e Ps. 63, 1, 6.

148 Keppit *e*my een the slakkens o' *night*; till sigh on that word o' yer ain.

f Verses 40, 154.

149 Quaiet my din, o' yer gudeness, LORD; *f*o' yer rightousness, haud me on live:

150 Quha wark mischieff, they win owre nar han'; awa frae yer law, they thrive.

† Heb.*yerlane suld be nar.*

151 Quha †but yer lane suld be nar *me*, LORD; an' a' yer commauns o' truth!

152 Quhile or now, o' yer tellins I trew; that ye founded them weel, lang eneugh.

7 RESH sounds *R*.

RESH.

153 Rew on my sorrow, and redd me but; for yer law I dinna forget:

g Ps. 35, 1. Mic. 7, 9.

h Verse 40.

154 Redd my plea, *g* an' ransom me; for yer ain word, *h*wauken me yet.

i Job 5, 4.

155 Rax't far eneugh, *is i*help frae the rough; for yer tellins, they seek-na ava':

k Verse 149.

† Heb. *like.*

156 Right mony, LORD, '*s* yer kind accords; *k*wauken me, †wi' yer rightins an' a'.

† Heb. *raxers an' rivers o' me.*

157 Right mony, they †rax an' rive at me; *bot* ne'er frae yer biddens I steer'd:

158 Right-wrangers I saw, an'

fash'd mysel sair; for yer words, siclike they ne'er waird.

159 Rax† an' trew, gin yer biddens I loe; o' yer gudeness, LORD, *l*wauken me:

160 Rute† o' yer word, it '*s been* truth itsel; syne right, a' ye right, maun ay be.

† Heb. *leuk owre an' see.*

l Verse 88.

† Heb. *Head o' yer word, truth.*

SCHIN.

161 Sair till win on me, the foremaist sought; at yer words syne, my heart sheuk wi' fear:

162 Sae blythe was I, owre that word o' yer ain, as I had fand unco gear.

163 Shaughlin talk, I thole waur an' waur; it '*s* yer law, I like sae weel:

164 Seven times a day, I gie laud till yersel; for thae rightins o' thine sae leal.

ヅ SCHIN sounds atween *S* an' *Sh*.

m Prov. 3, 2.

165 Shaltir sae lown, *m*'s for wha loe yer law; an' nought sal be, till skew them:

166 Sure eneugh, LORD, *n*I leuk for yer help; an' thae biddens o' thine, I gae thro' them.

n Gen. 49, 18. Verse 174.

167 Sae weel '*s* my saul wairds yer tellins *a*'; an' O, but I loe them dearly:

168 Sae weel '*s* I waird baith yer †will an' yer word; for my gate, it '*s* a' kent till ye clearly.

† Heb. *yer visitins an' yer biddens.*

TAU.

169 Till yer sight, O LORD, lat my skreigh win nar; an' e'en as ye said, gie me wit:

170 Till yer sight, lat my weary bidden win ben; an' e'en as ye spak, redd me but.

ケ TAU sounds atween *T* an' *Th*.

171 Thir lips o' mine, *o*sal gie laud *till ye* fine; for yer tellins, till me ye taught:

o Verse 7.

172 This tongue o' my ain, yer word sal †mak plain; for a' yer biddens are †straught.

173 That han' o' thine, maun be stoop o' mine; *p*for yer tellins I tak them right:

† Heb. *tell owre.*

† Heb. *straughtness, or rightness.*

p Josh. 24, 22. Prov. 1, 29.

q Verse 165.

r Verses 16, 24, 47, 77, 111.

s Isai. 53, 6. Luke 15, 4, &c.

A.C. 1058.
* Leuk till *Headins,* an' tak tent forby; a' thir sangs o' the Upgaens, they're on the upgaen o' God wi' his folk langsyne frae Ægyp till Canaan, an' wi' David frae Canaan till Jerusalem.
☞ David wad fain win Up.
a Ps. 118, 5. Jonah 2, 2.

† Heb. ettles some kin' o' stok for burnin.
b 1 Sam. 25, 1. Jer. 49, 29.

☞ David syne leuks heigh Up.

a Ps. 124, 8.

174 Thole'd I lang, Lord, qfor the health ye *accord;* an' yer law, rit 's my vera delight.

175 Thrive lat my life, it sal laud yersel; for yer rightins, they stoop me yet.

176 Thoughtless I gaed, slike a sheep was stray'd; weise roun' yer loon; for yer biddens I dinna forget.

PSALM CXX.

David, wi' sair warsle, wad fain win hame till Zioun; his ill-willers syne maun thole the gree.
A sang o' the Upgaens.*

TILL the Lord, ain my stretts I could scraigh; an' he hearken'd till me mylane:

2 Lord, ye maun redd my life; frae the liean lips, frae the guilefu' tongue!

3 What maun be dune wi' yersel? what sal befa' ye yet? tongue that sae fause can gang!

4 Flanes o' the mighty, fu' snell; wi' flaughts o' the †bleezan rung.

5 Wae 's me, intil Mesech I bade sae lang! bor taigled in howffs o' Kedar!

6 O'er lang wi' siclike I hae wair'd my time; wi' the loon that cares-na for kindness.

7 Kindness I *ettle* mysel; bot ay when I crack, it 's for ill they 're.

PSALM CXXI.

David lippens till the heights abune Zioun; an' till him that 's abune the heights.
A sang o' the Upgaens.

TILL the heights, I maun cast my een; whar else can my help come frae?

2 aMy help 's frae the Lord himlane; wha made baith the lift an' the lan'.

3 Yer fit he winna lat steer; bnor dover, wha hauds ye heal:

4 Na, he neither dovers nor sleeps, wha keeps waird upon Israel.

5 The Lord, he 's yer keeper an' a': cthe Lord *sal be* sconce till thee; don *yer han', on* yer ain right han'.

6 eThe sun sal-na blight ye by day; nor the mune, *as scho gangs* the night thro'.

7 The Lord, he sal waird ye frae ilka ill; yer life, he sal waird it weel:

8 The Lord, fhe sal waird yer gaen-out an' gaen-in, for evir an' ay, frae the now!

PSALM CXXII.

David's fu' blythe o' Zioun; whar he sal be King an' a'.
A sang o' the Upgaens: ane o' David's.

FU' fain was I whan they said to mysel, Till the houss o' the Lord lat us gang:

2 Our feet, they sal stan' i' thae yetts o' yer ain, Jerusalem.

3 Jerusalem 's bigget fu' braw; like a brugh abigget a' by itslane:

4 bFor thar, niebor-kins, they †maun gather an' a': the Lord's niebor-kins; cthe trysts o' Israel; till gie laud, to the name o' the Lord, wi' a sang.

5 dFor thar now †are dight, the throns o' the right; the throns o' *King* David's line!

6 Seek ye for the lown o' Jerusalem: fu' lown sal they be, wha wiss weel till thee.

7 Peace be ay on yer dykes; *an'* lown in yer biggins sae fine!

8 For my brether's saik, for my niebors' *saik,* I maun e'en cry, Lown be in thee!

9 For the houss o' the Lord, that 's God o' our ain, eI maun seek a' that 's guid for thee!

b Ps. 127, 1. Isai. 27, 3.

c Isai. 25, 4.
d Ps. 16, 8; 109, 31.
e Ps. 91, 5. Isai. 49, 10. Rev. 7, 16.

f Deut. 28, 6.

☞ David's bidden till gang Up.

a 2 Sam. 5, 9.
b Exod. 23, 17. Deut. 16, 16.
† Heb. *win up till* the town.
c Exod. 16, 34.
d Deut. 17, 8.
† Heb. *settled down.*

e Neh. 2, 10.

PSALM CXXIII.

God's folk, down-cuisten, leuk lang for Himsel.
A sang o' the Upgaens.

a Ps. 121, 1.
b Ps. 115, 3.

TILL yersel *a*I cast up my een, *b*O ye wha bide i' the lift.

2 Like as thirlfolk's een, till their maisters' han', like as maidens' een, till their mistress' han'; e'en sae our ain een, till the LORD our God, they leuk up, till he rew upon us.

3 Rew on us, LORD, O rew upon us; for o' scorn, we 're as fou 's we can bide:

c Exod. 5, 15-19.

4 Our *c*life 's taen a staw, at the skeigh o' the braw; *an'* the scorn o' wha hove wi' pride.

PSALM CXXIV.

What God's folk maun hae dree'd, an the Lord had-na been on their side.
A sang o' the Upgaens: ane o' David's.

a Ps 129, 1.

AN the LORD had-na been for oursel, *a*weel now may Israel say;

2 An the LORD had-na been for oursel, whan folk wan up on us fey;

3 Syne had they sweel'd us livin an' a', whan their wuth at oursel did reenge:

4 Syne had the watirs sweel'd us owre, the drift had gaen owre our lives:

5 Syne had the watirs, bremin heigh, gaen owre our sauls wi' a breinge.

6 Blythe be the LORD wha ettled us nane, *for* a glaum to the teeth o' siclike!

b Ps. 91, 3.
Prov. 6, 5.
† Heb. *the hunter's girn.*

7 Our life, *b*like a bird, it slippit †the girn; the girn an' a,' 's been riven in twa; an' oursels, we hae clear'd the dyke.

c Ps. 121, 2.

8 *c*Our stoop 's i' the name o' the LORD; wha made baith the lift an' the laigh.

PSALM CXXV.

God's folk like a town amang the hills; fu' lown an' cosy round it a'.
A sang o' the Upgaens.

WHA lippen the LORD are like Zioun-hill; that win-na steer, *an'* that bides for ay.

2 Jerus'lem's sel, the heights haud her weel; sae the LORD himsel, his folk he can sweel, roun about; frae the now, an' for evir mair.

a Exod. 20, 2.
Prov. 22, 8.
Isai. 14, 5.

3 *a*For the wrang-doer's rod win-na stay for ay, on the shouthir o' rightous folk: for as meikle 's the rightous ne'er rax't their han's, wi' ony mischieff to yoke.

4 Do weel, O LORD, till *them* that do weel; an' till *them*, that are straught i' their hearts:

b Prov. 2, 15.

5 Bot wha swee ay about *b*i' their ravell'd gates, the LORD maun lat gang wi' the warkers o' wrang: bot *c*lown-tide on Israel *sal wait.*

c Ps. 128, 6.
Gal. 6, 16.

PSALM CXXVI.

Whan God's folk war lowse'd frae ban', they cam hame like a spate on the lan'.
A sang o' the Upgaens.

WHAN the LORD fush *her* thirldom hame till Zioun; *a*like doveran folk war we:

a Acts 12, 9.
b Job 8, 21.

2 *b*Syne was our mouthe wi' laughin fou; an' our tongue, it was liltin free. syne quo' they amang hethen folk, Fu' grandly the LORD for them has wrought.

3 Fu' grandly the LORD, he cou'd do for us; *an'* weel may we blythe-some be:

4 The LORD, he brought hame our thirldom a', like spates on the ∥birstled lea.

∥ or, *the southe lan'.*

c Jer. 31, 9, &c.

5 *c*Wha saw wi' a tear; wi' a sang they sal shear:

6 Wha greetin gangs out, wi' a

lade o' gude seed; sal come hame wi' a lilt, an' his nieffu's o' corn †fu' hie!

†Heb. *haud-in them heigh.*

PSALM CXXVII.

☞ How God's Houss maun be bigget Up.

Livin folk 's ay better nor stane an' lime; an' biggin siclike for a houss till the Lord, 's his ain wark.
A sang o' the Upgaens: for Solomon.*

* Ps. 72.

AN JEHOVAH big-na the houss, they fash for nought, wha big at it; *a* an JEHOVAH keep-na the brugh, he waukens for nought wha keeps waird onto 't.

a Ps. 121, 3, 4, 5.

2 It'll do ye nae guid till steer or light, till bide late at night, eatin yer bread wi' a pingle: *for* till them he loes weel, he gies sleep.

3 Na, *b* bairns are the LORD's heritage; *c* the †mither's fraught, *his* fee.

4 Like flanes in the han' o' some mighty wight, sae †new-fund folk *maun be.*

5 Blythe be the wight wi' a sheaf o' siclike; *d* no blate sal they be, but sal crack fu' hie, till wha wiss them ill, i' the yett.

b Gen. 33, 5; 48, 4. Josh. 24, 3, 4. *c* Deut. 28, 4. †Heb. *out-come o' the wame.* †Heb. *bairns o' the young.* *d* Job 5, 4. Prov. 27, 11.

PSALM CXXVIII.

☞ How God's ain folk sal growe Up.

A braw houss, baith but an' ben, wi' guid till fen', hae the rightous.
A sang o' the Upgaens.

a Ps. 112, 1; 115, 13; 119, 1.

O *a* BLYTHE may ilk ane be, wi' dread o' the LORD; wha gangs i' thae gates o' his ain:

2 *b* Whan ye pree o' the wark o' yer han's; fu' blythe *sal* ye be, an' fu' weel *sal ye fen'* yerlane.

3 Yer gudewife, like the fraughtit vine, by the sconce o' yer houss sal *stan';* yer weans, round about yer meltith-buird, sal growe like the olive wands.

4 E'en sae, sae blythe sal the wight be, *wha lives* in the dread o' the LORD.

b Isai. 3, 10.

5 *c* The LORD sal blythe-bid ye frae Zioun; an' on a' that's guid in Jerus'lem, ye sal leuk ilka day o' yer life.

6 Ye sal e'en see yer bairns' bairns, *d* an' lown intil Israel rife!

c Ps. 134, 3.

d Ps. 125, 5.

PSALM CXXIX.

☞ How lang they tholed or they wan Up,

A lifetime 's wrang wad be owre lang: heartless wark, shearin ill corn.
A sang o' the Upgaens.

SAE sair as they wrought me *a* frae †bairn-time; *b* weel now may Israel say:

2 Sae sair as they wrought me, frae †bairn-time; an' ne'er mann'd abune me till stay.

3 On my riggin, the plewers they plew'd; an' lang eneugh furs they drew:

4 The rightous LORD, he sned the cord o' that wrang-deedie crew!

5 They hang the head, an' hame they gaed; that wiss'd ill to Zioun, ilk ane.

6 Like gerss *on* the riggin, war they; afore ye can †sned it, it's gane.

7 Jimply the shearer can fill his han'; or the banster his bosom pang:

8 Nor naebody says *c* Gude speed wi' yo; We blythe-bid yo *a'* i' the name o' the LORD; as they fuhre the gate alang.

a Ezek. 23, 3. Hos. 2, 15; 11, 1. †Heb. *my bairn-time.* *b* Ps. 124, 1.

†Heb. *draw out upon 't.*

c Ruth 2, 4.

PSALM CXXX.

☞ It's waitin weel that helps Up.

Frae the laighest flude, God's guidin 's guid: an' he 's no half sae stoor as he 's ca'd.
A sang o' the Upgaens.

FRAE *a* the deeps sae awesome dread, O LORD, I hae scraigh'd till thee:

2 Hearken, O LORD, till my scraigh; till the sugh o' my weary bidden, yer lugs lat them loutit be.

a Lam. 3, 55. Jonah 2, 2.

95

b Ps. 143, 2.

c I Kings 8,
40.
Ps. 2, 11.
Jer. 33, 8, 9.

d Ps. 27, 14;
33, 20;
40, 1.
Isai. 8, 17;
30, 18.

e Ps. 63, 6;
119, 147.

‖ or, *frae ae
mornin's light
till anither.*

f Ps. 86, 5, 15.

g Ps. 103, 3, 4

3 *b* Lord, an ye leuk at fauts, wha syne, Lord, cou'd stan' ava'?

4 Bot pitie 's *been ay* wi' yersel, for sae stoor 's *c* ye been thought an' a'.

5 *d* I hae leuk'd for Jehovah lang; my life, it has leukit this while; na, on his word I hae stoopit me sair.

6 *e* My life, it *leuks* mair for the Lord, ‖nor them wha leuk for the mornin; wha leuk for the mornin ere.

7 Lat Israel lippen Jehovah, *f* for ay wi' Jehovah thar 's rewth; an' rowth o' remead wi' himsel.

8 An' it 's Him, frae his ain wrang-doens, *g* sal cannily redd Israel.

PSALM CXXXI.

David, till be sae uncoly thought on, keeps ay a lown sugh by himlane.
A sang o' the Upgaens: ane o' David's.

a Rom. 12, 16.

† Heb. *hae I
gaen in the
mightinesses,
an' wonners
afore me;* or,
*that hae been
wair'd on
me.*

b Mat. 18, 3.
I Cor. 14, 20.

† Heb. *ay on
for ay.*

M Y heart, O Lord, was-na haughty; nor my een, they hae-na been heigh: *a* nor no, wi' sic ferlies †afore me, hae I gaen govan skeigh.

2 O gin I hae-na been quaiet! an' gin I hae-na whush'd my thought; like a *b* wean, that 's been spean'd *frae* his mither, my life on mylane it 's been wrought.

3 Till Jehovah, lat Israel lippen; frae the now, till o' time †thar 's nought.

PSALM CXXXII.

David, wi' a sair facht, an' mony a waukrife thought, ettles a braw hame-comin an' a lown neuk for the Lord on Zioun.
A sang o' the Upgaens.

† Heb. *a' his
fashes.*

L ORD, hae min' o' David, *and* a' the cumber he stude :†

2 How he swure an aith till Jehovah, *a how* he trystit till Jakob's Gude : *b*

4 *c* I winna gie sleep till my een; or rest to my winkers, I rede:

5 Till I 'seen a neuk for Jehovah; an' hingins for Jakob's Gude!

6 We heard word o't, or lang, *d* at Ephraatah; *e* we fand 't *f* in the bauks o' the wood:

7 Lat us ben till the sconce o' his hingins; *g* lat us lout at his ain fit-brod!

8 *h* Up, Lord, till yer shielin sae canny; *i* yersel, an' the ark o' yer tryste :

9 Yer priests, *k* lat them wear what †fits them; yer sants, lat them lilt fu' loud :

10 *An'* for sake o' David, yer leal-man, turn awa-na the face o' yer Chryst.

11 *l* The Lord swure an aith till David, sae sikker he win-na gae frae 't : *m* On that thron o' yer ain, frae that lisk o' yer ain, till *yer* out-come I'se ay gie a seat.

12 Yer weans, gin they waird weel my trystin, an' my bidden I taught them syne; than bairns o' their ain, ay for evir, sal sit on that thron o' thine.

13 *n* For the Lord, he sought lang for Zioun; whar he liket himsel to bide :

14 *o* Sic-like, *quo' he,* my ain rest sal be; for evir an' ay, it 's here I'll stay; for I like it sae weel mysel.

15 *p* Her victual, I'll blythe-bid fu' blythely; her hungry, I'll stegh wi' bread :

16 *q* Her priests, I maun cleed wi' heal-ha'din; *r* her sants, they sal lilt fu' glaid :

17 *s* Thar I sal gar growe *King* David's horn; an' *t* a light, for my chrystit I'll nouriss :

a Ps. 65, 1.

b Gen. 49, 24.

c Prov. 6, 4.

d I Sam. 17,
12.

e I Sam. 7, 1.

f I Chron.
13, 5.

g Ps. 5, 7;
99, 5.

h Num. 10,35.
2 Chron. 6,
41, 42

i Ps. 78, 61.

k Job 29, 14.
Isai. 61, 10.

† Heb. *what's
right,* by the
law.

l Ps. 89, 3, 4,
33; 110, 4.

m 2 Sam. 7,
12.
I Kings 8, 25.
2 Chron. 6,
16.
Luke 1, 69.
Acts 2, 30.

n Ps. 48, 1.

o Ps. 68, 16.

p Ps. 147, 14.

q 2 Chron. 6,
41.
Ps. 149, 4.

r Hos. 11, 12.

s Ezek. 29, 21.
Luke 1, 69.

t I Kings,
11, 36; 15, 4.
2 Chron. 21, 7.

18 His ill-willers eke, I sal cleed wi' scorn; bot his crown on himsel, it sal flouriss.

PSALM CXXXIII.

Gude-will, like gude oyle, rins weel an' gangs far.

A sang o' the Upgaens: ane o' David's.

☞ They maun a' be frien's that bide Up.

a Gen. 13, 8.
† Heb. *brether.*
b Exod. 30, 25, 30.

SEE syne, how gude an' how braw, *a for* †frien's to bide weel thegither!

2 *b* Like the oyle sae gude, *that was* toom'd on the head; it cou'd rin on the beard, ontil Aaron's beard, that gaed till the neuk o' his manteel:

c Deut. 4, 48.
d Lev. 25, 21.
Deut. 28, 8.
Ps. 42, 8.

3 Like the dewy weet that comes down compleat, *frae c* Hermon ontil Mount Zioun: for *d* it 's thar the LORD ettles the blythest bode; life that sal *bide* for evir.

PSALM CXXXIV

God's folk, they maun laud him night an' day.

A sang o' the Upgaens.*

☞ An' lilt day an' night whan they stay Up.
* Hinmaist sang o' the Upgaens. David, an' the folk, an' the ark, an' the Lord himsel, are a' weel hame till Zioun.

a Ps. 135, 1, 2.
b I Chron. 9, 33.

SYNE ye maun laud the LORD, *a* a' ye loons o' JEHOVAH's ain: *b* wha bide in the houss o' the LORD, the lee-lang night yerlane.

2 Ye maun heize yer han's till his halie howff, an' blythe-bid the LORD himlane.

c Ps. 135, 21.

3 The LORD frae Zioun *c* blythe-bid yersel; *d* wha wrought baith the lift an' the lan'.

d Ps. 124, 8.

PSALM CXXXV.

The hail houss o' Israel, wha hae been weel tell'd, an' wha ken brawly a' that the Lord has dune for them, suld laud the Lord for his gudeness sae lang 's Mount Zioun stan's.
[By wha 's no said.] Hallelujah.

LAUD ye the name o' JEHOVAH; *a* gie laud, ye loons o' the LORD:

a Ps. 134, 1.

2 *b* Wha bide in the houss o' JEHOVAH; in the faulds o' the houss o' our God.

b Luke 2, 37.

3 Hallelujah! for gude *is* JEHOVAH; lilt ye till his name, *c* for *it 's* braw:

c Ps. 147, 1.

4 *d* For Jakob, till Himsel, the LORD singled; Israel, for his hirsel an' a'.

d Exod. 19, 5.
Deut. 7, 6, 7; 10, 15.

5 For brawly I ken, *e* the LORD he 's fu' gran'; an' that Laird o' our ain, 's ayont a' gods o' *the lan'.*

e Ps. 95, 3; 97, 9.

6 *f* Whate'er the LORD likes he can do, in the lift an' the lan'; in the fludes an' ilk awesome howe.

f Ps. 115, 3.

7 *g* Wha carries the mists frae the neuks o' the lan'; *h* the flaughts o' lowe, till a spate he can thowe; an' he airts but the win' frae its awmries.

g Jer. 10, 13; 51, 16.
h Job 28, 25, 26; 38, 24.
Zech. 10, 1.

8 *i* Wha dang the first-born o' Mizraam; †o' beast an' o' body baith.

i Exod. 12, 12, 29.
Ps. 78, 51; 136, 10.
† Heb. *frae man on till beast.*

9 *k* *Wha* airtit sic trysts atowre, an' sic ferlies, in midds o' yersel, Mizraam; on Pharaoh, an' a' *Pharaoh's* loons.

k Exod. 7; 8; 9; 10; 14. Ps. 136, 15.

10 *l* Wha dang fu' mony folk; an' fell'd the starkest kings:

l Num. 21, 24, 25, 26, 34, 35.
Ps. 136, 17.

11 Like Sihon, king o' the Amorites; an' like Og, the king o' Bashan; *m* an' like a' thae kings o' Canaan:

m Josh. 12, 7.

12 *n* An' ettled their lan' *for* a ha'din, a ha'din till Israel his ain.

n Ps. 78, 55; 136, 21, 22.

13 *o* LORD, yer name 's evir-lastin; an' min' o' yersel, O JEHOVAH, frae kith till kin it *can stan'.*

o Exod. 3, 15.
Ps. 102, 12.

14 *p* For the LORD, he sal right-recht his peopil; an' rew on his servans a'.

p Deut. 32, 36.

15 *q* The gudes o' the hethen 's but siller an' gowd; the wark o' folk's han's o' the yird:

q Ps. 115, 4-8.

16 *Thar* 's a mouthe o' their ain, bot they canna speak; een o' their ain, bot they see-na:

97

17 Tha're lugs o' their ain, bot they canna hear; no, nor nevir ae sugh i' their hals is.

18 Sic-like are they a', wha can mak sic gear; *an'* a', wha can lippen until them.

19 *r* O Israel's houss, bless ye the LORD; O Aaron's houss, bless ye the LORD:

20 O Levi's houss, bless ye the LORD; wha fear the LORD, bless ye the LORD:

21 Blythe be the LORD, *s* frae Zioun; wha bides at Jerusalem still. Hallelujah!

PSALM CXXXVI.

A lilt o' laud on God's warks, wi' an owrecome ay on his gudeness.
[By wha 's no said.]

GIE *a* laud till the LORD, for *he's* gude; *b* for his gudeness, it *tholes* for evir:

2 Gie laud till *c* the God o' gods; for his gudeness, it *tholes* for evir:

3 Gie laud till the LORD o' Lords; for his gudeness, it *tholes* for evir.

4 Till wha *d* by himlane wrought ferlies sae gran'; for his gudeness, it *tholes* for evir:

5 *e* Till wha wrought the lift wi' the †slight o' his han'; for his gudeness, it *tholes* for evir :

6 *f* Till wha rax't the yirth atowre the fludes; for his gudeness, it *tholes* for evir:

7 *g* Till wha wrought the lights sae gran' an' bright; for his gudeness, it *tholes* for evir:

8 *h* The sun till be laird, sae langs it 's light; for his gudeness, it *tholes* for evir:

9 The mune an' the stern, till hae gree by night; for his gudeness, it *tholes* for evir.

10 *i* Till wha dang Mizraam, in their first-born *a*; for his gudeness, it *tholes* for evir:

11 *k* An' redd but Isra'l frae the midds o' them a'; for his gudeness, it *tholes* for evir:

12 *l* Wi' a hand o' might, an' an arm outright; for his gudeness, it *tholes* for evir.

13 *m* Till wha synder'd the tangly sea in twa; for his gudeness, it *tholes* for evir:

14 An' fuhred Israel atowre, atween the twa; for his gudeness, it *tholes* for evir:

15 *n* Bot whamle'd Pharaoh, folk an' a', in that sea o' the tangly tide; for his gudeness, it *tholes* for evir.

16 *o* Till wha airtit syne his ain folk, in the muir; for his gudeness, it *tholes* for evir:

17 *p* Till wha dang mighty kings atowre; for his gudeness, it *tholes* for evir:

18 *q* An' racket kings baith stieve an' stoor; for his gudeness, it *tholes* for evir:

19 *r* Sihon, till wit, the Am'rites king; for his gudeness, it *tholes* for evir:

20 *s* An' Og, till wit, o' Bashan king; for his gudeness, it *tholes* for evir:

21 *t* An' gie'd their lan' in ha'din free; for his gudeness, it *tholes* for evir:

22 Till Israel free, his ain loon *till be*; for his gudeness, it *tholes* for evir.

23 Wha mindet us ay, in a' our waes; for his gudeness, it *tholes* for evir.

24 An' rax't us atowre frae amang our faes; for his gudeness it *tholes* for evir:

25 *u* Wha ettles bread for a' flesh an' bluid; for his gudeness, it *tholes* for evir.

26 Gie laud till *him that 's* †God abune; for his gudeness, it *tholes* for evir.

r Ps 115, 9.

s Ps 134, 3.

d Ps. 106, 1; 107, 1; 118, 1.
b 1 Chron. 16, 34, 41.
c Deut. 10, 17.

d Ps. 72, 18

e Gen. 1, 1. Prov. 3, 19. Jer. 51, 15.
† Heb. *his ain kennin.*

f Gen. 1, 9. Ps. 24, 2. Jer. 10, 12.

g Gen. 1, 14.

h Gen. 1, 16

i Exod. 12, 29. Ps. 135, 8.

k Exod. 12, 51; 13, 3, 17.

l Exod. 6, 6.

m Exod. 14, 21, 22. Ps. 78, 13.

n Exod. 14, 27, 28. Ps. 135, 9.

o Exod. 15, 22.

p Ps. 135, 10, 11.

q Deut. 29, 7.

r Num. 21, 21.

s Num. 21, 33.

t Josh. 12, 1. &c. Ps. 135, 12.

u Ps. 104, 27; 145, 15; 147, 9.

† Heb. *God o' the lifts.*

PSALM CXXXVII.

A lilt o' dule in captivitie: nae sang o' the Lord's ava'.
[Ane o' Jeremiah's, quo' the LXX.]

BY Babel's fludes, thar we sat us down; an' we grat, as we mindet Zioun:

2 Our harps we hang the saughs amang, in the heart o' the town war growin.

3 For they plague't us sair, wha brought us thar, the turn o' a sang to gie them; [a] an' wha wrought us wae, *wad nought* but play—*cry'd*, Sing us a sang o' Zioun!

4 Bot how sal we sing a JEHOVAH's sang, on grun' that's ayont *his keepin?*

5 Gin I slight ye, Jerusalem; may my right-han' tine her *slight!*

6 My tongue gang dry i' my hals, an I think-na lang on thee; an I roose-na yersel, Jerusalem, †abune a' that's dear to me!

7 O LORD, hae min' o' [b] Edom's weans, in Jerusalem's day *o' maen;* how they cry'd, Ding *her* down! Ding *her* down! aye, down till the laighest stane.

8 *An'* Dochtir o' Babel, ye, [c] that or lang maun wastit be; [d] blythe be the wight that sal quat ye right, wi' sic-like as ye gar'd us dree.

9 Blythe *sal* he *be* that taks haud o'; [e] an' gars yer bit weans, on the *hard* whinstanes, wi' a fling intil flinders flee!

PSALM CXXXVIII.

A lilt o' laud till the Lord that's gude. Ane o' David's.

I MAUN laud ye, LORD, †wi' my heart's accord; [a] afore the gods, I maun lilt till thee.

2 [b] I maun lout me laigh [c] i' yer halie howff; I maun lilt till yer name, for yer rewth an' yer trewth; for heigh abune a' that name o' yer ain, that word o' yer ain ye hecht.

3 I' the day whan I skreigh'd an' ye hearken'd me, ye doubled the might o' my saul.

4 [d] A' kings o' the lan' sal gie laud till ye, LORD; an they heard but the words o' yer mouthe:

5 An' fu' loud they sal lilt i' the gates o' the LORD; for the skance o' the LORD, it 's fu' grit.

6 [e] Tho' the LORD *be* fu' heigh, [f] the laigh he can sight; an' the mighty, he kens far eneugh.

7 Tho' I gang pingled roun', ye can haud my life soun'; on the wuth o' my faes, yer han' ye can heize; an' yer right-han', sal haud me fu' lown.

8 [g] The LORD sal do a' for mysel; yer gudeness, O LORD, *tholes* for evir: the warks o' yer han', ye win-na [h] fling by, a'-thegither.

PSALM CXXXIX.

How the Lord made a', an' kens a', that belangs or befa's us.
Till the sang-maister: ane heigh-lilt o' David's.

LORD, [a] ye rypit me, thrugh an' thro', till ye kent *me:*

2 [b] Yerlane, ye ken weel o' my down-sittin baith, and my risin; fu' brawly ye ken the thought that 's far ben, 'ithin me.

3 Gangin or lyin, ye trew me a'; no a gate o' my ain, but ye tent it:

4 For a word o' my tongue *thar* canna be; bot al-utterlie, LORD, ye hae kent it.

5 Ahint an' afore, ye hae sweel'd me roun'; an' atowre me, yer loof ye straughtit:

6 [c] Sic'na ken *o' yer ain*, 's owre heigh for me; †it 's abune might o' mine, till win at it.

Marginal notes (left column):
Afore the CHRYST, cir. 570.

[a] Ps. 79, 1.

† Heb. *abune the head o' my joies.*

[b] Jer. 49, 7. Lam. 4, 22. Ezek. 25, 12. Obad. 10, &c.

[c] Isai. 13, 1; 47, 1. Jer. 25, 12; 50, 2.

[d] Jer. 50, 15, 29. Rev. 18, 6.

[e] Isai. 13, 16.

† Heb. *wi' my hail heart.*
[a] Ps. 119, 46.

[b] Ps. 28, 2.
[c] I Kings 8, 29, 30.

Marginal notes (right column):
[d] Ps. 102, 15, 22.

[e] Ps. 113, 5, 6. Isai. 57, 15.
[f] James 4, 6. I Pet. 5, 5.

[g] Ps. 57, 2. Phil. 1, 6.

[h] Job 10, 3, 8.

[a] Jer. 12, 3.

[b] 2 Kings 19, 27.

[c] Job 42, 3. Ps. 40, 5.
† Heb. *for it, I has-na pith.*

d Jer. 23, 24.

7 *d*O whar sal I win, frae that spreit o' yer ain; an' whar sal I flee frae yer sight?

e Amos 9, 2, 3, 4.
f Prov. 15, 11.

8 *e*An I spiel till the lift, ye *'re* thar by yerlane; *f*an I streek i' the sheugh, ye're *aneth.*

9 The wings o' the light, I may dight them on, an' bide on the lave o' the watirs:

10 Bot thar yer ain han', it suld weise me on; an' yer right han' itsel suld upha' me. §

§ That he suld-na gae down i' the watirs.

11 An I say syne, The mirk it sal hap me owre; than the night, like light, it sal schaw me:

g Job 26, 6; 34, 22. Dan. 2, 22. Hebr. 4, 13.

12 For *g*the mirk at-weel, frae yersel 's nae bield; bot the night, it gies light like the day: the mirkest mirk 's like the lightest light, perfay!

13 For yerlane, ye had a' my lisk; in my mither's bouk, ye biel'd me.

† Heb. *wonner warks o' yer ain makin,* ilk haet o' me.

14 I suld lilt till ye syne, 'am sae wonner fine; †wrought a' sae gran', as my thought can forestan', sae weel to'.

b Job 10. 8, 9. Eccles. 11, 5.

15 *h*My banes war-na happit frae thee, tho' I was wrought i' the mirk; wi' sae mony a fauld, i' the laighest halds o' the yirth.

16 My bouk, yer een they took tent o'; an' intil yer buik they war scriven, ‖a' *pairts* o' me syne that war schuppen, or ere thar was ane o' them worth.

‖ or, i' the days o' their makin.

i Ps. 40, 5.

17 *i*An' yer friendly thoughts to mysel; O God, how they 're by my ken! What-'na wheen o' them a' to tell!

18 *An* I suld ettle till count them, mair nor san', ayont tellin they be! Gin I wauken, 'am ay wi' thee.

k Ps. 119, 115.
§ A wheen bluidy folk, that slachter'd till eidols, an' bigget deil's houses intil God's ain towns.

19 Lord God, an ye fell the illdoer! *k*Awa frae me, bluidy loons:

20 Wha cry till yersel like an eidol; an' turn till the mischieff yer towns.§

l 2 Chron. 19, 2.
Ps. 119, 158.

21 Lord, *l*jimply I thole wha ill-

will ye; an' flyte wi' yer gainstan'ers a':

22 I like them, as ill 's I can like them; for ill-willers o' mine, they sal sta'.

m Job. 31, 6
Ps. 26, 2.

23 *m*Ye maun rype me, O God, an' †heart-ken me; ye maun try me, an' trew my thoughts:

† Heb. *ken my heart.*

24 An' see gin *thar 's* †ought o' a lie in mysel; *n*an' airt me the endless gate.

† Heb. *gate o' a lie.*
n Ps. 5, 8; 143, 10.

PSALM CXL.

Wae fa' the ill-deedie man, tho' a crown an' a' be abune him.

Till the sang-maister: ane heighlilt o' David's.

☞ This thought till be again Saul an' his frien' Doeg: like eneugh.

REDD me, Lord, frae the illdeedie man; *a*frae the man o' mischieff, waird me:

a Verse 4.

2 Wha ettle a' that 's ill, i' *their* heart; *b*ilka day they forgather till waur *me.*

b Ps. 56, 6.

3 Their tongue they hae whatt, like an ethir's; *c*the feim o' the ask 's i' their lips: Selah.

c Ps. 58, 4.
Rom. 3, 13.

4 *d*Redd me, Lord, frae the illdoer's han'; *e*frae the man o' mischieff, waird me: wha ettle till fank my gates.

d Ps. 71, 4.
e Verse 1.

5 *f*The haughty, they happit a girn for me; an' links forby: a net they rax't by the side o' the road; girns they set down, till *tak* me: Selah.

f Ps. 35, 7; 57, 6; 119, 110; 141, 9. Jer. 18, 22.

6 Quo' I till the Lord, My ain God are ye: Hearken, O Lord, to the sugh o' my bidden.

7 O Lord, my Lord, my healha'din might; ye hae happit my head in the day o' redden.

8 Lord, gie the ill-doer nane his will; his weary thought, ye maunna fu'fil; *g*they're heigh eneugh, Lord, already: Selah!

g Deut. 32, 27.

9 Wha fank me roun'—atowre their crown, *h*may the ill o' their lips be theekit!

h Ps. 7, 16; 94, 23. Prov. 12, 13; 18, 7.

10 *[i]*Bleezan. blauds come abune them; ben i' the lowe gar fling them; laigh i' the sheugh gar lay *them*, that they ne'er sal stan' again.

11 The *ill*-tongued man, on the yirth sanna stan'; the ill-deedie carl mischieff sal harl, till he fa'.

12 *For* I ken that the LORD sal do right till the puir; *an'* right-recht till the feckless an' a'.

13 An' syne sal the rightous gie laud till yer name; an' afore ye, the aefauld hae a ha'.

PSALM CXLI.

David's bidden sal be fain, an' David's tholin sal be kind: wha wytes him weel, sal ne'er do him ill.
Ane heigh-lilt o' David's.

LORD, I skreigh till yersel, fy haste ye till me; lout yer lug till my din, ay whan I skreigh till thee.

2 Lat *[a]*my bidden win right till yer sight, ay *[b]like* the haly reek; *[c]*the heizin-up o' my looves, *like* the hansel at gloamin eke.

3 LORD, put the waird on my mouthe; ay haud the flake o' my lips:

4 Swee-na my heart till a word o' ill; till wark at mischieff, wi' folk that do ill; *[d]*an' ne'er lat me pree o' their sweets.

5 *[e]*Lat the gude man ‖ding me, I'se *tak* it fu' kind; lat him wyte me, it *'s* oyle on my head; siclike sal ne'er crack my crown: for or lang, in their ain day o' need, an' my bidden *for them* sal come roun.

6 Whan their righters gang down till the sheugh, syne sal they hear *what* I say; for *my words* sal be canny eneugh.

7 *For* like tearin an' rivan the yirth, our banes are dang here awa there awa, clean at the mouthe o' the heugh.

8 Bot ay till yersel, O JEHOVAH; *[f]*my een, Lord o' mine, *are* till thee: I lippen me a' till yerlane; *an'* ye maun-na mislippen me.†

9 Kep me *[g]*frae the grip o' the girns, they stentit sae straught for mysel; an' eke frae the loopy-links, o' them wha wark at ill.

10 *[h]*Lat ill-doers coup in their ain fankin-gear, ay whan I can loup owre, mysel!

PSALM CXLII.

Wha kens sae weel whar we bide, or wha can redd us like God.
Maschil o' David's; a heart's-bode o' his ain, whan he bade i' the cove, out o' sight.

I SIGH'D till the LORD wi' my †breath; wi' my †breath, till the LORD I cou'd sigh:

2 *[a]*I toom'd out afore him my thought; my strett I made plain in his sight.

3 Whan my spreit was dang gyte in mysel, *[b]*yerlane it was, kent my gate; *[c]*on the road that I slippet alang, they happit a girn for my *fit.*

4 *[d]*Leuk weel on the right, an' see; *[e]*bot nane till ken me thar: a' shaltir frae me was gane; for my life, no a livin took care.

5 I sigh'd till yersel, O LORD; quo' I, *[f]*Yerlane be my houp: ye're a' *[g]*that 's left till me, *[h]*in the land o' livin folk.

6 Tak tent till my chirm, for 'am worn awa; redd me frae wha wad win at me, for they 're sterker nor me an' a'.

7 But wi' my life frae *this* weary hald, laud till yer name to gie; *[i]*the rightous †sal crown me *or lang*, for *[k]*yersel sal gie double till me.

PSALM CXLIII.

David skreighs, ay sairer an' sairer:

Left margin notes:

[i] Ps. 11, 6.

[a] Rev. 5, 8; 8, 3, 4.
[b] Rev. 8, 3, 4.
[c] Ps. 134, 2.

[d] Prov. 23, 6.

[e] Prov. 9, 8; 19, 25; 25, 12.
‖ or, *ding me kindly,* &c.

Right margin notes:

[f] 2 Chron. 20, 12. Ps. 123, 1, 2.
† Heb. *my life,* or *saul.*
[g] Ps. 119, 110; 140, 5; 142, 3.

[b] Ps. 35, 8.

* Leuk till *Headins,* an' Ps. 57.

† Heb. *sound,* or *cry.*

[a] Ps. 102, headin.

[b] Ps. 143, 4.
[c] Ps. 140, 5.

[d] Ps. 69, 20.

[e] Ps. 31, 11; 88, 8, 18.

[f] Ps. 46, 1; 91, 2.
[g] Ps. 16, 5; 73, 26; 119, 57. Lam. 3, 24.
[b] Ps. 27, 13.

[i] Ps. 34, 2.
† Heb. *sal gather round about me,* like a crown.

[k] Ps. 119, 17.

God maun hearken, or he'll die wi'
sic unco dule.
Ane heigh-lilt o' David's.

a Ps. 31, 1.

HEARKEN, LORD, till my bid-
den; *a*lout yer lug till my
weary schraigh : in yer truth, speak
hame till me syne; in yer rightous-
ness :
2 An' come-na till stricks wi' yer
thirlman; *b*for nane lives, can be
right afore thee.

b Exod. 34, 7.
Job 4, 17; 9,
2; 15, 14;
25, 4.
Eccles. 7, 20.
Rom. 3, 20.
Gal. 2, 16.

3 For the Ill-ane, he's eftir my
saul; my life he wad thring till the
yird : he wad steek me in mirkest
boles; as wha, lang sen-syne, hae
been dead.

c Ps. 142, 3.

4 *c*Sae my gheist, it's forfoughten
within me; my heart, it's clean
daze'd i' my midds.

d Ps. 77, 5,
10, 11.

5 *d*I mindet the days o' lang-syne;
I bethought me on a' ye hae dune;
I dree't on the wark o' yer han's :

e Ps. 88, 9.
f Ps. 83, 1.

6 *e*I braidet my looves afore ye;
and, e'en as a drowthy lan', *f*my life
it *could lang* for thee : Selah.
7 Fy haste ye, till answer me,
LORD; my gheist, it's a' but gane :
hide-na yer face frae me, in case-be

g Ps. 28, 1.

I gang like *the lave*; *g*wi' them wha
are pang'd i' the sheugh.
8 Lat me hear o' yer gudeness at

h Ps. 46, 5.
i Ps. 5, 8.
k Ps. 25, 1.

*h*mornin ere, for I lippen me a' till
yersel : *i*airt me the gate I suld
gang; *k*for, till yerlane I lift up my
saul.
9 Redd me but frae my ill-willers,
LORD; till yersel, I maun gang till
hide me.

l Ps. 25, 4, 5;
139, 24.
†Heb. *the
doen.*

10 *l*Learn me †the gate o' yer ain
gude-will, for yerlane *are* JEHOVAH,
God o' my ain : that spreit o' yer
ain's fu' nieborlie ay; airt me a

m Isai. 26, 10.
† Heb. *lan' o'
straughtness.*
n Ps. 119, 25,
37, 40.

lan', *m*whar the gate's fu' plain.†
11 For yer name's sake, LORD,
*n*haud me livin ay : in your right-
ousness, redd but my life, frae a
strett *like* this :
12 And, o' yer gudeness, ding my

ill-willers by; an' ding ilk ane that
wad ding my saul : *o*for *wha but*
mylane is yer thirlman !

o Ps. 116, 16.

PSALM CXLIV.

*David's ain thought o' Kingly gree,
and o' a' that suld be, intil a weel-
guided, weel-thriven state.*
Ane o' David's.

BLYTHE be the LORD, my
heigh-ha'din; *a*wha hansels
my han's for the stour; *wha ettles*
my fingers for facht :
2 *b*My gree, an' my hainin-towir;
my uphauder, an' my redder-but;
my schild, ontil whilk I may lippen;
wha thrings my folk laigh †till my
fit.

a 2 Sam. 22,
35.
Ps. 18, 34.

b 2 Sam. 22,
2, 3, 40, 48.
† Heb. *aneth
mysel.*

3 LORD, *c*what's the yird-born,
ye suld heed him? or son o' the
carl, ye tak tent till him?
4 *d*The yird-born, he's waur nor
naething; *e*his days, *they* wear by
like a gloam.

c Job 7, 17.
Ps. 8, 4.
Hebr. 2, 6.

d Job 4, 19;
14, 2.
Ps. 39, 5;
62, 9.
e Ps. 102, 11.

5 LORD, *f*lout yer lift, an' win on
them; *g*tang but the heights, an'
they'll reek !
6 *h*Light a lowe, an' daze them;
out wi' yer flanes, an' fley them !
7 *i*Rax yont yer han's frae abune
them: *k*redd me an' rowe me frae
unco spates; *l*frae the han' o' the
bairns o' the frem :
8 Whase mouthe cracks fusionless
claivers; an' their right-han', 's a
right-han' o' scham !

f Ps. 18, 9.
Isai. 64, 1.
g Ps. 104, 32.

h Ps. 18, 13,
14.
i Ps. 18, 16.

k Verse 11.
Ps. 69, 1, 2,
14.
l Ps. 54, 3.
Mal. 2, 11.

9 *m*A new sang, O God, I maun
sing till yersel; on a harp wi' ten-
some thairms, I maun lilt till thee :
10 Wha *yerlane*, *n*can gie scowth
till kings; wha can redd but David
his thirlman, frae *the grip o'* the
gruesome swurd.
11 *o*Lowse me, an' redd me hame,
frae the han' o' the bairns o' the
frem; whase mouthe cracks fusion-

m Ps. 33, 2, 3.

n Ps. 18, 50.

o Verse 7, 8.

less claivers, an' their right-han', 's
a right-han' o' scham!

12 That our sons *be* like growthy
sprouts, weel-grown i' their bairn-
time a'; our dochtirs like †shapely
stanes, weel-set in a pailis-wa':

13 *That* our barns *be* bursen wi'
victual, ‖frae ae hairst till anither
come roun'; our sheep, by thousans
on thousans, may thrang athort a'
our towns:

14 *That* our knowte *may be* brawly
thriven; neither outshot nor in-win
amang them; nor nae eerie sugh in
our yairds.

15 *p* Blythe *may* the folk be, whase
fa' is siclike; blythe *at-weel may* the
folk be, whase God is the LORD.

PSALM CXLV.

*Folk lang-syne hae laudit the Lord;
bot nane o' them kens like David.*
A laud-lilt o' David's. *

LORD GOD o' my ain, that 's
King, *a* I maun heize ye heigh;
an' laud yer name, for evir an' ay:

2 Ilka day, I maun roose yersel;
an' laud yer name for evir an' ay.

3 *b* Fu' gran' 's the LORD, an' weel
to be laudit; †end o' his *c* greatness
nane can be:

4 Outcome till outcome, sal laud
yer warks; an' weel schaw furth
yer mighty gree.†

5 The weight o' yer gloirious
lofflihead, an' the sugh o' yer won-
ner-warks, I maun ken:

6 The might o' yer wonner-warks
folk hae tell'd; bot yer mightiness
a', mylane sal pen:

7 Word they hae croon'd o' yer
gudeness, †lang; bot yer rightous-
ness syne they sal lilt on hie! §

8 *d* Kind an' pitifu' *ay is* the LORD;
lang or he lowes; and rews right
fain:

9 Gude 's the LORD till a' *forby*; an'
his pitie, atowre his warks ilk ane.

10 LORD, yer doens, they praise
ye a'; an' sants o' yer ain, they suld
speak ye fair:

11 The weight o' yer kingryks,
folk maun tell; an' ay on yer right-
ousness words maun ware:

12 Till lat †yird-born folk his
might weel wot; an' a' the weight
of his kingryks rare.

13 *e* Thae realms o' thine, *hae been*
realms out o' mind; an' yer rewl,
it *s* †ayont a' livin kind.

14 The LORD, he stoops a' wha
stacher down; *f* an' straughts a' wha
gang twa-fauld:

15 *g* The een o' the lave leuk a'
till thee; *h* an' ye gie them bread
belyve:

16 Braidin yer loof, *i* an' toomin
aneugh, o' yer gudeness, till a' on
live.

17 Right *is* the LORD in ilk gate
o' his ain, an' kindly in a' that his
han' does: †

18 *k* Nieborlie ay *is* the LORD, till
a' wha cry on himsel; till a' wha
cry on himsel, †right heartilie.

19 The gudewill he warks o' wha
fear himsel; an' he hearkens their
skreigh, an' he saifs them:

20 The LORD fen's for a', wha
loe himsel; but a' warkers o' wrang
he dings by:

21 The laud o' the LORD, my
mouthe sal tell; an' that name o'
his ain sae halie, a' flesh sal blythe-
bid for evir an' ay.

PSALM CXLVI.

*Nae lippenin to ony but God, wha
made baith the lift an' the lan'.*
[By wha 's no said.]

HALLELUJAH! *a* Gie laud till
the LORD, O my saul!

2 *b* I maun lilt till the LORD, whan
'am livin; I maun lilt till my God,
whiles I last ava'.

Left margin notes:

†Heb. *skew
stanes like a
pailis.*

‖ or, *frae kind
till kind o'
victual.*

p Ps. 33, 12;
65, 4; 146, 5.

* Ps. 100,
Headin.

a Ps. 30, 1.

b Ps. 96, 4.
†Heb. *rypin
out.*
c Job 5, 9;
9, 10.

†Heb. *mighti-
nesses.*

†Heb. *meikle
mind.*
§ No till eftir
David spak,
kenn'd folk
the wonners
o' the Lord.
d Exod. 34,
6, 7.
Num. 14, 18.
Ps. 86, 5, 15;
103, 8.

Right margin notes:

†Heb. *sons o'
the yird-born.*

e Ps. 146, 10.
1 Tim. 1, 17.
†Heb. *in ilka
kithgettin an'
kithgettin.*

f Ps. 146, 8.

g Ps. 104, 27.
h Ps. 136, 25.

i Ps. 104, 21;
147, 9.

†Heb. *han's
warks.*
k Deut. 4, 7.
†Heb. *in
trewth.*

a Ps. 103, 1.

b Ps. 104, 33.

c Ps. 118, 8, 9.
Isai. 2, 22.

d Ps. 104, 29.
Eccles. 12, 7.
Isai. 2, 22.

e Leuk 1 Cor.
2, 6.

f Jer. 17, 7.

g Gen. 1, 1

h Ps. 103, 6.

i Ps. 68, 6;
107, 10, 14.

k Mat. 9, 30.
John 9, 7-32.
l Ps. 145, 14;
147, 6.
Luke 13, 13.

m Deut. 10,
18.
Ps. 68, 5.

n Ex. 15, 18.
Ps. 10, 16;
145, 13.

† Heb. *Halle-
lujah*

3 *c*Lippen ye nane till princes, *nor yet* till son o' the yird; nae *gift* o' heal-ha'din has he.

4 *d*His breath wins awa; he wins hame till his stoure; in that sel-sam day, *e*his thoughts die.

5 *f*Blythe be the wight, whase help 's in the God o' Jakob; whase tryst 's in the LORD, his God:

6 *g*Wha made baith the lift an' the lan'; the sea, an' ilk haet intil them; wha bides by the trewth evir mair:

7 *h*Wha rights amang sair-tholin folk; wha ay ettles bread for the hungry; *i*the LORD lats the thirl-bun' gang.

8 *k*The LORD, he can lighten the blin'; *l*the LORD, he can straught the twa-fauld; the LORD loes the rightous weel:

9 *m*The LORD keeps haud o' the frem; the orph'lin an' widow, he stoops; bot the gate o' ill-doers, he dings.

10 *n*The LORD sal be King for ay! That God o' yer ain, O Zioun, is frae ae folk's time till anither: †Laud till the LORD gie ye!

PSALM CXLVII.

Anither lilt o' laud till Jehovah, makar o' a', an' friend till a', in Jakob.
[By wha 's no said.]

a Ps. 92, 1.

b Ps. 135, 3.

c Ps. 33, 1.

d Deut. 30, 3.

e Ps. 51, 17.
Isai. 57, 15;
61, 1.

f Leuk Gen.
15, 5.
Isai. 40, 26.

g Ps. 146, 8, 9.

HALLELUJAH! *a*For gude it 's, to lilt till our God; *b*sic liltin 's baith blythe *c*an' braw.

2 *It* 's the LORD sal big up Jerusalem; *d*the sperflit o' Israel, sal gather them a':

3 *e*Healin the heart-broken kindly; an' mendin their unco stoun's.

4 *f*He tells the tale o' the starnies; he cries till them a' by *their* names:

5 Gran'*'s* our LORD, an' fu' mighty; o' his thoughts, thar 's nae tellin ava'.

6 *g*The LORD lifts the laighest fu' canny; the ill, he dings till they fa'.

7 Time wi' a sang till JEHOVAH; sing ye till our God wi' the harp:

8 *h*Wha theeks owre the lift wi' the carrie; wha *syne* ettles rain for the yirth: wha gars gerss on the heights tak the road:

9 *i*Wha gies victual till beiss o' the field; *k*till the †schraighin brood o' the craw.

10 He cares nane for the strenth o' the aiver*l*; likes as little the shanks o' the carl:

11 The gudewill o' the LORD 's on wha fear him; on wha lippen a' till his rewth.

12 Gie laud till the LORD, O Jeru-s'lem; Zioun, lilt heigh till yer God:

13 For the bars o' yer yetts, he made sikker; an' yer weans, intil ye, blythe-bade:

14 Wha settled yer march wi' lown *niebors; m*an' stegh'd ye wi' best o' the wheat.

15 *n*Wha sends but his bidden *on* yirth; unco speedy, his word it wins on:

16 Snaw like 'oo, he can ettle; an' strinkles the cranreuch, like ase.

17 Wha deals out his ice like moolins; wha can thole, in the face o' his cauld?

18 *o*Syne out wi' his word, an' it thowes them; his breath wins about, *an'* watirs they wimple enew.

19 *p*His words, he taught them till Jakob; *q*his trysts, an' his rights, till Isra'l:

20 Siclike he wrought-na wi' ither folk;*r* an' *his* rightins they ne'er kent amang them: †Laud ye the LORD.

PSALM CXLVIII.

Ane heigh-lilt o' laud till the Lord, frae a' that bides in the warld.
[By wha 's no said.]

HALLELUJAH! Laud the LORD himsel frae the lift; laud him frae the heighest heights:

b Ps. 104, 13,
14.

i Job 38, 41.
Ps. 104, 27,
28; 136, 25;
145, 15.
k Job 38, 41.
Mat. 6, 26.
† Heb. *whilk
schraigh.*
l Ps. 33, 16,
17, 18.
Hos. 1, 7.

m Ps. 132, 15.
Deut. 32, 14.
Ps. 81, 16.

n Ps. 107, 20.

o Verse 15.
Leuk Job 37,
10.

p Ps. 76, 1;
78, 5; 103, 7.
q Mal. 4, 4.

r Leuk Rom.
3, 1, 2.
† Heb. *Halle-
lujah.*

a Ps. 103, 20, 21.

2 *a* Laud him, a' errand-rinners o' his ain; laud him, a' hosts o' his.

3 Laud him, baith sun an' mune; laud him, a' starns o' light:

b 1 Kings 8, 27
c Gen. 1, 7.

4 Laud him, *b* ye lift o' lifts; *c* an' ye fludes owre the hevins' height:

d Gen. 1, 1, 6. Ps. 33, 6, 9.

5 Lat them *a* laud the name o' the LORD; *d* for himlane gied the word, an' they schupen war:

e Ps. 89, 37; 119, 90, 91. Jer. 31, 35, 36: 33, 25.

6 *e* An' he ettled them ay till stan'; he made-guid a decreet, that suld ne'er be schuten-owre.

7 Laud ye the LORD, frae yirth, gryfes an' ilk awesome howe:

8 Lowe an' hail; snaw an' mist; whirlin blast, that warks his bidden:

9 Heigh heights, an' a' ye knowes; frutefu' stoks, an' ilka cedar:

10 Brute o' the field, an' beiss o' the fauld; wurblin worm, an' fliean feddyr:

11 Kings o' the yirth, an' a' peopil; provosts, an' a' right-rechters o' the lan':

12 Baith lads an' lasses; auld folk an' bairns:

f Ps. 8, 1. Isai. 12, 4.

13 Lat them *a* laud the name o the LORD; *f* for his name is heighest: his loffliheid alane, 's abune yirth an' hevins.

g Ps. 75, 10.
h Ps. 149, 9.
i Eph. 2, 17.
† Heb. *Hallelujah.*

14 *g* An' he straughtit has the horn o' his ain folk on hie; *h* the praise o' a' his sanctit anes; the bairns-folk o' Israel; *i* a folk ay nar till himsel: † Laud till the LORD gie ye!

PSALM CXLIX.

A lilt o' laud for the Sancts in Jakob.
[By wha 's no said.]

a Ps. 35, 3.
b Leuk Job 35, 10. P., 100, 3. Isai. 54, 5.

HALLELUJAH! *a* Sing ye till the LORD a new sang; his praise in the thrang o' the Sancts.

2 Lat Israel *b* be blythe in his makar; Zioun's bairns be fu' fain in their king:

3 *c* Lat them laud till his name ‖ wi' a dinnle; wi' the drum an' the harp, lilt loud till him:

c Ps. 81, 2.
‖ or, *wi' the dance.*

4 *d* For the LORD 's weel content wi' his peopil; *e* the down-cuisten, wi' health he 'll mak trim.

d Ps. 35, 27.
e Ps. 132, 16.

5 Lat the Sancts be fu' blythe in gloiry; *f* lat them lilt fu' loud on their beds:

f Job 35, 10.

6 The heigh-lilts o' God, in their mouthes ay; *g* and, i' their han', a double-faced swurd that sneds.

g Hebr. 4, 12. Rev. 1, 16.

7 Till wrack God's-right on the hethen; an' wyte amang niebors a':

8 Till yoke their kings intil thirlbans; an' their foremaist in airn branks:

9 *h* Till wark on them, right that 's written; *i* sic gloiry belangs a' his Sancts. Hallelujah!

h Deut. 7, 1, 2.
i Ps. 148, 14.

PSALM CL.

The hinmaist Hallelujah, fu' heigh an' grand, wi' a' that can dirl an' blaw.
[By wha 's no said.]

HALLELUJAH! Gie laud till God in his haly-rood; gie him laud in the lift o' his strenth!

2 *a* Gie him laud intil a' his wonners; gie him laud in the feck o' his might!

a Ps. 145, 5, 6.

3 Gie him laud wi' the tout o' the horn; *b* gie him laud wi' the brod an' the harp!

4 Gie him laud wi' the drum an' the ‖ dinnle; gie him laud wi' the thairms † o' delight!

b Ps. 81, 2; 149, 3.
‖ or *dance;* aiblins some gear that dinnled an' sheuk.
† Heb. *an' delight—* some sanggearsae ca'd

5 Gie him laud wi' the dirl o' the cymbals; gie him laud, wi' the cymbals dirlin hie!

6 Lat a' *ye* can blaw thro', laud the LORD; † Laud till the LORD gie ye!

† Heb. *Hallelujah!*

END O' PSALMS.

DAVID AND GOLIATH.

This bit lilt o' his ain till David's Praise,
Whan he fought again Goliath,
Stan's like a to-fa' till the Psalms
[Quo' the LXX.]

Sma' was I, amang brether o' mine;
An' the bairn was I, i' my faither's ha';
  My faither's fe I was hirdin:
My han's, they wrought the organ fine;
An' my fingers, *wi' thairms*, the harp an' a'
  They war girdin.

An' wha was 't tell'd the Lord o' me?
The Lord himsel, he hearken'd till me;
An' his rinner he sent, an' he cried me awa—
  Cried me awa frae my faither's fe;
An' wi' chrystin oyle o' his ain an' a',
  He chrystit me:
Brether o' mine, they war brave an' braw;
An' the Lord o' them wad hae nought ava'.

Furth gaed I, till fecht wi' the frem;
  Syne by his eidols he swure at me:
Bot that swurd o' his ain, I claught it frae him;
An' I sned his head frae his shouthirs trim;
An' the skaith an' the scorn I carried it a',
  Frae the folk o' Israel, hame wi' me!

[I Sam. xvi. an' xvii.]

NOTICE.

TO THE GENERAL READER.

In reply to numerous inquiries as to the variety of the Scottish Dialect employed in this Translation, the Translator begs to state :—

1. That there are not, on an average, more than five words in a thousand exclusively very old Scotch, such as is to be found in the earliest Scottish authors. Whoever may imagine otherwise is mistaken.

2. A very large number of terms employed by Burns are also employed here, as may easily be ascertained by consulting the Glossary for his Poems. But the expressions or phraseology most frequently employed by Burns could not, for very obvious reasons, be admitted in a translation of the Bible.

3. The bulk of the language, both in terms and phraseology, is such as was in daily use by all well-educated peasants and country gentlemen of the last generation, and such as they had received by tradition from their own forefathers—men who represented the true vernacular of their country, from the days of the Reformation and of the Covenant. With such language the Translator was familiar in his youth, as many of his readers must also have been. To the young of the present generation it may seem strange; but any strangeness to be found in it otherwise, or by others, must result solely from the newness of its grammatical application to so solemn a theme as the Word of God.

4. There are one or two compound terms, made up of well-known simple terms, in the very spirit and according to the recognised idioms of the Scottish language, to express words or ideas in the Hebrew language which no Scotch or English or Latin terms *alone* ever will or can express. A very little practice, it is hoped, will not only accustom the intelligent reader to the use of these words, but enable all readers to receive through them a much truer sense of the Original than could possibly be conveyed by any single terms whatever.

5. In conclusion on this subject, the Translator has only farther to add, that, in conformity with recent highest authorities in the Scottish language, he has adopted the most popular form of orthography for certain well-known words; but in so doing, he must protest against their mispronunciation as if they were English. Thus :—

igh sounds *ich*, as in *sigh;*				*ead* sounds *eed*, as in *head;*			
ight ,, *icht*, ,, *light;*				*ei* ,, *ee,* ,, *heid;*			
aught ,, *aucht*, ,, *taught;*				*ie* ,, *ee,* ,, *lie;*			
ought ,, *ocht*, ,, *thought;*				*ow* ,, *oo,* ,, *town, down;*			
eigh ,, *eegh*, ,, *skreigh;*				*ow* ,, *ow,* ,, { *lown, own* to confess;			
except in *weigh*, which sounds *wee;*				*y* final ,, *ie,* ,, *ly* or *by;*			
and in *weight*, ,, ,, *wecht.*				except in *Fy!* and *by*, where *by* signifies *beyond.*			

To pronounce on the English principle any word in which one of these syllables occurs, is to destroy at once both the character and force of the sound.

[OVER.

In the translation of the PSALMS, the reader will find that most of them fall naturally into a sort of rhythmical cadence, and many of them into rhyme itself. It may be proper to state, with respect to this peculiarity, that no device whatever has been employed to produce such effect—the fact being, that in many cases the Psalms which present this rhythmical aspect are more literally translated than they could well have been otherwise; and that there is generally a corresponding rhythm, and sometimes even a corresponding rhyme, in the Hebrew original. In other portions of Scripture, the Historical and Chronological for example, which are strictly prosaic in themselves, the same sort of metrical cadence does not occur, nor would it be at all desirable in a translation. There will, nevertheless, be found even in these, and more obviously among the Prophets, many passages where a certain measured flow of words agreeable to the sense will prevail, without labour or artifice; the Scotch language, when purely and carefully written, having, like the Hebrew, such tendency to rhythm naturally in itself.

As to comparative accuracy and the choice of terms, the Translator ought also now to state, that where any difference as between the present and the authorised English Version may occur, he is not responsible. His own work is done directly from the Original, which he has attended to with the utmost care—Scotch for Hebrew, with all possible fidelity; and he has not much doubt that any impartial scholar, who is sufficiently acquainted with the spirit and the idioms of both languages, will admit that the present Scotch translation in general is much closer to the Original in many ways than our well-known English Version is, and that no variation anywhere occurs in it greater than what occurs everywhere and constantly in the English. He feels it the more necessary to make this statement explicitly, inasmuch as most readers in the first instance may be disposed to adopt the English Version as an ultimate standard of comparison, although it is often utterly inadequate, and sometimes even erroneous, as a measure of the Hebrew Sense. In saying which, he is far from depreciating in any way the acknowledged merits of so grand a work. On the contrary, that Version has been consulted by him with scrupulous reverence, as has also the Genevan Version, in the same language, which preceded it, in which our own most distinguished Reformers had a share. In addition to which, the Septuagint, and the Vulgate old and new; the individual versions of Pagninus, Praten, Tremellius, Junius, and Cocceius in Latin; of Diodati in Italian, of Luther and Ulenberg in German, with the French and Belgian Versions old and new, have received equal attention wherever doubt or obscurity occurred. Many valuable suggestions have thus been obtained; and as the Translator has had the happiness of finding that his own independent rendering was often identical, or in perfect harmony, with the best of these, he has less hesitation in adhering to it as at least worthy of some consideration.